L'ORDRE
OU
LE CHAOS

Vincent Thierry

Éditeur Patinet Thierri

Harmonia Universum
Harmonia Universum
La Création en Action ®

1er Édition ISBN 2-87782-624-2
2e Édition ISBN 2-87782-625-9

© 2019
PATINET THIERRI ERIC

Éditeur : © Patinet Thierri 2019

ISBN 978-2-87782-625-9

L'ORDRE
OU
LE CHAOS

L'ordre ou le chaos

La conquête de l'Espace

La conquête de l'Espace naît de la performance individuelle comme de la performance de groupe.
Aujourd'hui, avec la disparition de la navette spatiale l'Humanité est en deuil. Nous venons de perdre sept astronautes auquel nous nous devons de rendre hommage.

Cela doit nous rappeler aussi que cette conquête naît particulièrement du courage, courage des Nations unies pour découvrir et faire prospérer cette conquête, courage des individus de quelque nationalité qu'ils soient pour faire gravir à l'Humanité ce devenir qui nous est commune mesure, l'Espace qui sera le lien réunificateur de l'ensemble des Identités de cette Humanité qui malheureusement, aujourd'hui encore, se perd dans des objectifs sans lendemain.

Ainsi en respect de la mémoire de ces Héros qui viennent de donner leur Vie pour cette œuvre fantastique qui est le souffle de notre avenir, serait-il temps aux dirigeants qui s'apprêtent à commettre l'irréparable, de réfléchir sur leurs actions au regard du dépassement de ces Êtres qui, dans l'unité, au-delà de leurs convictions, de leur nationalité, de leur croyance, ont su faire espérer dans l'Humain dans une synergie dont on pourrait espérer qu'elle soit la mesure de tout accomplissement, au-delà de la guerre, du manichéisme, de l'infantilisme psychologique et sociologique.

Fractales

Ressemblance mathématique des orientations fractales, les caractères de l'Humanité se développent dans une intensité remarquable dont les vecteurs sont concrétisés par les champs du temps que chaque mesure de l'Humain déploie.

Le hasard ici ne trouve mesure de ce déploiement, car toute justification naît de l'inné originel de l'individu dans sa capacité à développer l'irradiation propre de son devenir, capital génétique destinant la destinée elle-même dans le cadre des interactions qu'il signifie, champ multiplié à l'infini ordonnant les propriétés de ces civilisations qui ont vécu, de celles qui existent, et de celles qui viendront.

Ainsi dans le cœur même des fractales trouve-t-on la mesure du développement Humain.

Pour quantifier cette densité faut-il avant tout en connaître son exacte rémanence dont le facteur est lié à la Nécessité, ce moment précis où la Nécessité Immanente rencontre la Nécessité transcendante.

Là est le seuil de la connaissance inclus dont la motricité permet de graduer la source de l'élévation, de la naissance comme de la mort de toute civilisation.

De la Relativité

Formelle conséquence de la relativité, nous serions cantonnés dans cet espace-temps qui nous tient lieu, y croire c'est déjà perdre de vue l'essentiel, cette Voie qui nous mène, conquérant de toujours vers l'Absolu.

Étape de la détermination la relativité dans son essence, nécessaire à la compréhension des champs de temps permet de dépasser son propre épilogue devant l'autarcie même de son système, système fermé s'il en fut de plus étouffant.

L'Univers ne se signifie en son arbitraire considération, pas plus que les Univers qui plongent leurs ramifications dans cette densité formelle et éclose de la Matière spirituelle qui nous contient et nous anime.

Il n'y a là dessein de convaincre mais formalité qui s'expose à la vue qui ne sublime mais transcende, dans le corps d'une maïeutique qui se correspond, et dont l'interpellation anime chacun de nous dans le cadre de l'infiniment petit comme de l'infiniment grand, dans ces cadres majestueux où se dessinent toute potentialité, toute finalité, comme toute exhaustivité, là, dans ce monde des particules élémentaires, dont l'esprit devise le sort et la signification, ici, dans la gravitation formelle des champs galactiques qui déploient leurs oriflammes jusqu'à l'infini, reconnaissance de leurs forces irradiantes libérant des âges et de leurs tutelles pour faire place à cette symbolique voyant l'enfantement du temps dans son dessein et son autorité.

Ce temps qui, oui, est relatif, ce temps qui n'est jamais que le temps que chaque particule insinue et développe et qui n'est jamais le temps d'une autre particule, ce temps du Vivant et des Êtres, ce temps de l'Être qui n'est pas le temps d'autrui et inversement, temple signifiant de la concaténation de l'Énergie que chacun irradie, que chaque Être comme chaque forme, que chaque forme comme chaque densité développe, et dont les représentations sont dans leur symbiose l'éthique d'une réalité dont la formalité expose des champs infinis de temps qui se tressent, se dissolvent, s'unissent, se participent, se différencient, s'individualisent, s'associent, se renient, toujours se côtoient dans un holisme dont les arcanes sont mesures de dépassement, au sens de leur reconnaissance.

Reconnaissance permettant de dépasser les champs de temps par intégration de leur relativité propre afin de les ouvrir à l'Espace, seuil permettant au Vivant de se développer au-delà des apparences du temps et de ses légitimités, et donc permettant au Vivant de se formaliser au-delà de leurs contingences, soit le relatif, pour rejoindre l'Universel.

Réflexion sur l'Espace-temps.

La situation espace-temps reste rebelle à la compréhension, ce qui est bien normal, le temps comme l'espace étant deux expressions de l'Énergie, sur deux plans différents mais qui se complètent.

Le temps est l'expression de l'individualité, l'espace l'expression de la multiplicité. Ainsi s'il est d'usage de faire croire qu'il existe un seul temps, ce temps n'existe pas ni pour les uns ni pour les autres, il est une expression de mesure ne tenant compte ni de la densité de l'énergie déployée, ni de la complexité de l'énergie révélée tant de l'unité que de la multiplicité. À l'image du temps l'espace ne peut se conjoindre dans une unité formelle car il n'est visible que par l'unité et non la multiplicité.

Ainsi chaque théorie abordant l'espace-temps est inévitablement vouée à l'incompréhension, car elle ne tient pas compte d'une réalité fondamentale qui est celle de l'expression énergétique.

La seule théorie qui se rapproche de la condition formelle de cette réalité est celle de la mécanique quantique, qui ne cherche à approfondir son chemin plus avant, à tort, par rapport à la gratuité de la théorie de la relativité ne se finalisant que dans l'apparence de l'unité et ne prenant pas le réel pour objectif principal.

Le réel en physique comme en psychosociologie appliquée ne se fonde pas sur un état de conscience mais sur une ouverture de cette conscience à la multiplicité de la conscience.

Oublier cette ouverture c'est faire abstraction du réel et engendrer des théories qui se fondant sur l'anthropomorphisme le plus atone ne mènent qu'à la dérive.

À telle fin que si nous étudions la théorie de la relativité on ne perçoit dans cette théorie qu'une rupture du réel, ce dernier étant inféodé à sa propre déclinaison. Peut-être serait-il temps de forcer la recherche à des ouvertures plus dynamiques que statiques ?

Des mystères.

Des mystères de la Foi et de la Voie, nous parlent en écho de multiples religions comme de multiples démarches philosophiques, et comme la science rejoint la spiritualité la plus profonde, la Voie et la Foi se rejoignent dans la reconnaissance de cette éternité qui ne s'exclue mais s'inclue dans la propriété même du phénomène vivant, dans une exégèse où chacun est demeure, lien et formalité de la Vie, dans son expression, sa rareté et son éblouissement, allant inéluctablement de l'alpha à l'oméga.

Dans ce secret apprentissage du devenir, de la reconnaissance et de la connaissance, de leurs implications et de leurs déterminations, conjonctions majeures des arcanes des temps qui se forgent, se lient, se délient, toujours en puissance développent leur incantation afin de livrer ce souverain détail, que chaque Vie est un cristal nécessaire à la préhension et la compréhension des Univers, car facette ultime et intime de leur nécessité.

Le paraître et l'Être.

Où l'Être est parade, le devenir s'exclut, la pensée s'immobilise, l'imagination se tait.

Où l'Être est, les chemins exposés reviennent et la puissance du Verbe se déploie.

Il n'y a pas lieu de croire un seul instant que l'avenir appartient aux rives, mais aux fleuves solidaires ou solitaires qui effeuillent le temps, vifs et sereins affrontent avec détermination son parcours, et au-delà des clameurs, des rites, des constellations du dire atrophié, émergent le réel afin d'offrir aux yeux du Vivant, non leur propriété ou leur postérité, mais leur efflorescence, cette marche vers l'avenir, cette pierre d'écume qui disparaîtra mais permettra d'enfanter le devenir, au-delà des noms, des principes de l'errance, des convoitises et des perversions de surfaces, toutes lacunes qui emprisonnent, toutes voies éperdues qui ne savent que s'inféoder à leur propre litanie.

La connaissance est à ce prix, si souveraine que seule la témérité et l'abnégation en sont œuvres de fertilité.

Et dans la conscience de ce propos chacun ici doit se libérer de l'étreinte des contingences du paraître afin d'accéder à cette orientation de la Vie qui ne s'épuise ni ne se lamente mais impérissablement développe son incantation par-delà les phénomènes, par-delà les triviales arborescences, afin, non seulement d'initier le chant, mais de le faire resplendir au-delà des frontières et des masques tragiques des remparts qui s'abreuvent d'ignorance.

Alternative

Il n'y a d'alternative à la pensée que la pensée elle-même, non la pensée fixée sur un point et une détermination, mais la pensée fluide qui immerge et émerge du réel vers le réel, vers l'accomplissement de son dessein, la connaissance, au-delà des divisions fractales dont les empires germent des moissons atones, et en son sein la Voie du silence devise, cette Voie permettant de naître chaque espace comme chaque temps dans sa définition, sa probité et sa reconnaissance, au-delà de la temporalité et de ses contingences.

Et dans cette Voie se tient au-delà du lieu la perception qui ne s'agite mais dispose et en son flux propose, dévoilant la face de l'ignorance pour défaire ses racines, taire ses agonies, ses morcellements et ses incongruités, monde sans propos qui se replie sur lui-même afin d'éveiller la clarté du réel au-delà de ses ornementations.

Monade du sens de l'Absolu qui ne se guide mais se conjoint afin non de paraître mais d'être et par l'être devenir, échange muet dont les respirations fertiles surpassant la conscience en ses féodales convictions, permet à l'Humain d'accomplir le réel dans ses désignations fertiles, ses horizons limpides, et ses structurations ne tenant ici des sables comme des vagues mais du marbre le plus altier, impérissable.

Stratégie de la terreur

Les événements internationaux résiduels du conflit Iraquien nous interpellent de nouveau d'une manière particulièrement éloquente, insidieuse, témoignant de la voracité jamais calmée des assises broyant actuellement la liberté de pensée, la liberté de témoigner, la liberté tout simplement.

On assiste avec stupeur, relayée par les médias internationaux à une vague déchaînée de mise en garde contre des attentats terroristes qui ne voient jamais le jour. De qui se moque-t-on ?

La stratégie de la terreur est en route, voulant voir en chacun de nous, afin de mieux bafouer sa liberté, les esclaves nés d'un système qui base son hégémonie sur la peur, cette peur insidieuse qui fait voir à chacun de nous l'autre comme un possible terroriste !

Cet Autre qui devient l'ennemi, cet Autre qui ne peut plus être regardé comme son complément mais comme une scorie dont on ne détient pas les clés.

Ainsi commence la dictature, ainsi et l'histoire nous est conte mortel de cet engagement du pouvoir dans les arcanes de la terreur, menant chaque état à un état policier, non seulement légalisé mais politique, ce qui est pire. Ne nous méprenons pas sur les intentions de ceux qui guident nos pas vers ce sentiment absurde de la peur. Le Pouvoir est leur seule volonté, non le Pouvoir permettant l'épanouissement de chaque Être Humain, mais le pouvoir de gérer l'autonomie de chaque individu, dans une normalisation à la « Matrix » qui ne trompe personne.

Souhaitons que chacun se réveille de ce mauvais rêve né de l'abus de Pouvoir de sectes particulièrement dangereuses pour la Liberté.

Lorsque le mensonge est roi

Lorsque le mensonge est roi, la raison est emprisonnée et s'insurge, devient le moteur de la concentration des énergies qui ne peuvent pas supporter sa dissolution, cette mesure de l'appauvrissement de toutes les valeurs humaines dont la souplesse révèle des êtres en pouvoir légalisant leur arrogance surannée de dicter la conduite des Peuples et de leurs forces.

L'ignominie est leur aboutissement et dans le mépris du simple honneur se dévoile, dans une lâcheté suprême pour couronner leur faste, leurs intrigues sans avenir, correspondant une agonie qui ne trompe pas, mais paraît, apparaît et se veut règle commune de l'équilibre de l'Humanité.

Une Humanité errante devant les circonvolutions de la définition de son abstraction enhardissant tous les faucheurs de Vie, tous les stigmatisés de l'atrophie qui veillent et jamais ne se lassent pour détruire la conscience Humaine.

La parure de leurs cieux est là, exsangue, mortelle dans son essence et ses aisances, pure détermination du cimetière de l'Honneur dans ce qu'il a de plus humble, et son rictus se déploie fulgurant les malversations jusqu'aux plus simples chaumières par cet Univers où se meut tant bien que mal l'esprit Humain, se gardant de ses diatribes, se gardant toujours et encore de sa folle démesure voulant le gouverner, mais, contribution vivante, dont il n'agrée, car sa désinence ne se tâche de cette infamie surgie, cette infamie voguant telle une nef folle vers les brisants du savoir.

Savoir qui fait peur, savoir qui tue, savoir qui dépeuple, savoir qui aujourd'hui se cache dans les préaux de la certitude de ne plus être quand il constelle sa diamantaire effervescence aux yeux communs de l'Humanité.

Ainsi s'approche ce siècle qui devrait être lumière de la connaissance et qui se révèle misère de la décadence.

Mais d'autres siècles connurent cette imposture et ces siècles gémirent, et ces siècles disparurent lorsqu'ils rencontrèrent la grandeur, lorsqu'ils virent la vérité venir à eux, les disloquant à jamais pour montrer ce chemin de la Voie que rien ne peut atteindre, un chemin non seulement fait d'espérance mais de volonté et de courage, de force et d'honneur qui ne se comptent, toutes valeurs qui ne se déguisent, ne se mortifient, ne se corrompent, mais bien au contraire dans la densité de l'Harmonie disent et, souverains, posent les jalons de l'avenir par-delà la paresse mentale des chaînes de la domesticité advenant la ruine des civilisations...

Dame Bêtise

Dame bêtise n'a pas de limite. Le génie de la destruction, né des peurs ataviques, est la grossesse naturelle permettant l'enfantement de l'ignorance et de sa messagère, la bêtise.

Lorsqu'on entend des êtres Humains se lacérer pour des croyances inconsidérées face à la conquête spatiale, la découverte de Mars, et demain des étoiles en nombre, on ne peut être qu'effaré par la dissonance résonnant dans le cœur de l'atrophie, cette atrophie qui dans les croyances religieuses comme dans les croyances politiques sombre les plus beaux chapiteaux pour des larmes de sang, au mépris de l'Humain et de son avenir.

On assiste ici à la vocifération pernicieuse de l'incapacité, se gaussant de parodies afin de destituer l'imaginaire et ses réalisations, par défaut de vision, par défaut de voir la réalité, par défaut d'engendrer le lendemain, tant sont honnis les contes du passé, exsangues ce jour devant la pensée unique qui profile ses armes les plus larmoyantes comme les plus stériles face au devenir Humain.

Un être libre ne doit s'incarner dans ce recueillement délité de l'abstraction qui se veut pouvoir, il doit à tout instant conserver ses degrés de jugement, être bâtisseur et non seulement contemplateur, être ouvert et non fermé sur d'instinctives dénaturations qui ne sont que les reflets de l'inconditionnelle inconsistance de l'esprit, totalement enchaîné à des réflexes pavloviens, sources de toute défection du vivant devant la Vie.

L'être qui se respecte et respecte doit comprendre enfin qu'il doit se libérer des atavismes destructeurs voulant de nouveau s'arroger le droit de faire valoir leurs stances belliqueuses et conjointes nées de complexes d'infériorités et de supériorités qui ne sont pas la mesure du Vivant, accepter de ne plus appartenir aux chasses gardées de la pensée, s'extraire des stéréotypes tant religieux que politiques afin de faire naître au-delà de leurs désirs reptiliens, le Vivant, au-delà de la mesure des caprices du temps, dans une résonance harmonieuse permettant de définir au-delà des inconsciences la conscience de la Vie, non dans l'utopie, mais dans le réel et ses incarnations.

Debout, libre des entraves qui conditionnent les refuges où se terrent les morts vivants, qui ne sont que querelles entre eux, dénaturation, atrophie, il pourra enfin naître non seulement à lui-même mais aux Autres, et par là même au Vivant, et ainsi délaisser les injonctions des « penseurs » voulant régir le devenir humain, comme on dresse un chien, un ours ou un cheval dans un cirque dont la pensée tourne en rond, prend de la vitesse, se dilate avant d'exploser pour ne plus montrer que les aberrations de ses outrages, ses extrémismes les plus virulents, devant les maîtres à penser du Monde, qui ne sont que nuageuses perceptions qu'une pluie de soleil évaporera dans la temporalité Humaine, sans qu'un seul instant on puisse penser qu'ils aient pu exister.

Liberté

Dans la permissivité de l'inaction, dans la démesure et la grandiloquence de l'infatuation la plus redoutable, la mort sème par tous chemins de notre Univers, sans répit, dans un cataclysme dont les empreintes vont et viennent, gravitent comme les flots d'un Océan qui se tarit lentement, labourant l'inconscience de germes distraits s'évaporant dans des fumerolles opiacées où la réalité se dissout pour laisser place à un magma terne et sans reflet.

Un magma duquel montent des plaintes, des chants et des aspirations, des rêves tout simplement, tous ces rêves déchus qui ne se prononcent plus, qui ne se vivent plus, car atrophiés dans leur catafalque décoré de poussière, de pauvreté, et de misère, misère des corps témoignés par la maladie, les épidémies, les sentences perverses et inconsidérées de mesures illégitimes frappant de leur sceau le démembrement de la réalité pour des ordonnances sans lendemain, fleuves charriant la semence de la mort comme le vent le sable aux portuaires dimensions.

Une misère intellectuelle qui s'enhardit jusqu'à ce que le langage lui-même ne se prononce, enchaîné dans le paradoxe d'une pensée fossile, ordonnée et agrémentée par la faiblesse pour complaire, une misère spirituelle qui se vouant à de mornes latitudes dans des extrémités les plus lâches comme les plus serviles, dépouille sa face lumineuse, pour la ternir dans l'abîme et l'errance, afin de noyer la vivacité, l'imagination, et la grandeur, le sens souverain de l'honneur du Vivant.

Ce vivant ici se trouvant intégré à la plus vaste décadence qu'ait connue l'Humanité, mesure de notre siècle, mesure terrifiante levant ses oriflammes mortuaires par toutes faces afin de les mieux conditionner pour qu'elles les invoquent avec gratitude, avec obligeance, avec reptation, mesure où l'Humain n'existe plus, mesure où la Vie n'est plus qu'un terme et non un dessein, une aventure fabuleuse dont quelques énergies, malgré tout vivifient l'arborescence.

Dans le cœur de cette rencontre entre la matière et l'énergie, dans ce vivier majestueux étincelant de mille feux les prouesses à mettre en œuvre par l'Humanité, pour assurer son devenir par un répons d'action, au-delà des barbares idolâtries dont notre monde témoigne, là, dans ce creuset de la conscience s'élevant vers la surconscience, thématique des plus grands progrès de l'Humanité, la Science et ses écrins, ses partages et ses reflets, ses injonctions, la Philosophie et ses contemplatives définitions menant vers ces chemins en lesquels l'Esprit retrouve sa pérenne dimension, l'Art en ses floralies, en ses matriciels développements, permettant de joindre le sérail de l'Imaginal et de ses degrés, toutes faces développant l'ardeur d'une rencontre harmonieuse avec l'Humanité.

Par-delà la bassesse, l'affrontement, la servilité de l'agressivité, dans une vitalité sans commune mesure qu'il convient de rejoindre dans ces espaces où la pensée ne se trouble de l'insomnie mais perpétue le devenir malgré le chant des armes et les fracas des guerres, hier dans ces temples du savoir, ce jour sur les réseaux neuronaux de la puissance Humaine, demain quantiques, qui permettront de joindre et d'associer la pluralité à cette dimension fabuleuse qui est celle de l'information en temps réel.

Qui enfin libérée des chaînes deviendra le signe convenu du vrai Pouvoir Humain, du Pouvoir allant vers les Êtres Humains et revenant aux Êtres Humains, libérant des pensées uniques, des constellations furieuses qui ce jour voient leurs prébendes s'atrophier et qui luttent dans un dernier combat pour faire légitimer leurs socles de sable qui disparaîtra à la première écume.

Cette écume de la puissance de la Raison qui, en réaction à la parodie à laquelle les Humains assistent, se lève, tel un flambeau pour éclairer par-delà les écueils le chemin de la Liberté, comme le firent les Philosophes du siècle des Lumières en d'autres temps.

Mutation profonde que nul ne pourra détruire car acquis de l'Humanité qui saura reconstruire partout où il le faudra les ramifications lui permettant d'exprimer dans le cadre de la Liberté ses aspirations les plus nobles et les plus denses.

Liberté que chacun doit révéler afin de taire à jamais l'esclavage de la pensée par toutes faces de ce Monde qui ne devrait avoir pour seul écrin que le chant de sa réalité permettant l'élévation de l'Humain et non sa disparition !

Conscience du Vivant

Conscience du Vivant, le fruit porte à la demeure des racines l'inexpugnable densité de la Vie non pour voir son cycle s'anémier mais prendre consistance et s'élever dans une force admirable par tous les chemins de la création, et principalement dans le cœur de ce Monde où l'Agir s'étiole, cet Agir qui a besoin de toutes les volontés pour porter un Chant, le Chant de l'avenir, non ce chant anémié qu'on voit ruisseler par toutes faces des existants de l'Univers, non ce chant inversé qui rutile ses pensées les plus ténébreuses dans des miroirs broyés où se contemplent l'atrophie, le mensonge, et l'ignorance, sources de la culture de ce jour qui pavane et se déploie sur un lit d'infortune.

Voyant la laideur s'accoupler à la bestialité, limon infertile recouvrant de cendres la Beauté, l'Harmonie, la Sagesse, trinité de l'orbe en puissance qui marque de son sceau malgré la tragédie du vivant l'indéfectible vœu de sa puissance, cette puissance portant de hauts faits d'armes par les siècles écoulés et ceux qui viendront, car aucun leurre ne pourra ternir la Vie de son ascension, et ce ne seront les voiles qui la vêtiront, et ce ne seront les invectives qu'elle subira, et ce ne seront les moires aisances qui voudront sa destitution, qui pourront détruire et son Hymne et sa Gloire.

Car au-delà de ces apparences, la trinité du Verbe est vivante, indestructible, et malgré la pâleur de sa réalité ce jour de nuit profonde, elle surgira et triomphera, s'ébrouant des miasmes qui composent les litanies de ce jour, voyant l'Être Humain réduit à un simple sujet, non seulement de production, mais de consommation, un animal apprivoisé qui se nourrit, tel le serpent, de sa propre déchéance, pour lui rendre sa légitimité, celle d'Être Humanité en devenir de son destin, qui n'est pas

23

de se finaliser dans l'oubli, dans la parodie, dans l'inconsistance, mais de s'ouvrir à la grandeur de son destin, civilisateur.

Destin souverain qui regardera avec pitié ce siècle de passant, siècle d'entropie majeure irisé des éclairs de lumière permettant l'issue de son dessein de mort et de ruines, dessein sans lendemain devant le pouvoir créateur de l'Humain, qui des ténèbres a su naître à sa destinée qui n'est pas celle de se morfondre dans l'abîme mais de conquérir les cimes universelles de son état Vivant, dans les arcanes majeurs de sa réalité, Arts, Philosophies, Sciences, dont l'unité symbiotique profonde enseignera le futur de l'Être debout et non de l'Être en reptation, Être Vivant ayant foi en la Vie pour la Vie et par la Vie dépassant ce stade larvaire dans lequel tant d'Êtres de ce jour doivent se complaire par considération féodale.

La théorie de l'évolution

La théorie de l'évolution ! N'a-t-on jamais vu un singe devenir un homme ? Cela fait maintenant plus d'un siècle que nous vivons avec cette théorie particulièrement réductrice comme l'est par ailleurs la théorie de la relativité !

Et si l'on prenait le problème à l'envers au lieu de s'enferrer dans cet anthropomorphisme délirant ! L'homme en sa représentation s'adaptant à la biosphère en laquelle il se situe ! Mais cela effectivement briserait la loi des caciques des institutions scientifiques et de leurs prétendants ataviques !

Poursuivons le raisonnement, dans 4,5 milliards d'années notre système solaire aura disparu, la vie, je dis bien la vie aura depuis longtemps trouvé des planètes qui lui permettra d'affirmer sa réalité, et cette réalité cosmique, n'a-t-elle pas déjà trouvé sa source d'épanouissement en d'autres temps comme en d'autres lieux ?

Et dans le cadre de cette suggestion ne peut-on penser que nous sommes issus de cette volition ? Ainsi au même titre que ceux qui nous veulent descendre du singe pouvons-nous affirmer que la Vie s'est adaptée à cette planète et que ce que nous nommons l'humain, lui-même s'est adapté à sa réalité !

Et ce n'est pas faire injure que de le penser, injure aux pensants anthropomorphes qui veulent régir la pensée humaine, puisqu'en ce cas nous prenons le problème dans sa globalité et non dans une de ses singularités.

Il est temps me semble-t-il que l'humain s'éveille à sa condition, non celle de l'éternité en un lieu, mais de passant en un temps, mais bien évidemment les croyances consacrées viendront altérer ce propos au nom de prébendes et de cordonites, qu'importe, il en restera quelque chose pour la réflexion, l'esprit constructif et critique.

Les joyaux du savoir n'appartiennent à personne et surtout pas aux penseurs en rond qui dorment sur d'illégitimes lauriers. La Terre n'est pas tout, l'humain n'est pas issu de cette Terre, il vient des étoiles et retournera vers les étoiles, il est une poussière d'étoile, et composant du tout n'est pas emprisonné par une demeure, il y villégiature, s'y adapte et repart, performant d'un savoir et d'un équilibre.

Lorsque l'on considère ce postulat, qui a autant de viabilité que celui défendu par les anthropomorphes, on ne peut qu'être sidéré par la pauvreté du langage académique qui régit les lois scientifiques, regardons en face leur souci d'esclavage : nous serions issus du singe, nous ne pourrions dépasser la vitesse de la lumière, tout voyage dans l'espace nous contraindrait à un retour sur nos pas, en fait on ne fait pas mieux pour dire à l'humain, votre destin est là que vous le vouliez ou non et il faudra que vous fassiez avec.

Cette porte est ouverte sur l'asservissement le plus complet, c'est ce que dans d'autres termes on appellera le viol de la conscience collective !

Viol des foules permettant aux pouvoirs de gérer au mieux leurs intérêts les plus sordides. Que cette prétention se taise, il est temps, et surtout que celles et ceux qui travaillent sans relâche aux découvertes essentielles de notre univers, conquête de l'espace, conquête de l'infiniment petit, conquête de la vie, ne s'arrêtent au « Nom » de l'inquisition patentée de pseudoscientifiques qui légifèrent leur propre incapacité à comprendre l'univers tant il est facile de se reposer sur les découvertes antérieures et critiquer les découvertes du jour qui ne rentrent pas dans le carcan du passé piétinant !

Ce n'est qu'à ce prix que s'éclairera l'avenir, loin de cette obscurité asservie aux pouvoirs qui rêvent de voir l'humain sans devenir afin de mieux le manipuler !

Catastrophes naturelles

On ne peut que s'étonner, avec un certain humour, de voir les "scientifiques", aux ordres d'une certaine dérive bien-pensante, s'affoler devant le réchauffement de la planète, et conjointement s'interroger sur leurs facultés à cerner le réel.

La planète est un organisme vivant, nullement conditionnée par l'anthropomorphisme de bon goût qui voudrait faire accroire que nous vivons sur un champ d'expression figé, au même titre que ceux qui voulaient faire accroire que la planète était plate !

Les cycles géologiques en son sein existent, violents, égaux à sa puissance énergétique, provoquant la dérive de ses continents que tout un chacun voudrait voir immuable, dans un jeu de convections emportant tout sur leur passage, développant raz-de-marée, tsunami, cataclysme, tremblements de terre, éruptions volcaniques, et tant d'autres phénomènes que ce petit article ne suffirait à les énumérer.

Et comme en chaque chose il faut des coupables, l'anthropomorphisme commun désigne invariablement l'humain, à croire que l'humain est responsable de tous les maux et qu'il devra bientôt s'excuser de vivre !

Pauvres scientifiques et philosophes pris dans le raz de marée de la flagellation collective des "biens pensants", ces "biens pensants" qui s'imaginent régir la nature, qui ne veulent voir que leur ego, et surtout qui pensent être éternel en ce lieu !

Un peu de raison comme un peu d'humilité serait les bienvenues ! L'humain n'est qu'une poussière d'étoile, dont la lumière est éphémère dans le temps, et s'il est moteur de la vie, il doit comprendre que l'avenir de la vie n'est pas lié à un point particulier de cet espace dans lequel il se révèle, un point qui à l'échelle de l'univers n'est lui-même qu'un grain de sable qui disparaîtra inéluctablement devant les lois immuables de l'énergie, le soleil qui l'éclaire devenant une étoile rouge qui embrasera totalement sa sphère pour la faire disparaître !

Assez donc de lamentations, d'introversions, de compromissions, l'avenir de l'humain passe par son déploiement au sein de la galaxie, et pour cela il convient de mettre en jeu toutes les ressources nécessaires à sa formalisation, et cesser de geindre comme un enfant devant un jouet auquel il ne peut accéder !

Écologie donc, oui, mais dans un rayon d'action servant le développement de la vie vers cet aboutissement moteur que sera celui de la conquête de la galaxie et non pas dans cette suffisance morbide qu'affichent les ténors d'une pensée suicidaire, car qu'ils le veuillent ou non, notre temps est compté sur notre planète et ce ne serait pas rendre service aux générations à venir que de les vouloir cantonner dans ce qui disparaîtra inéluctablement, en l'occurrence, notre planète, quel que soit l'amour qu'on lui porte.
Le respect de la vie est fondé sur son devenir et non seulement sur ce présent, sur l'altruisme et non sur cet égocentrisme forcené qui semble la règle ce jour !

Que les scientifiques qui se respectent se tournent donc vers cet avenir nécessaire à la survie de l'humanité plutôt que de parader sur des constats dont nul n'est maître pour l'instant, ces déferlements gigantesques naturels, plutôt que d'affoler les populations en les stigmatisant et en les culpabilisant !

Il faudra bien comprendre un jour que l'humain est un être conquérant et non ce rebut attendant avec un sourire benoît sa disparition, dès lors que se taisent les pensées larvaires pour faire place à l'efficience, le réel n'est pas le rêve, améliorer le cadre de vie c'est déjà donner un objectif à la vie, et cet objectif ne se termine pas sur notre planète actuelle, qu'il convient certes de préserver, mais sans cette ostentation pernicieuse qui n'est qu'un boulet à son essor !

Cessez de rêver et construisez Messieurs les scientifiques au lieu de vous et de nous flageller avec l'ignorance mariée parfois malheureusement à la bêtise, bêtise de complaisance et de parade, panache de l'orgueil et de son vice principal, le paraître !

Histoire de science-fiction

Les réserves pétrolifères diminuent inexorablement, le prix du brut, devenant une denrée rare augmente inversement. Crise de l'énergie ? Oui dans la croyance disciplinée que seul le pétrole nous permet de survivre ! Non si l'on dépasse le carcan des idées étroites qui légifèrent dans les domaines scientifiques, philosophiques et politiques de notre petit monde !

En effet, au cœur de la matière se tient l'énergie, et c'est elle qu'il convient de sublimer pour en récupérer le potentiel, cette énergie est en mouvement en chaque forme comme en chaque force, source entre autres de la gravitation, celle-là même qu'il convient de conquérir afin de résorber cette crise de l'énergie que nous allons connaître si nous ne dépassons pas les carcans de ces pseudos sciences qui freinent toute créativité !

On me dira que cela est impossible, que cela est délirant, tant mieux, et je le comprends dans la limite économique qui nous indique que ce sont quelques millions de personnes qui risquent de se voir obligés à une reconversion sans précédent, tous les secteurs d'activité où on utilise le pétrole et ses dérivés, chimie, pétrochimie, plasturgie, pharmacie, automobile, avionique, etc. étant touchés !

Délirant donc, mais nécessaire ! Il ne faut pas attendre l'épuisement des ressources pétrolifères pour engager le fer et trouver son substitut, substitut qui existe, mais qui remet en cause les modèles "éclairés" et "comportementaux" des "sciences établies", à commencer par la relativité restreinte qui n'est que le joug posé sur nos regards afin de les astreindre à un anthropomorphisme qui n'a aucune raison d'être face aux univers dont nous ne sommes qu'une poussière d'étoile !

30

Il convient de regarder la réalité en face et aller chercher l'énergie Nécessaire là où elle se situe, dans ces champs gravitationnels qui lient le réel, et en cela composer avec la Science avec un S majuscule, qui va de l'avant et ne reste statique, celle née avec la mécanique quantique qui a depuis longtemps dépassé les carcans de l'anthropomorphisme, et par touche circonstanciée pose le vrai problème de la nature énergétique.

L'espace-temps n'est pas dissociable, il diligente l'interactivité des formes et des actions en ces formes, il est donc énergie, et dans ses manifestations se révèle conséquent d'énergies fractales, complémentaires les unes des autres, en leurs degrés, synonymes d'équations conséquentes déterminant leurs manifestations, et par là même leurs applications.

Ici se situe le devenir et par-delà ce devenir l'avenir de notre survie, conjonction qu'il convient de maîtriser afin d'asseoir par une Science ouverte les fondements qui nous permettront d'évoluer au sein des univers et non plus seulement rester cantonnés dans cette morbidité conflictuelle ramenant tout à ce petit épicentre que l'on nomme notre terre, infime parcelle d'une galaxie qui n'est qu'un grain de poussière parmi les amas et les superamas de galaxies composant un univers !

La révolution scientifique est nécessaire, une révolution sans états d'âme qui doit correspondre aux réalités universelles et non plus se gorger dans l'appariement et se congratuler dans l'ignorance, il convient de dépasser les carcans de l'anthropomorphisme culturel induit par l'équilibre économique, dépasser la théorie de la relativité, dépasser la théorie de l'évolution, dépasser la théorie freudienne, l'être n'est pas sommet de leurs conditions qui le veulent statique, l'être est pluridimensionnel, sens et vertu d'un accomplissement qui est celui de la Vie, Vie qui ne s'est pas réfugiée sur ce berceau de l'Humanité qu'est notre Terre mais qui fructifie bien au-delà des limites de l'entendement Humain par ces milliards de galaxies qui nous entourent !

L'évolution de cet être est arrivée à ce moment clé où il doit être au-delà des croyances afin de se confronter à la réalité, cette réalité aujourd'hui noyée dans l'ignorance perverse qui manifeste sa déréliction dans le manifesté avec une outrance pernicieuse qu'il convient d'obérer afin que naissent les conditions du dépassement nécessaire de l'humain, dépassement lui permettant de naître à la réalité consciente de son destin au-delà de l'apparat comme de l'esclavage.

Ici se tient le lieu, et que chacun en sa conscience en éveille le dessein, à commencer par cette recherche et la mise en évidence des conquêtes réalisées, qui permettront de libérer l'humain du tarissement de ses besoins énergétiques !

Cela n'est ni du domaine du rêve, ni du domaine du songe, mais bien du domaine du réel qu'il convient non plus de regarder séquentiellement mais géométriquement !

Pour une conscience civilisatrice

L'Épopée prend ici sa dimension, naît l'époque du devenir de la pluralité afin de reconnaître non plus seulement le signe des modes, mais la continuité des Chants au-delà des modes.

Et par-delà la continuité, la réalité multiforme voguant vers l'Universelle Harmonie des Œuvres qui enfin peuvent se rencontrer dans l'essor commun de la Pensée et de ses caractères les plus denses, au-delà des labyrinthes exigus des formes, parfois informes, d'idéaux exclusifs et sans âme qui, bien souvent par défaut d'argumentation numéraire, ne sont sources que d'équivoques complaintes menées par des clameurs indistinctes.

La Conscience du propos redevient, cette conscience civilisatrice qui se dresse en défi par-delà les horizons ternes et échus qui ne peuvent plus qu'apparaître, et non plus être, devant les faisceaux qui se tressent, s'identifient, se correspondent, s'amplifient, se mesurent, s'éblouissent, affinant leur majesté là où, hier encore, ils restaient en sommeil.

Et l'Être parmi les Êtres, chacune et chacun en sa redevance de beauté peut enfin faire sienne la connaissance comme la reconnaissance de cette beauté, afin d'aller, au-delà de la simple constatation de l'oubli, dans l'immensité de la pensée qui désormais n'a plus à se réfugier, n'a plus à se cantonner, n'a plus à se cacher, n'a plus à se défaire, mais bien au contraire à se vivifier de la rencontre des Autres, enfin révélée dans l'action la plus novatrice et la plus fertile dont la vague immense, qui jusqu'à présent affleurait le Temple de la Vie, peut enfin submerger le rêve et émerger dans le Réel.

Ce Réel bâtisseur où chacune et chacun est convié,

porteuse et porteur de ce flambeau majestueux et couronné inscrit dans la Conscience Universelle, enfin Civilisatrice par cet Univers du Vivant où nous sommes, chacune et chacun, l'étincelle d'une flamme qu'il suffit d'attiser pour en désigner par toutes faces la parure inaltérable.

2043

Nonobstant la croissance nécessaire à l'exploration et à l'exploitation de l'Espace, convient-il dès aujourd'hui de développer la robotique d'une manière industrielle afin de palier au défaut de main-d'œuvre spécialisée et significativement faire cesser tous flux migratoires à but économique, inutiles au regard de cette science magistrale qu'est celle de l'adressage de substitution.

Nous n'avons plus besoin de ce que l'on peut appeler aujourd'hui des esclaves humains issus des souches les plus défavorisées de l'humanité, l'adressage de substitution maîtrisé en ses trois interfaces, la robotique, la nanotechnologie moléculaire, l'électronique génétique, nous permettant de faire réaliser toutes tâches, des plus complexes aux plus humbles, de l'extraction des minerais à la construction de télescopes nucléaires en passant par la conception sous contrôle.

Le clonage des artefacts cérébraux nécessaires à la mesure de ce déploiement se poursuit et le temps de réalisation des adressages de substitution en est d'autant plus diminué. Là où nous avions une typologie de simple mouvement il y a dix ans, aujourd'hui nous voit nous trouver à la tête de proximités générationnelles s'autoconstruisant et s'autoréparant avec des bases de quotient intellectuel variant de cinquante à deux cent, que nous estimons pousser à cinq cent lorsque nous aurons inséré en addition les graphes numériques quantiques qui prédétermineront les associations matricielles permettant d'insuffler le processus créatif en chaque état des adressages.

Bien évidemment il n'est pas question d'y inclure la topographie émotionnelle qui est de notre ressort pleinement humain. La progression vers l'autonomie contrôlée est en voie d'achèvement. En conséquence de quoi, nous pouvons d'ores et déjà prévoir une réduction circonstanciée des populations encore présentes de migrants, dont l'agriculture, l'industrie et les services n'ont plus le moindre besoin, par retour sur leurs terres d'origine, ou colonisation de l'espace.

Tout crédit étant fermé tant au niveau des soins, de l'éducation, si on ne présente en bonne et due forme un contrat de travail où l'assiduité est nécessaire pour initier des droits, vous comprendrez bien que ces populations vont repartir sans le moindre problème, quant à celles qui chercheront à profiter du système par prévarication, vol, bien entendu, elles seront recyclées, comme le sont tous criminels de droit commun, et renvoyées dans leur pays d'origine qui jugera de leur conservation ou bien de leur recyclage dans les nouvelles contrées de l'Espace dont elles dépendent.

La robotique, Mesdames Messieurs, comme vous avez pu vous en rendre compte nous a sauvés et de la surpopulation, et de l'eugénisme, et du malthusianisme, et ce qui pouvait faire accroire aux populations qu'elles allaient disparaître sous des flux arbitraires s'est révélé faux par l'inversion naturelle de la tendance à la fois politique et scientifique. Nous sommes en mesure aujourd'hui de subvenir à nos besoins essentiels sans avoir besoin de la moindre main-d'œuvre exogène, nos robots et leurs légions pourvoyant à tout ce qui est nécessité, tant ici que dans l'Espace.

Notre seul souci était l'auto gestion et le degré d'autoconstruction de nos machines qui désormais sont coordonnées grâce au clonage des artefacts cérébraux. Cette avancée spectaculaire va nous permettre de progresser à pas de géant vers ce que tout être Humain normalement constitué recherche : l'harmonie, l'harmonie de l'unicité qui pourra enfin prendre toute sa valeur car son chemin sera débarrassé de la barbarie, de l'acculturation, du parasitisme et de leurs utopies.

Prenez mesure du déploiement que nous allons mettre en œuvre, une population maîtrisée par la conquête de l'Espace, une Humanité en acuité et non plus rendue aphone par les travaux répétitifs, des Peuples souverains dans des Nations saines, dont l'alliance formidable permettra de faire face à toute éternité, dans ces directions motrices que sont l'Art de gouverner, l'Art de synthétiser, l'Art d'analyser.

Nous pouvons désormais nous lancer à la conquête de l'Univers, univers parmi les univers, sans le moindre problème qu'il soit d'ordre conflictuel ou affectif. Le degré de notre évolution désigne un nouveau postulat dont nous devons maîtriser l'essence, et s'il est avant tout naturel il doit avant tout nous permettre cette maîtrise indissociable de la conquête envisagée, la matière spirituelle dans sa densité et son exposition.

Des millions d'années nous séparent de cette accession collective, mais le temps lui-même n'étant que quanta d'énergie, et cette énergie n'étant pas unilatérale en chaque source de Vie, nous pourrons par complémentarités individuelles forger cet avenir qui verra notre Galaxie conquise dans quelques milliers d'années, les amas et superamas de notre Univers dans ces quelques millions d'années devisées, jusqu'à la rencontre de ces autres Univers bâtis et à bâtir qui propulsera la Vie vers son dessein Universel et Souverain.

Les pionniers de cette aventure seront ces androïdes que nous nous devons de parfaire dans tous les domaines qui nous sont propres et dans lesquels ils devront prendre mesure pour nous éclairer sur les conditions de viduité qui doivent couronner notre entreprise, l'entreprise Humaine par excellence qui support de la Vie doit la porter aux confins des Univers, en rencontre d'autres supports, afin d'en rayonner l'exaltant horizon.

Nous léguerons ainsi à nos arrières petits-enfants une source d'épanouissement sans commune mesure avec les prémisses historiques qui furent contrariées par des forces de réduction et de destruction, qui ce jour n'ont plus le moindre pouvoir sur l'inflexible volition qui couronne notre devenir.

Il me reste à vous présenter les Androïdes de dernière génération dont certains sont déjà à bord des vaisseaux gamma qui sillonnent les trous noirs d'Alpha, dont la connaissance nous permettra de restituer le seuil d'équilibre anti matière et matière permettant la propulsion instantanée qui nous mènera aux confins de la Galaxie d'abord, puis des suivantes ensuite.

Si les opérandes aujourd'hui sont de reconnaissance, elles deviendront ensuite conquérantes, dans le respect des conditions vivantes situées et répertoriées, comme le prévoit notre charte Universelle.

Le corps de notre système Solaire terra formé, ne sera bientôt plus qu'un souvenir sur ce plan de la réalité Humaine dont nous devisons ce jour l'accession.

Cette accession permise par l'instauration de l'Ordre souverain qui nous est mesure d'élévation, verra cet Ordre trouver mesure à son développement, je n'en doute pas aux rencontres circonstanciées qui se feront dans la multiplicité gréée en l'Espace.

Je vous invite maintenant à voir le résultat de nos techniques qui dans les domaines civils, scientifiques et militaires sont actuellement à la pointe de cette élévation de l'Esprit Humain de notre temps...

Instance du Vivant

De la nature des jeux qui sans inquiétude se prononcent, nous pouvons voir bien des règnes s'avancer, et ce ne seront les multiformes épousés des antiques demeures qui viendront trépasser les axes du renouveau qui transcendent le destin de ces jours que nous vivons.

Il n'y a là prétoires pour les grandes foules qu'assemblés dans le limon fertile de la pensée qui ruisselle à nouveau sur toutes faces de nos demeures et de nos âges, de l'ambre parfum des cieux au soleil rugissant qui jamais ne se couche, qui toujours luit de l'espérance la plus farouche et la plus noble pour oser défier.

Défier et le temps et l'espace, défier dans une largesse habile que le couchant ne saurait taire, ce couchant inquiet qui de facéties en facéties se prononce et s'observe, s'alimente et s'éternise dans une nature qui ne correspond ses ambres et ses vertiges, la pluralité des matrices qui s'initient recouvrant d'un voile majeur ses latitudes achevées.

Latitudes qui trépignent et dont l'angoisse se mesure dans la pertinence des débats qui de houles en houles se lèvent comme pour mieux se mortifier, alors qu'il serait temps pour elles de s'accomplir dans l'enveloppant paysage qui se développe et s'offre à propos pour orienter ce devenir qui vient et dont nous sommes correspondances.

Promontoires de l'innocence couvant que le plus vaste dessein d'être tout simplement à l'orée de ce chemin où chacun pourra s'éprendre des rives naturelles de la beauté et de ses serments, l'Art épuré des conditions tapageuses foulant sa destinée sous les agapes de la déshérence mentale.

Vent Puissant

Ondes déployées des âmes de la nue portuaire, dans la dimension présente des âmes vagabondes, des frénésies collectives, des jours bigarrés qui se comparent, d'une suavité réciproque se mêlent et s'emmêlent pour mieux se perdre et ne renaître, voilà donc le détail des heures de litanies, et leurs offertoires sur ces pâleurs qui se dessinent, dont les offrandes ne sont que des pulsions couronnées par d'instinctuelles conditions larvaires qui se béatifient.

Voilà donc le sort commun qui nous attend, ce sort voyeur de l'abnégation, voyant porteur des règnes les plus fous assoiffés de puissance dont les menstrues se congratulent, est-ce donc de ce monde dont nous parlons ? Un monde où l'assassin est Roi, où le crime est légitimé ? Où la justice glorifie l'instinct au détriment de la droiture, de l'exemplarité, de la civilité, creusant avidement les cicatrices des victimes afin de faire des bourreaux les héros de notre siècle !

Et nous devrions nous taire, accepter ce dessein, ces outrages que la perversion des temps nous témoigne, rester silencieux devant le viol des enfants, devant l'assassinat des vieillards et des femmes innocentes, non, il est temps que se lève un vent puissant pour balayer les outrages qui profanent notre monde de vivant, un vent porté par le courage et non par la compromission, un vent déferlant sans répit afin de détrôner les scories atrophiées qui avilissent notre monde, un vent puissant et régénérateur rendant à la poussière ce qui appartient à la poussière et à la Vie ce qui appartient à la Vie !

Rives renouvelées

Rives antiques aux portuaires affluents, amazones de briques fauves, guerriers de lys bronze, sages en tuniques d'algues ivoirines, visiteurs illustres des féeries des vagues qui, lancinantes, vont et viennent les flancs d'or des granits assoiffés, temples en semis aux parousies nuptiales délivrant dans la fraîcheur adventice des îles du matin le message de la clarté charnelle, adulée aux caresses tendres d'une éloquence vive, armoiries enceintes de la perception azurée.

Là où se tient le lieu naviguant et navigable, que la légèreté des stances enseigne, hybride des humeurs comme des rumeurs qui se perdent, plus loin encore, dans un écho stigmatisant, redorant ses florales jouvences, acclimatant puis disparaissant dans l'étoffe du soir où s'abreuvent les oiseaux lyres aux yeux de cristal.

Dessein du règne, de celui de la splendeur qui ne se veut dantesque, mais tout simplement guide, libre du vent, libre du chant, car comprenant et le chant et le vent, renommée des cils qui ne s'absentent, renommée de l'éclair qui ne tarit mais illumine ce vaste monde, afin d'estomper les naufrages, les clameurs malhabiles des discours enceints perpétuant l'immobilisme, ce statisme de la raison défiant l'imagination.

Voie sans noblesse apportant ses hymnes délétères dont les vagues sont confusions, toutes de la force qui enchaîne, toutes de la démesure de la vague qui opacifie, enivrant les rivages des scories de ce temps, vague dont les combattants ne connaissent que trop les surplis d'arrogance, les méandres de leurs feux déployant par-delà les métaux précieux la gangue violente de la destruction et de ses affinités.

Vague à combattre sans répit aux fronts d'or qui se meuvent, vague déchaînée s'amenuisant jusqu'à disparaître devant la volonté de dépasser ses carcans nuisibles, vague sans ressac devant la volition qui témoigne, impassible, évanescent les velléités, les songes creux animant les envies, les désirs, ces routes ne menant qu'à la possession du statisme, sculpture immense du non-dit, du non fait, de l'impermanence et ses refuges, monument déchu regardant le saphir ruisseler une eau vive qu'il ne peut atteindre, cette eau nuptiale couronnant l'harmonie non en sa nécessité, non en son apprentissage, mais dans sa singularité propre.

Désinence d'un état souverain que rien ne peut atteindre, que rien ne peut détruire, car opérateur de l'immanence comme de la transcendance, éclosion et merveille, dans la compatibilité même, dont le pouvoir balaie la vague inutile, ses remous infertiles, ses coordonnées faillibles, lentement mais sûrement, lézardant le tissu de stuc du monument précité.

Friable structure ne pouvant résister devant la force calme et impériale de cette génération harmonieuse dont le sillon trouve sa plénitude dans le cœur de chaque correspondance vivante, là, plus loin, toujours renouvelée, malgré les assauts de l'imperfection, les stances assoiffées, les endémiques pâleurs des vides en troupeaux,.

Toutes clameurs qui se sursoient devant la profondeur de l'hymne qui s'épanche, multiplié à l'infini car fractal en sa vêture exposée, œuvre se libérant par-delà le temps comme l'espace, cette configuration bidimensionnelle sans réalité face à sa vision géométrique composée, enfantement du vœu, celui de la mise en œuvre de l'harmonie souveraine de toutes faces par toutes faces en toutes faces, car essence de la Vie à la force gravitante et perfectible...

Discrimination, racisme, appartenance, couleur ???

La tentative de déstabilisation engagée par la multiplicité des officines tant politiques que religieuses, sous le couvert des médias, pour faire accroire que tous les maux ressentis par les gens de couleur (qu'est-ce que cela veut dire d'ailleurs, de couleur, chacun est membre de l'humanité !), proviennent des "blancs" frise l'insanité et le racisme le plus dur.

Nous y voilà, le communautarisme s'installe, on voit désormais dans notre République se créer des Associations de "noirs" qui revendiquent le pardon des "blancs" au nom d'histoires antiques qui d'ailleurs ont été éradiquées par les mêmes "blancs" par la promulgation de l'abolition de l'esclavage. Je dénonce ici la tentative de libanisation de notre pays par le fait d'une minorité aux profits de minorités, la tentative de culpabilisation des jeunes générations du fait de leur couleur "blanche", et je dis à ces derniers, ne ressentez aucune culpabilité, vous n'avez pas à rougir de vos caractéristiques, pensez seulement à ce qu'ont amené et ce qu'amènent ce jour vos semblables dans tous les domaines de la civilisation, Art, Philosophie, Science. Relisez les encyclopédies et découvrez tout simplement qui sont les moteurs de l'humanité en marche !

Dans ce regard que vous aurez ne laissez percer aucun orgueil et pensez uniquement à éveiller, à construire pour et avec les autres, quelle que soit leur "couleur", quelle que soit leur "appartenance", ne vous laissez pas influencer par ce lavage de cerveau médiatique qu'on cherche à vous faire, ignorez cet épiphénomène, qui au regard de l'Histoire n'est même pas un grain de sable, tout juste un courant d'air, soyez ce que vous êtes, bâtissez, créez, et ne vous laissez pas impressionner par les meutes hurlantes de ceux qui ne savent que détruire, de ceux qui attendent tout sans rien faire !

Ainsi et seulement en montrant l'exemple, vous permettrez aux gens de bonne volonté, quelle que soit leur "couleur", quelle que soit leur "appartenance" de s'élever de leur condition et par là même s'insérer dans cette aventure fantastique qu'est celle de l'humain, qui n'est pas destiné à rester sur cette petite planète mais à conquérir la galaxie, conquête qui se réalisera avec l'ensemble de l'humanité, et non une de ses minorités !

En résumé ne nous laissons pas embarquer dans ce train de désolation qu'est celui du communautarisme ! Les "blancs" n'ont pas à rougir de leur existence, le panthéon des femmes et des hommes de "couleur blanche" qui ont servi et servent l'humanité est tel qu'ils n'ont de leçon à recevoir de personne en matière d'élévation de l'Humanité !

Qu'ils traitent seulement par l'indifférence, et non par le mépris, cette attaque née de l'errance inadaptée à construire, car trop imbue de sa jalousie et de ses carences ! Le monde n'a que faire de la destruction, mais aspire tout au contraire à la construction !

Ainsi que s'élèvent dans la construction ceux qui dénigrent et critiquent, et alors cette parité humaine qu'ils demandent ce jour en détruisant, deviendra naturellement, sans l'ombre de cette frontière du communautarisme qu'ils mettent en place et qui ne peut que les desservir, et alors disparaîtront ces notions totalement ridicules que sont celles de la discrimination positive ou négative, qui ne sont que celles d'un racisme déguisé, pour laisser place aux fondements d'une parité humaine dont les objectifs constructifs et créatifs élèveront chaque Être humain à la dignité souveraine !

Indécence des propos.

Indécence des propos, couronnement de l'abstraction, voici les phares de notre société qui s'agitent, dans les mots, dans les phrases, dans ces mots indéfinis, ces phrases sans aucun sens, où la léthargie veille, et nos contemporains s'y baignent avec une délectation morbide, voilà que ce jour voit reniée l'œuvre de la France dans ces terres où elle a amené une forme de civilisation nouvelle, curieuse du savoir, porteuse d'une ambition, celle du développement, ouverte sur le monde, naturant en cela des générations de lettrés, d'artistes, de chercheurs, de commerçants, ayant une autre vision de l'univers que celle d'un monde replié sur lui-même.

Et c'est cela qui est remis en cause par la reptation atavique de certains qui, pour le pouvoir, sont prêts à vendre l'histoire, à dénaturer le réel, à encenser le mensonge ! Qu'est-ce que cette défiguration qui s'avance, orgueilleuse et soucieuse de son ignorance ? Elle naît de ce concept barbare voulant réduire l'humain à une expression létale, malléable à souhait, produit de consommation pur et simple, sans racines, sans avenir, un être vide de sa substance qui ne réagira en aucun cas aux agressions pavloviennes qu'il subit journellement, cantonnant la culpabilité comme un phare, assenant le misérabilisme, pourvoyant le racisme sous toutes ses formes, détruisant avec force toutes formes de la pensée et du savoir afin de régner l'impensable, l'abrutissement servile des masses.

Ces masses houleuses que l'on peut corrompre, destituer, manipuler à outrance afin de conserver un pouvoir issu du vide, car né non de la pensée mais de la lobotomisation la plus crue ! Les nationaux socialistes comme les communistes n'auraient pu rêver mieux ! Un monde de robots dévoués et infatués, un monde où l'individu n'est plus, nivelé par l'ignorance et son salut, le réflexe conditionné, de la naissance à l'eugénisme le plus répugnant, accepté déjà par ces masses qui ne rêvent que du matérialisme le plus béat !

Face à ces desseins aux antipodes de la nature et de la création, il ne reste qu'une solution, celle d'une réaction profonde qui permettra de faire renaître l'histoire dans sa réalité et non dans sa fourberie servile, car l'histoire n'appartient à personne et encore moins à ceux qui la trafiquent pour asseoir leur pouvoir ! L'histoire n'est pas l'apanage de fanfarons "diplômés" qui pavanent tels ces sociologues délirants que l'on a pu voir sur nos écrans pendant les "divertissements" de certains enfants de France conditionnés et serviles d'une certaine illusion prônée par les dithyrambes du "bien penser".

À ceux-là nous répondrons, que rien ne vous atteigne, le niveau congru du savoir des tenants de ces révisionnistes de l'Histoire étant à peine celui d'une poussière dans l'immensité d'une plage. Toutefois ne restez sourds à leurs quolibets, mantisses de l'ignorance, combattez par le savoir, et ne laissez leur influence pernicieuse abattre votre jugement, si culpabilité il doit y avoir ce jour, c'est celle de ces tenants du mensonge pour qui le pouvoir est une fin et qui utiliseront tous les moyens à leur disposition pour complaire à une opinion dont l'érosion intellectuelle est des plus affligeante !

Renforcée en cela par ces propos séditieux dont mentors un jour ils comprendront qu'ils n'avaient pas lieu d'être, ce jour particulièrement difficile, où perceront tous les abcès de leur endoctrinement, et qui les verra démunis de ce "pouvoir" qu'ils mendient !

Ainsi la vague de l'Histoire avec un H majuscule, dont ils feraient bien de connaître, ou du moins essayer de connaître la réalité, une Histoire qui n'a que faire du mensonge comme de l'ignorance, une Histoire qui ne complaît ni ne se satisfait de la bêtise atavique, laissant sur ses rives ces auxiliaires prétentieux qui n'ont jamais construit, mais toujours desservi l'Humanité, car à la ressemblance de la pâleur du vide, expression du statisme le plus fourbe, en voie de désintégration en l'aube de ce siècle qui avance !

Pour résumer, veillez et agissez dans le cadre du savoir afin d'éveiller les consciences au réel, et par cette action souveraine, contribuez à lutter contre toutes ces tentatives de déstabilisation qui secouent l'Occident, allant de l'humanisme parjure jusqu'à la contrefaçon la plus outrancière afin que l'uniformisation règne et permette à ces prétendants de régner sur des masses molles, déséquilibrées, esclaves et conditionnées, qui il est vrai seront plus faciles à domestiquer et diriger par l'intelligence prétendante qui rassurons-nous diminue comme le carré de leurs ambitions démesurées.

De ce Monde

Des cils en éveil aux précarités usuelles de ce monde, inspirent le réveil des algues en sommeil, des chants endormis, enracinés dans la sécheresse des souffles, l'ambiguïté de l'ignorance, les clameurs affamées du vide et de l'absence, toutes forces conjuguées d'une énergie drapée dans la solitude, l'absence, témoins de vagues espérances.

Réveil donc à la pluviosité incarnée, splendeur du fleuve prairial naviguant de hauts faits comme de vastes équipages, par-delà les brumes, porteurs aux autres de ces cargaisons de joie, épices des écumes, des bois de palissandre et de ces cristallisations affines qui s'épanchent, majestueuses sur les sols de la vie, au plus profond de leur sérail, dans une extase magique, candeur de la divinité aux flots rugissants.

Se déversant, explosant en mille couleurs scintillantes et parfumées dont s'abreuvent les fêtes des corps en semis, adresse du monde, de son épopée, de sa beauté, de l'Univers l'enfantement majeur, là aux pulsations des cœurs, libérant l'appartenance au rite du partage en ses sources déployées, de l'humain à l'humain, de l'humain à l'humanité, de l'humanité à l'humain, en l'univers, par l'univers, vers l'univers.

Somptuosité de l'hymne qui ne se légifère mais se correspond, invariable désinence au front d'or libérant en sa majesté le devenir de chacun dans une inépuisable densité, au-delà des rimes obérées par le repliement, l'humain, don, devenant l'humanité et inversement, délaissant à jamais ses masques pour enfanter l'avenir des jours harmonieux et clairs qui tairont à jamais l'obscurité et ses calvaires !

Constatation

Dame Bêtise est à son comble dans ce petit monde qui s'ébroue dans ses propres délires, que n'entend-on pas ? Tant de choses inutiles et délirantes nées à la faveur de bruits, de rumeurs, d'incertitudes, réchauffement de la planète par-ci par-là, alors que le pôle Sud n'a jamais été aussi froid, alors que l'Islande se couvre de glace, lutte contre la tabagie, alors que personne ne lutte contre le saint diesel dont les particules sont indélébiles dans nos pauvres bronches soumises à ses recettes.

L'autruche est reine dans ce système qui nous meut et dans lequel nous ne sommes que de petits ingrédients qui se soumettent volontairement à des mots d'ordres ahurissants pour qui veut regarder au-delà de son petit clocher, la pauvreté est reine tant des corps que de l'intelligence, heureusement l'Humain ne se laisse pas aller à ces masques qu'on veut qu'il porte.

La conquête spatiale est en cours, la technologie de l'information prend une amplitude sans commune mesure, la terre se réalise sous les yeux malheureusement effacés de nos contemporains qui se laissent dompter par l'hérésie et ses latitudes, ils n'ont plus le droit de manger, ils n'ont plus le droit de fumer, ils n'ont plus le droit de boire, ils n'ont plus le droit de penser, ils doivent être maigres, très maigres, ils doivent être ceci ou cela mais surtout qu'un seul cheveu ne dépasse pas de leur tête, parodie de toute parodie.

Les siècles ont vu des révolutions pour moins que cela, mais les jours que nous vivons ne verront rien, trop infatués dans leurs menstrues, leurs mensonges, leurs glorifications, leurs vanités, leurs paraîtres, leurs dérives, leurs impuissances, toutes fondations qui enchaînent et destinent à l'esclavage le vivant, toutes forces qui s'enhardissent devant la faiblesse des esprits et des corps, semant la division, enhardissant n'importe quel rêve du moment qu'il ne soit pas réel, qu'il ne prenne pas corps dans le vivant, dans cette force sublime qu'est la Vie.

Qui ce jour hurle de douleur devant l'arrogance sans vergogne des prédateurs qui la lient, qu'elle se rassure, les cycles historiques existent bien et les civilisations comme les êtres Humains, naissent, prospèrent puis meurent, telle la nôtre en pleine décadence, synonyme de disparition imminente, que nous ne pleurerons pas certes devant tant d'infécondité latente, devant ce marasme dénigrant qui marque de son sceau la faillite de toute réalisation humaine, constat qu'il convient de faire pour avancer plus avant et ne pas se laisser perturber par les dissonances qui assaillent tout être par ce monde...

Cils en signes

Cils en signes aux villes éployées, libres et ivres du renouveau qui parle, ce renouveau de la voie, où toutes voix s'épousent, symphoniques de lyres à propos dans l'ébrouement des stances éclairées, rebelles aux incarnations insipides des vertus opiacées délibérantes et réglementées.

Ces pustules gangrenant l'humain, aliénant sa volonté impérieuse de liberté, toutes escouades en ses fers limitant son épanouissement et sa grandeur, délaissant sa vitale harmonie pour le complaire dans un rut unilatéral le confondant dans la brume du couchant, cette brume couvrant de ses oripeaux les circonvolutions vivantes afin de les naître au sommeil d'une puissance atrophiée, légitime de ses priorités, le monde se résumant en ses arcanes à l'instinct, l'instinct non vital mais enfermé dans un carcan pavlovien le mutant, avec son contentement, dans un esclavage accepté.

Lobotomisation irradiant de ses exactions ce monde journalier où l'être, aveugle, comblé de ses propres imperfections, s'avance non plus pour être mais pour complaire, satisfaisant aux mots d'ordre, s'extasiant d'insipides volontés, se roulant dans la houle pestilente de la délectation avec ce sourire que l'on ne rencontre que sur le visage de ceux qui n'ont plus rien à espérer, malade de leur propre abandon dans l'abandon commun se justifiant.

Être de disette, être délibérant sans masques ses turpitudes et ses excès, afin de complaire avec joie à l'accomplissement de sa propre béatification dans le système fermé qui l'étouffe et le réjouit, là, en ce lieu, où il s'initie au conformisme le plus pieux, où il ne mange plus, il ne fume plus, il ne boit plus, afin d'être rayonnement au service de ses maîtres, proie consommable de leur désir, esclave ordinaire en sa condition amorphe, butut vide de conscience.

Onirique en sa perception, que ces maîtres lui laissent en son lieu, sans racine, sans histoire, sans désir, sinon ceux qu'on veut bien lui faire accroire, et qu'il croit, incapable qu'il est de la moindre réaction, de la moindre critique, de la moindre révolte, chaque terminaison nerveuse de sa réalité étant façonnée, conditionnée, pour accepter, accepter des faits sans importance au regard de l'éternité, accepter qu'il descende des grands singes, accepter que l'univers soit courbe et qu'il ne pourra jamais dépasser cet univers, accepter que la vitesse de la lumière soit un handicap au voyage dans l'espace, accepter que la planète se réchauffe alors que l'antarctique n'a jamais été aussi froid et que l'Islande se transforme en glace, accepter tous les mensonges des histoires officieuses, accepter encore et toujours qu'il n'ait aucun avenir en dehors de ce lieu terrestre, en dehors de la fourmilière dont il fait partie, accepter toujours et encore le délire collectif dépersonnalisant la réalité humaine qui est un champ de fleurs majestueuses en la mutant dans l'expression fécale du simple horizon d'une défécation tribale.

Errements troubles de litanies qu'il prend pour argent comptant et dont il se contente, pauvre être, démesure de la lie qui l'entache et le perpétue, pauvre, si pauvre, que s'élèvent des voix pour en révéler le sort, et que la puissance lentement sort de sa gangue afin d'ouvrir un passage dans son cycle parasite, le corps de l'humanité réagissant comme le corps humain face aux attaques microbiennes, créant en cela ses propres anti corps, qui de quelques-uns deviendront légions.

Balayant ainsi ce monde des scories qui l'emprisonnent, afin de délier l'humain de ses chaînes, lui permettant à l'image de ces villes qui s'éveillent, de s'émanciper du joug pseudo-techno scientifique qui règne ce jour, et enfin de faire rayonner la réalité humaine et non cette image affadie, appauvrie, qui n'arrive même pas à briller ce jour, le clinquant ayant ses limites, le mensonge ne pouvant perdurer éternellement, la bêtise ne pouvant régner sur ce monde avec ses piliers qui sont l'ignorance et la fatuité !

La dictature est à l'œuvre.

La dictature est à l'œuvre, insidieuse, attendant un accueil favorable de populations serviles, conditionnées, désespérantes, sevrées d'ignorance.

Qu'il suffise de voir cette pâte humaine se laisse mener comme Pavlov l'avait prédit, hagarde, isolée, respectueuse de tout irrespect, se congratulant, s'ébahissant, larvaire d'un plaisir non dissimulé, les bons points n'étant distribués que lorsqu'elle se couche, souriante, aimable, accueillante et perverse.

La nuit est tombée sur les pays d'Occident, et dans le rayonnement mondial où des forces vives sont avides, ils se prostituent devant les voix de la force, d'où qu'elle vienne, d'où qu'elle soit issue, permettant ainsi à ce creuset de la dictature de s'instaurer avec une facilité déconcertante, tant le chemin qu'elle suit est un chemin de mort, mort de la Liberté, mort de l'Individu, mort des Racines, mort du Savoir, mort de l'Intelligence, faibles rescapés contraints d'affronter les tempêtes du délire, de la folie des mots, de la folie des genres, de la folie tout court qui mène vers cette abstraction sans lendemain qui voudrait voir l'Univers réduit à une pensée unique, un être unique, une force unique, précipices de la condition humaine qui, avilie, se trouve aujourd'hui aux confluents des routes la menant soit vers la disparition soit vers la construction s'il elle se réveille.

Ce réveil sera-t-il ? La liberté est à ce prix ! Cette Liberté dévoyée ce jour où les pouvoirs façonnent dans l'ignorance et par l'ignorance, le profit des lendemains qui chantent pour leur marginalité, dont il ne restera que poussière parmi les siècles à venir. Ils enchantent la putridité, le cannibalisme de la bêtise, l'outrance et l'arrogance, se perdent dans des sacrilèges, dont leur conscience n'a pas la moindre idée, tant l'inconscience est leur nid d'élection.

Leur culture est primitive, un monde de reptation au nombrilisme assoiffé de serviteurs édulcorés, délaissant aux poubelles de l'histoire réglementée, je ne parle pas de l'Histoire, la splendeur pour ne laisser plus apparaître que la morbidité stérile, ses scories, ses ventouses, ses bubons, ses défécations conjuguées, ses chiures de mouches qui infestent, - inscrire un pet dans l'Univers est aujourd'hui considéré comme une Œuvre d'Art - dérives magistrales permettant de naître le chemin de cette ignorance voluptueuse dont les stances répétées à l'infini permettent à la Dictature de s'instaurer, devenue légitime, dictature sans failles délivrant ce message trivial et bestial, celui de la mort de la Démocratie.

Qui n'est plus qu'un mot, un mot sans saveur, sans devenir, sans fondement, un mot pieux, un mot inscrit qui ne peut plus se dire, car il respecte la Liberté de chaque Individu en son droit de Penser, en son droit de Vivre, en son droit de Prospérer, en son droit d'Être et non pas d'être !

Le monde de l'esclavage, aboli, faut-il le répéter, revient, et ses lampistes, issus de tous les mouvements dont les errances ont provoqué par la famine, l'extermination, le génocide, - ce n'était il n'y a pas si longtemps, les Cambodgiens s'en souviennent eux, et curieusement aucune Loi formulée par ceux qui aujourd'hui se targuent d'écrire l'histoire n'est venue taire cet oubli -, ses lampistes donc mènent le bal de la destruction, en faisant accroire un bonheur insoutenable, que l'ignorance complaît, celui de ne voir en l'être plus qu'un animal docile, sans réflexion, vide de conscience que l'on mènera à n'importe quelle boucherie sans qu'il ose se rebeller, sans qu'il ose seulement se révolter !

La révolte, mais pour cela faut-il encore qu'il puisse défendre un idéal, et se bat-on où se battrait-on pour cette terre abstraite, larvaire, où l'aberration est reine ? Où tout ce qui est racine devient sujet de toutes les repentances, de toutes les formes possibles et imaginables de déstructurations, où la médiocrité est le seul voile permettant de prospérer ? Cette médiocrité qui se pavane sans se lasser, et qui se nourrit de ses propres errances, ignorant la réalité pour ne conserver que la façade de ses illusions, façade qui un jour se heurtera fatalement à l'Intelligence et au bon sens, qu'elle s'empresse de museler dans sa dictature insidieuse afin qu'elle ne prenne le pas sur son pouvoir usurpé qui oublie les lois de la Nature, les lois qui régissent les Civilisations, les lois de la Vie, qui veulent que toute renaissance survienne après l'apogée des décrépitudes.

Pouvoir famélique au regard, n'en déplaise, de la grandeur de l'Histoire, qui ne s'arrête devant les confluents de l'ignorance et traverse les siècles avec autorité, ne conservant en mémoire non la mémoire virtuelle imposée mais la mémoire de la réalité, pour leur rendre honneur que les Êtres prestigieux qui l'ont traversé, Conquérants, Civilisateurs, Artistes, Philosophes, Scientifiques, qui ont permis à l'Humanité de se dégager des contingences de l'ignorance et de ses velléités, de quelque origine qu'ils soient.

Toujours éveilleurs et non endormeurs par ce monde des Êtres de leur temps, allant de l'avant, et hissant leurs Peuples à des apogées qui ne seront jamais atteintes par ces jours de disettes, où la bassesse est le maître mot du devenir, Aigles par ce champ de la Terre que voudraient voir décimer les triviales disharmonies qui avortent ce monde, sans même s'en apercevoir, avortement naturel à l'image de la mort de toute civilisation, annonçant les prémisses d'un renouveau conscient qui, délaissant leurs oripeaux, verra enfin naître l'Être-Humanité et non le non-être qu'elles glorifient, taisant ainsi leur dictature illicite !

Le sida intellectuel

Le sida intellectuel frappe ce monde d'une manière exponentielle, livrant en pâture la moisson humaine à un nid de serpents incontrôlés qui, profitant de ce mouroir de l'intelligence qu'il crée de toutes pièces, en profite pour instaurer son carcan de fer, de feu et de sang sur une humanité avilie, bestialisée, soumise.

Mais qu'est-ce donc que le sida intellectuel ? Le sida intellectuel est le moteur non pas de la raison et encore moins de l'imagination, mais de la virtualité de l'intelligence.

Je m'explique : l'Être Humain est doué d'intelligence d'une manière innée, ce qui lui a permis jusqu'à présent, de par le contrôle personnel de son imagination tempérée par la raison, de se hisser, tout en luttant avec acharnement, au seuil de ce que je nomme la nature spirituelle, étape de son développement lui permettant d'accéder à un degré de transcendance individuelle potentiel, et conjointement lui permettre ainsi de participer à l'épanouissement du généré, soit pris dans son ensemble, les Êtres Humains. La formalisation de cette étape est œuvre de l'évolution de l'Humain par les champs de temps qui s'inscrivent en cet espace commun de la Terre que nous partageons.

Cela bien évidemment, vous l'aurez remarqué, n'est malheureusement pas le reflet du fruit escompté dans ce petit monde. Pourquoi ? Et bien tout simplement parce que l'humain souffre d'une maladie qui lui a été inoculée, le sida intellectuel.

Ce virus multiforme, est contingent d'un certain nombre d'atrophies mentales que nous énumérerons progressivement lors de notre analyse. Cette contingence elle-même est le fruit d'une liaison anthropomorphique médiane qui trouve ses supports dans le passage incomplet de l'état osmotique naturel humain à son état symbiotique transcendant.

Regardons l'Être Humain dans ce qui le compose, nous y trouverons, le Corps, l'Esprit et l'Âme. Ces trois dimensions en harmonie sont symbiotiques, composante d'une rémanence formelle individuée et générée qui mène l'Être Humain vers son potentiel de transcendance. Lorsque les liaisons entre ces trois forces sont obérées, elles sont le fruit d'une osmose qui indifférencie l'humain tant du minéral, que du végétal, que de la faune, état brut sans rémanence formelle sinon celle de sa propre désintégration.

Nous voyons déjà se dessiner en fonction de ce qui est précité où se situent les dysfonctions temporelles en l'humain qui permettent l'agression du sida intellectuel exprimé dans le cadre de ce chapitre : dans l'atrophie d'une des composantes de l'humain, atrophie ayant par rémanence générée donnée naissance à des typologies humaines que nous désignons par primitives (médiane corps âme), matérialistes (médiane corps esprit), spiritualistes (médiane esprit corps).

Le sida intellectuel s'insinue dans ces trois failles, renforçant par ses degrés de virulence les atrophies désignées qui ne permettent plus l'évolution, mais l'involution globale, parachèvement de la destruction de ce qui ne correspond à rien dans le sens de l'évolution de la Vie. Mesure providentielle pourrions-nous dire, mais pourquoi donc l'Être Humain existe-t-il toujours ? Tout simplement parce que les actions individuées ne sont pas additionnables mais multipliables, et à partir de cette invariance, on peut mesurer que la probabilité de naître la symbiose des dimensions humaines au sein d'un groupe humain est inévitable par complémentarité. Cette probabilité ou rémanence formelle induit l'existence donc d'une quatrième typologie humaine que je nomme universaliste. Elle permet de circonvenir aux défaillances des précédentes.

Pénétrons maintenant un peu plus profondément la pandémie : si nous considérons que le devenir humain est prononciation de la symbiose de ses dimensions, nous voyons que cette symbiose peut-être controversée et même annihilée par les prétentions des atrophies énumérées en un lieu, en un temps, mais jamais globalement car comme précitée relativement aux actions tant individuées que générées, il existe toujours dans le creuset de la rémanence exprimée un potentiel pour accéder à la symbiose, soit naturellement, soit par complémentarité des typologies énumérées, de fait nous le pressentons, il existe une nécessité qui dépasse l'orientation humaine, qui est propre à la Vie, une nécessité immanente qui inscrit en ses propres déterminations les anticorps lui permettant d'assurer sa survie !

En conscience de cette pandémie et des anticorps qui la contestent, nous mesurons aussi, et cela est important que si la maladie est grave, elle n'est pas mortelle pour l'humain pour la civilisation humaine, pour le devenir humain.

Nous voyons ici qu'il est donc possible de lutter contre ses carences, ses dérélictions, ses nébuleuses, ses paroxysmes outranciers, tous les espaces que cette maladie conquiert en assise qu'elle est d'un leurre pharamineux, qui est celui de la virtualité et non de la réalité.

Virtualité maître mot de la pandémie, qui joue aux fronts tant de l'intra personnalité que de l'extra personnalité de l'Être humain, et notamment en ses dimensions cognitives, l'Art, la Science, la Philosophie, qui sont ses degrés d'expression, Art, ce jour réduit au nanisme, Sciences létales en leur paraître, Philosophie cantonnée dans l'abstraction du nihilisme le plus pernicieux, voies enfantées par le sida de l'intelligence qui érige ses dogmes sur les atrophies désignées, chancres de l'oviparité la plus puissante, celle de la destruction et de ses synonymes.

Prenons-en à témoin les caractéristiques des typologies prononcées. Le primitif accorde toute puissance aux faits naturels, s'accordant à la peur et la terreur comme la sangsue, divinise la force et dans sa carence à promouvoir, à dépasser son stade initié, se réfugie dans une phénoménologie putride, basée sur ce qui lui apparaît comme le plus noble, le cantonnement et la dissociation, vertus animales par excellence, qui poussées au paroxysme le rendent à son image. L'Art en son rayonnement s'épuise de lui-même dans une tentative de représentation qui n'a d'autres promotions que celles de ses besoins élémentaires, sexe, nourriture, gardiennage tribal, arborescences lui permettant de mettre en œuvre quelques composantes de la nature, toujours dans le cadre d'une pratique immédiate, répétitive, instinctive dirons-nous, gage d'une philosophie brutale où le religieux prédomine, une religion irréfléchie, religion de la terre, chtonienne par essence, livrant l'humain à l'infantilisme le plus attardé comme le plus abrutissant. Voie royale de l'esclavage et de la soumission, deux principes qui seront utilisés par les deux typologies Matérialiste et Spiritualiste afin de façonner leur univers, et non l'univers.

Les Humanicides

Insigne par les Chants, de l'avenir les origines du réel et non du virtuel acclamé comme un dieu, lorsqu'il n'est qu'un avatar de circonstance, faudra-t-il en parler sans cesse pour qu'il disparaisse enfin des latitudes de la raison, de l'épanouissement de l'imagination, de la splendeur de l'unité, dans le souffle et par le souffle, dans la promesse diurne de l'horizon ne se couvrant de ses lamentables perceptions, de ses augures velléitaires conjuguées à l'atrophie qui se dessine.

Ici, partout où les regards se tournent, en chaque lieu des sens, en chaque saison des temples, en chaque bastion délabré où ne se dresse plus une seule oriflamme, sinon celle du néant qui s'achève, tourmente des Peuples, des Races, de l'espèce Humaine qui lentement faillit à son devoir de progrès, qui lentement mais sûrement s'enlise dans les oripeaux de la splendeur néfaste de l'adulation, de la compromission, de l'exaction, morbides situations où la parousie se tait, où l'union sacrée se défait, où l'avenir ne semble plus que glauque incertitude.

Poubelle dimensionnelle achevant un cycle pour correspondre à la Renaissance d'un autre cycle qui sera de firmament, né de la confluence des régénérations qui ne se contemplent mais agissent dans la soudaineté d'une vitalité insoupçonnée par les tenants de la litanie et de ses obscures et maladives déterminations, tous ces êtres inachevés ne parlant que de leur souffrance à vivre, qui se révèlent dans le mensonge, dans l'agonie, dans cette diaspora de la perversion humaine qui telle une flamme éteinte, intransigeante, dicte la pensée de l'humanité afin de l'effacer de la terre dans des contraintes affligeantes nées de son incapacité à surmonter le virtuel.

Nées de sa mémoire agitée par la stupidité mentale, l'agitation, verbale, la constellation de l'impuissance et de ses actions de ténèbres qu'il nous faudrait voir lumière de raison alors qu'elles ne sont que déliquescences putrides d'esprits avilis par la torpeur des jérémiades, pauvres hères malfamés discourant de la capacité alors que nubiles dans leurs essences, ils confluent leur atrophie comme le besoin de vivre de chacun, source délirante qui s'accomplit là sous nos yeux et que personne, semble-t-il ne voit, alors que la visibilité de ses inconséquences tragiques est notre demeure.

Regardez-les s'affolant du devenir en agitant l'inconscience, se légitimant de la beauté alors qu'ils ne sont que le firmament de thanatos, leur idole vouée à la nuisance de chacun, devons-nous en rire ou en pleurer ? Nullement, avançons au-delà de leurs hybrides déperditions, de leurs ruptures avec le réel, de leurs sommets de décrépitudes, l'Humanité n'a besoin de leurs soucis, de leurs équivoques langueurs, de leurs congratulations, l'Humanité qu'ils haïssent dans toute leur terminologie millénariste n'a que faire de leur impuissance, car l'Humanité est la Nature contrairement à tout le panache qu'ils font surgir du néant, l'Humanité n'est pas en dehors de l'écosystème, mais bien partie intégrante de cet éco système qu'il convient certes de réguler mais en aucun cas de décimer comme ils le voudraient, comme ils le souhaiteraient, tant ils sont incapables de comprendre l'humain qu'ils placent la nature minérale avant l'Humain.

Humain qui n'est pas destiné à rester sur une planète quelconque, mais bien à se propager dans l'ensemble de ce système solaire, de cette galaxie qui est sa demeure, et dont ils font tout pour qu'il ne prospère pas, renvoyant sa technologie aux enfers de leur incapacité à créer, la volonté humaine aux remparts de leur néant ! Qu'ils se rassurent l'Humain ne les écoutera pas, car engendré par la Vie il ira vers la Vie, par-delà leurs mythes et leurs rites d'esclaves dimorphes, par-delà leurs enseignements morbides sans lendemain, par-delà leurs prêches ridicules qui ne voient dans l'univers qu'un univers statique où ils peuvent se recueillir.

Car l'Humain est vivant et accompagne la Vie partout où elle demeure, et dans le mouvement, et dans l'énergie, et non pas dans ce vide putride en lequel ils enlisent la pensée, la volonté, le devenir, l'Humain qu'ils le veuillent ou non est un conquérant, qu'il faut bien entendu juguler par des lois, mais des lois de Vie et non des lois de mort.

Si cela n'était pas il y a très longtemps qu'il aurait disparu de la surface de cette terre, et ils ne seraient pas là, ces témoins du néant, atrophiés par leur langage de demeuré, à hurler comme des fauves contre la création, la création Humaine, la création de la Vie qui va vers la Vie et non vers la mort ! Ont-ils seulement conscience que toute vie se transforme ? Que notre planète demain ne sera plus rien lorsque le soleil deviendra une géante rouge ?

Je ne le crois pas, ils ne croient même pas à la dérive des continents, ils s'imaginent sur des sols qui ne changent pas, alors que l'Humain est sur une couche terrestre pratiquement invisible au regard de son rayon, qu'il a su organiser d'inexpérience en expérience sa survie dans ce chemin d'embrasement continu de souches volcaniques qui sont loin d'être apaisées et dont les effluves constituent des millions de fois ce que peuvent constituer depuis la naissance de l'industrialisation les émissions de Carbone et de Méthane !

Rendons à César ce qui appartient à César ! Que cesse ce mensonge culpabilisant l'Humain ! La Nature dans son intrinsèque dimension est plus « polluante » que toute activité Humaine, et je rappelle que l'Humain est partie intégrante et intégrée à cette Nature que défendent si bien ces théoriciens de l'embaumement, ces chirurgiens de l'apocalypse et du néant, ces contempteurs de la virtualité, ces raisonneurs affligeants qui condamnent l'Humanité à sa disparition, dictateurs en puissance qui constituent le plus grand fléau que l'Humanité, qui s'accomplit, ait connu à ce jour, gardiens et défenseurs de la mort en puissance !

Ils seront vite oubliés lorsque la conquête spatiale deviendra apogée de nos civilisations, et dès lors nous les laisserons consulter les étoiles près de leurs feux de camp dans ces forêts qu'ils auront emplies d'animaux sauvages, qui n'ont pas été détruits pour le plaisir, auxquels ils serviront de repas, car trop enclins à considérer le rousseauisme comme la panacée de toute philosophie, ils n'auront même pas un seul instant l'idée de se défendre contre l'agression qu'ils auront motivée par leur délire incessant !

Qu'ils se rassurent pour l'Humanité, je le répète intentionnellement, elle avance imperturbablement, au-delà de leurs errances, et ils ne pourront rien faire de nuisible qui puisse entraver sa marche vers sa condition souveraine, le mensonge ne durant qu'un temps, ce mensonge qui ce jour leur profite comme les parasites profitent des systèmes léthargiques, disparaîtra lorsque se révélera le vrai jeu qu'ils mènent, celui de la destruction de l'Humanité !

Terrorisme et Dictature

Afin de maintenir ou faire accepter un pouvoir quel qu'il soit, il convient d'alimenter dans le corps social un régime de peur et de terreur, de manière à ce que les citoyens se réfugient dans le giron de l'état, comme le ferait un enfant avec sa mère.

À partir de là, on peut instituer tout type de régime, saillir n'importe quelle loi, faire valoir tout ce que l'on souhaite sans voir jaillir une expression populaire allant à l'encontre du "besoin général" généré. Déclinées par le besoin de protection, peur et terreur alliées permettent de mettre en œuvre les lois liberticides permettant, sans qu'une seule voix ne s'élève, de juguler les masses et dans ce dernier cadre de les soumettre en leur faisant accroire que c'est pour leur bien commun.

La réaction instinctive de survie de l'humanité permet de prévoir avec exactitude son potentiel d'allégeance et de soumission. En substance, pour toute dictature en puissance, il convient de créer cette servitude, sans états d'âme, induire la peur dans tout ce qu'elle a de pernicieux, faire en sorte que chaque individu se pose une question essentielle : " je suis vivant aujourd'hui, le serais-je demain ?". Ce n'est que comme cela que l'assise de la dictature peut s'imposer.

La peur ne suffit, elle ne frappe que les esprits, il faut frapper dans la chair le corps social de manière à ce que l'esprit, la faculté cognitive, soit éradiqué, et que les processus action réaction soient éliminés par le processus action acceptation ! La terreur est donc une condition optimum pour forger la dictature.

Elle doit se trouver une arme, l'arme absolue, inégalée, car invisible, multiforme tel le sida, à sa ressemblance, permettant aux états de frapper toutes les strates de la société, les couches religieuses, les couches des sociétés de pensée, les couches politiques, qui sont un défi permanent à mettre au pas pour la dictature, et nonobstant les couches précitées les individus qui doivent pour les uns rentrer dans le rang, les autres disparaître soit physiquement, soit mentalement, (les camps de concentration soviétiques sont un bon exemple de ce que pourrait être un lendemain qui chante pour la dictature, goulag pour les uns, hôpitaux psychiatriques pour les autres, rien ne se perd, travail physique pour les uns, sujet d'expérience chimique pour les autres.).

Le dilemme auquel est confronté ce jour le citoyen est celui de la croyance en l'information et la désinformation naissant la peur et la terreur.

Aux fins d'obérer la prévarication des pouvoirs qui instaurent ce climat, il convient de renforcer la démocratie par une action supérieure d'implication des citoyens. Cette implication doit pouvoir faire naître une commission de députés chargée d'analyser ce processus et en adéquation avec la légalité faire un bilan mensuel de l'état du "terrorisme" en chaque Nation par interview des représentants légaux que sont : les corps d'armées, la police, les services spéciaux.

Cette synergie permettra de rétablir la vérité sur les faits, la réalité de ces faits et leurs implications communautaires et individuelles et permettra ainsi d'éradiquer le mensonge sociétal auquel on assiste aujourd'hui ! En effet, si nous reprenons un exemple récent, celui de l'Angleterre, à qui fera-t-on croire qu'une tentative d'attentats a failli avoir lieu ? Londres est sous télésurveillance totale, les "auteurs" auraient laissé leurs véhicules bourrés d'explosifs dans des artères passantes sous vidéosurveillance, et le comble, ils auraient oublié leur téléphone portable dans un de leur véhicule !

Ce scénario n'est pas digne d'une série B, et lorsqu'on voit comment agissent les vrais terroristes qui se suicident sans ménagement en charriant leurs bombes tant en Irak qu'en Israël, on se pose la question de la réalité des faits ce d'autant plus qu'un téléphone donnant la piste des « auteurs » serait resté sur place ! À qui profite ce montage, avenant la peur et la terreur d'une population ? Au moment d'un changement de pouvoir dont le tenant de ce jour est impopulaire ? Il y a lieu là à bien des questions ?

Nonobstant cet événement qui relève, sauf avis contraire légitimé, revendiqué, de la mascarade la plus pernicieuse, le Peuple Anglais se doit dans ce cas particulier de demander toute la lumière sur ce phénomène, par ailleurs anticiper afin que ne se créent pas de lois liberticides pour l'individu dans les semaines qui suivent !

Voilà un exemple typique de l'enjeu auquel nous sommes confrontés, un enjeu que nous devons mesurer, celui de notre liberté que nous ne devons pas remettre en jeu comme le souhaiteraient à l'heure d'un "mondialisme" cannibale certains groupes de pression. En substance le renforcement des organes de contrôle de la démocratie doit devenir plus virulent et demander des comptes aux pouvoirs élus démocratiquement afin que soient respectées les libertés publiques et que cessent ces florilèges de l'aberration contrôlée ou non du "terrorisme" qui ne leurrent personne aujourd'hui.
Le terrorisme doit être combattu, mais ceux qui s'en servent de même et d'une manière des plus exemplaire afin que soient rétablies les libertés publiques.

Voici le constat que l'on peut effectuer aujourd'hui, et la manière de combattre la peur comme la terreur, par mise en œuvre d'un observatoire du terrorisme en chaque État dont les représentants seront issus des Élus et des Citoyens.

Cet observatoire rendra compte de manière permanente au Public de la réalité des faits ce qui permettra de ne plus manipuler l'opinion avec de prétendues tentatives d'actes de terrorisme qui ne sont là que pour semer le désordre aux fins, nous attendons toutes preuves contraires, d'instaurer un régime liberticide.

Complexité

Dans la complexité des flux régissant l'être humain se tient le lieu d'une harmonie, au-delà des facettes du drame qui naît de l'incompréhension de leur motricité. L'harmonie est là, dans cet apprentissage de la multiplicité de ces flux dont on peut comparer l'essor à un orchestre où chaque élément indispensable s'apprête à jouer soit une mélodie, soit une symphonie, soit une cacophonie.

Le "connais-toi toi-même" du frontispice Grec, trouve ici matière à engagement de cette reconnaissance. Démarche essentielle, guidée par l'unité primordiale, la source étant reflet du fleuve et inversement, il convient de s'aventurer dans cette immensité avec pour seule lumière, la Vie, Guide supérieur, permettant de reconnaître en chaque face des flux et les clartés et les luminosités, et les pénombres et les ombres.

Si la Vie, seul déterminant de toute créativité n'est pas guide de cette démarche, pénétrer ce seuil peut être dangereux pour celle ou celui qui ne perçoit pas dans un esprit critique les déterminants de ce qu'il rencontrera, là les luminosités essentielles, ici les nocturnes désinences. Entrez et veillez !

Chaque flux est présent dans une diversité absolument fabuleuse, inscrivant ses réalités, ses ornementations, ses mélodies, qui de rencontres en rencontres charpentent ici des cathédrales, là des citadelles, plus loin des rivages extraordinaires, plus proches des îles éthérées. L'observateur aguerri y verra aussi se dresser des nœuds magnétiques, obscurs et tentaculaires, liés à un parasitisme acquis qui, dans la raison de sa démarche, doivent être lissés, pour rentrer dans cet ordre incomparable de l'harmonie vivante qui se manifeste dans ce lieu éclairé, afin que la navigation de la Vie elle-même ne se voie soustraite par ces aberrations.

Reconnaître, comprendre, analyser, restructurer, réorganiser ces déviances est l'objet de cette quête, qui ne pourra jamais être qu'unipersonnelle, l'invariance de la transcendance trouvant son creuset dans l'unité, qui par conjonction générée rejoint l'immanence.

Ainsi et en chaque nano seconde, au-delà même du temps, en ce Temple vivant la Vie s'instrumente, et l'Humain en son lieu doit l'ordonner dans une volition constructive, qui lui permettra dans une harmonie naturelle, de préserver l'harmonie universelle.

Crise, holocauste, Courage.

État de fait, état de droit, état curieux où l'empreinte dictatoriale se dresse de plus en plus, dictature des médias, dictature politique en tout genre, de l'infantilisme écologique aux enchantements d'une Europe vouée à la destruction, simagrées des genres, des effluves et des parfums sentant la réponse intransigeante, le répons des animalités les plus stipendiées, le respire des extrémismes religieux qui naviguent la mouvance de la mort et de ses florilèges dont les ondes bruissent d'atermoiements, prébendes de communautarismes sans limites voulant imposer leur pensée tracée au cordeau à l'humanité.

Qui lentement s'enlise dans l'apparat, la grandiloquence, l'éternuement mystique de la terreur accouplée à la peur, peur de perdre, terreur d'être, peur de la Vie, terreur de la mort, troubles de nos civilisations en ruines qui s'annoncent, tendant le cou au couteau qui viendra les égorger sans qu'un répons ne vienne contrarier les monstruosités qui s'alignent et qui paradent, atroces dénatures confondant la vie avec le crime, anarchie confondante contre laquelle nos « démocraties » sont incapables de mettre un frein, triste considération, en l'augure d'un été qui s'annonce, verbe morose des litanies des prétendants politiques qui se flagellent, se répugnent et se sondent à ne plus savoir qu'en faire.

Sans voir un seul instant ce monde s'engluer dans la pire tentative de conquête qui soit, celle du fanatisme, un fanatisme belliqueux, sanglant, éprouvant, contre lequel s'élève la voix mais non la Voie ! La guerre, faudra-t-il le faire comprendre à nouveau s'est installée, putride, répugnante à souhait, et que voyons-nous, qu'entendons-nous, des remugles de transaction, des aberrations sans nombres et sans noms qui fustigent toutes les histoires, quelles qu'elles soient, afin de complaire à la force qui se dresse, cette force qu'il convient de combattre par tous les moyens, quels qu'ils soient, cette force dominatrice, voulant voir couronner sur tous les fronts de la terre son empire.

Empire qu'il faudra contrer par un autre Empire, celui de notre Voie, celui de l'Occident, ce jour usurpé, maltraité, annihilé, dévoyé, cet Empire qui sera en mesure de vaincre la systématisation de la lâcheté associée à l'appauvrissement culturel de peuples en déroutes, défaillants, sans devenir s'ils continuent à se noyer dans la dérision, dans la flagellation, dans la dénégation, peuples d'une Europe molle, sans avenir, à l'image de leur image, parodie de ce qui fut, parodie de l'honneur, de la clarté, de la beauté, de l'harmonie, du respect, parodie des routes conquises et restant à conquérir au nom d'un conformisme de masse né du communisme le plus archaïque.

Parodie de leur histoire qu'ils conspuent, parodie des valeurs qui les ont dressées et dont la disparition les voit s'anéantir dans une féerie virtuelle que seule l'imagination semble vouloir créer, petits chiens de Pavlov revus et corrigés à la sauce de Tchakhotine, engraissés et engraissant, suant la morale de petits-bourgeois immoraux, pauvres litanies ne visitant plus que des ruines alors que tant de choses restent à construire, tant de faces à élever, tant de règnes à bâtir, que l'incapacité à naître destitue pour le plus grand plaisir des prédateurs qui survolent nos cités et lentement les englument dans leurs ailes de vautours afin de les acclimater à leur pensée nocturne et chtonienne !

Ouranos sera-t-il capable de s'éveiller dans ces affleurements mortels de fleuves tourmentés qui s'évoquent jusqu'aux profonds abîmes, gloutonnerie des bêtes de la mer dont la panse repue s'abandonne avec joie à la déjection de ce qui n'est pas de leur monde de feu et de fer ! Le réveil brutal du onze septembre ne semble pas avoir suffi pour que la réflexion et l'action s'imposent ! Peut-on croire un seul instant que cette Europe du néant, particularisme de peuples en voie larvaire, puisse un jour faire face à l'holocauste que nous préparent les prédateurs de ce monde ?

Devrons-nous sans réplique laissé crucifier, décapiter, martyriser nos frères et nos sœurs sans que dans un seul élan leur Peuple ne se dresse et fasse front à l'ignominie ! Il ne faut pas y croire. Le courage n'existe plus dans cette partie du monde, il est conjugué avec l'avilissement, cet avilissement qui devient front commun d'une instruction civique communautaire délaissant à autrui ce que l'on peut faire soi-même, dénature de l'histoire Européenne dont la grandeur ne peut complaire aux biens pensants préparant avant l'holocauste charnel l'holocauste intellectuel avec tant de viviparité !

Qu'ils ne croient un seul instant que la pensée soit dupe de leurs petits jeux infects qui les confondent ! Qu'ils en profitent à souhait tant qu'ils le veulent et tant qu'ils le peuvent, car la décadence n'a qu'un temps et ses jours ont toujours été comptés, la nature qu'ils révèrent en fonction de l'aspect monétaire qui peut leur rapporter, reprend toujours ses droits, et l'aliénation ne peut perdurer très longtemps, le communisme est tombé en soixante-seize ans, le mondialisme tombera en beaucoup moins de temps, quant au fanatisme il ne pourra survivre très longtemps, car ce que ne peuvent tuer leurs mentors, c'est cette flamme qui toujours a porté l'Humanité, le sens de la Liberté, contre lequel ils ne peuvent rien, et ne pourront rien, quel que soit le degré de destruction auquel ils se complaisent.

Tuez en cent, il en reviendra mille, tuez en mille il en reviendra dix mille, tuez en dix mille il en reviendra cent mille, le souffle puissant de cet étendard ne peut être stoppé ni par la contrainte, ni par la mort, car ce souffle est né de la Vie et partout où la Vie est, partout il flamboie !

Que chacun prenne conscience de cet état de crise en lequel sombrent nos Peuples, nos Valeurs, nos Pays respectifs, et que vigilant, il agisse en circonstance, gardien de ce qui est impérissable, cet Empire de la Liberté contre lequel il est vain de vouloir lutter car il est en nous comme en chacun de nous. Espérons que nos Peuples ne soient pas trop lobotomisés pour comprendre le sens de cette vigilance, mais peut-être est-il trop tard pour des générations entachées par le grégarisme, la discorde, le repliement, l'abnégation, l'affaiblissement mental organisé et légalisé, la gangrène chimique et médiatique qui polluent de concert et les corps et les esprits et les âmes.

Toute cette pourriture institutionnalisée en dépendance de primitives errances considérées comme attitude du beau, toutes vagues qui ne refluent mais tels des tsunamis explosent et laissent en loques la Culture Occidentale, en lambeaux et en charpie, ses antiennes foulées aux pieds par des multitudes qui s'imaginent avoir enfin trépané ses accents et sa vitalité !

Ils se trompent, mais ne nous trompons pas non plus, le courage n'existant que comme un grain de sable sur une plage immense dans ces terres européennes, il convient de ne pas trop attendre de l'immédiat qui se fertilise dans la boulimie et l'anorexie, le paraître et l'avanie !

Le facteur X

Voici ce que l'on peut entendre, ici, là et ailleurs :
"L'humiliation est la règle, le propos de l'incompréhension
la novation », voici la nouvelle norme, et vogue la galère
dans ces cercles qui devraient diriger et non abaisser !

Il faut tout supporter, se taire, ne jamais laisser
apparaître sa déception, son amertume, la disgrâce étant
toujours au bout du chemin. Il ne faut surtout pas
s'impliquer, mais bien au contraire rentrer dans le rang,
se taire, toujours se taire, subir, engranger cet état
d'oppression, accepter l'inacceptable, se propager dans le
néant pour lieux se préserver, tenir, tenir au milieu des
houles des quolibets, des messes basses, des rancœurs,
dans cet îlot marécageux où grouillent toutes les formes
de l'abjection, tenir !

Maître mot d'une situation épouvantable où se dissout la
personnalité, le devenir, l'avenir lui-même. Tenir pour ne
pas se laisser broyer par l'inconsistance, le lavage de
cerveau, tenir encore afin de ne pas céder au seul
mouvement de la rébellion, toujours tenir ! Le relatif doit
être le sursis de chaque heure, il faut relativiser cette
permanence de l'indifférence, cette marque de l'irrespect
le plus pavlovien, cette déréliction qui profite d'un
moment de pouvoir pour écraser, sacrifier, dénaturer,
diviser, éprouver, briser tout ce qui ne va pas dans le
sens, non de la raison, mais de l'éblouissement du moi
personnifié, errance que l'on doit assimiler pour survivre,
épreuve que l'on doit regarder par-delà la faiblesse de ce
que l'on sait être, car ici il convient de disparaître pour
survivre !

J'imagine ce qu'a dû être la vie des emprisonnés du
goulag ou des camps de concentration, ici le thème est
identique sur le fond mais pas sur la forme, on ne lamine
pas les corps mais les esprits !". Ne vous trompez pas, ce
discours est celui du jour, et il ne souffre

malheureusement pas d'exception, bien au contraire, le facteur x dans l'équation économique du profit étant retenu pour négligeable. Ainsi face à cette constante il convient de comprendre que dans un nid de serpents il n'y a pas de place pour les aigles.

En ce lieu, le cri n'est pas de mise, encore moins l'émotion, et face à cela la meilleure défense reste la voie du silence, le silence imperméable, le silence titanesque qui n'indique rien, qui ne laisse transparaître rien, ces riens qui sont augures de toutes perspectives, sauf celles attendues. Ces riens qu'il convient de mettre en évidence pour survivre !

Ici la condescendance disparaît, pour laisser apparaître le réel, ce réel qui respecte et se fait respecter, loin de l'inféodation, du tutoiement communiste, loin de l'emploi du prénom, premier détournement de la personnalité, loin d'un affectif qui ne correspond qu'à la forme ultime de l'hypocrisie, cette eau fétide en laquelle surnagent la coercition et l'aberration. Prenez mesure et déployez et vous verrez que de contraint et soumis, le respect naîtra, issu de votre comportement, totalement maîtrisé, de votre verbe essentiellement silencieux, ne fournissant que des réponses appropriées aux tâches conférées.

Ne vous laissez emporter par un quelconque degré de confiance, la confiance est le commencement de la reptation soumise, ne vous laissez abuser par un quelconque mouvement altruiste, il n'est que le reflet d'un engagement pernicieux qui vous perdra. Soyez dépassionné, totalement inclassable, inqualifiable hors vos compétences qui alors, débarrassées des subterfuges de pseudos rencontres amicales, se renforceront et vous feront respecter sur le seul terrain où on doit vous reconnaître.

En conclusion, ne soyez sous l'influence du temps que vous devez consacrer à vos besoins, mais bien au contraire influencez ce temps afin qu'il ne devienne que parti de ces riens que vous signifierez, afin de vivre pleinement ailleurs que dans ces mondes où sachez-le, vous n'êtes rien.

Considérez qu'au rien il faut opposer le rien et que dans cette conjugaison la Vie retrouvera sa vraie place entre les temps où cette opposition existera et ceux où cette abstraction ne sera pas de mise. Ainsi et vous verrez que l'avenir comme le devenir reviendront car libérés de cette promiscuité opacifiée vous tenant lieu par des temps qui finalement ne signifient rien à l'échelle de votre Vie !

Inertie manipulation.

L'implantation, l'implémentation, la caractérisation des données génétiques, la cartographie des pulsions, la mise en œuvre du déficit cognitif, sont les maîtres mots de la dictature.

Face à ces caractéristiques qui semblent se propager à la vitesse de la lumière sur notre petite planète, afin d'établir une dictature mondialiste, tout semble perdu pour ceux qui combattent pour la Liberté, mais ce serait oublier le principe de l'inertie qui est capital pour mieux comprendre la capacité de l'Humain à terrasser cette adversité acquise.

Avant d'aller plus loin pour faire comprendre ce principe, j'aimerais faire un préambule sur les systèmes et leurs tendances dans le cadre des énergies déployées. Partons d'un exemple très simple : si je veux aller de A en B, il me faut déployer une énergie proportionnelle aux obstacles rencontrés sur mon chemin, plus il y a d'obstacles, plus je dissipe de l'énergie. Y a-t-il un moyen pour moi, suivant le principe de moindre entropie, d'aller de A en B sans perte d'énergie, ou du moins sans perte essentielle d'énergie ?

Oui bien entendu. Comment ? En contrôlant les obstacles, par contournement ou bien par annihilation tout simplement, d'une manière plus simple en faisant que ces obstacles qui se dressent devant moi ne soient plus un problème pour mon passage. Prenons un fleuve. Soit vous mettez en œuvre un pont pour le contourner, soit vous créez un barrage pour l'annihiler.

Au regard du pouvoir, nous pouvons mettre en œuvre cette équation sans rajouter ni enlever le moindre facteur. Imaginez que vous vouliez conquérir le pouvoir total sur une région, un pays, et ce jusqu'à l'infini, le principe évoqué devient vecteur de ce pouvoir. Je m'explique, le fleuve dont je vous ai parlé représente le groupe humain associé au territoire que vous désirez conquérir. Les obstacles, dans le cas du fleuve, le courant, la profondeur, la largeur, deviennent dans le cas du groupe humain l'énergie créatrice, l'intelligence collective, le savoir collectif.

Reprenons les mesures à déployer pour conquérir le fleuve : contournement ou bien annihilation par mise en œuvre d'un barrage. Le contournement est le plus simple, il s'agit pour le pouvoir de tout simplement occuper les rives du fleuve, et par ses rives opposées engendrer une énergie qui amène petit à petit chacun à convoyer, par dépendance l'énergie nécessaire à capter la raison de l'une et de l'autre, afin de noyer l'une et l'autre, pont fluide permettant la réalisation de l'action engendrée.

Comment y parvenir ? Il faut jouer sur les trois vecteurs précités : courant ou énergie créatrice, profondeur ou intelligence créatrice, largeur ou savoir collectif, doivent être mis au service de l'action engendrée et acceptée par tous. Pour ce faire il faut tout simplement insinuer toutes les rives, en l'occurrence dans le cadre du pouvoir à mettre en place, exercer en chaque parti de la population de manière à instaurer un système de pensée commune, au service d'une création commune née d'un savoir commun. L'implantation d'une dictature ne peut se faire, on le pressent bien, par l'intermédiaire du pont qui vient d'être défini, les obstacles plutôt que d'être aplanis se révélant multipliés à l'infini. Toutefois la dictature peut se servir de ce levier afin de mettre en œuvre les armes dont elle a besoin pour s'instaurer, donc il convient doublement de se méfier de ce qui semble pertinent au premier degré. Nous en reparlerons dans ce qui suit.

Revenons au contournement des obstacles suivant la deuxième méthode qui est le chemin suivi par toute organisation dictatoriale : le barrage. Le barrage a ceci d'éloquent qu'il brise la force du courant, donc dans le cas de l'humain l'énergie créatrice, en profondeur l'intelligence humaine, en largeur le savoir humain. Nous y voici. Cette méthode permet d'annihiler toute énergie créatrice, le courant étant rompu, l'idéal sociétal ne pouvant plus s'accorder, la nucléarisation des éléments créateurs ne permettant ni d'associer, ni de conjuguer, un pouvoir, si ténu soit-il peut s'emparer sans réaction de ce complexe. La pensée devient dans ce cadre unique, régulée en amont par la création du chaos, du désordre et de l'anarchie en aval, permettant les assises coordonnées de la mise en œuvre rigide d'une dictature acclamée et consentie devant les phénomènes conjugués précités qui peuvent revêtir toutes formes de la violence, guerre, terrorisme, action de masse et action individuelle ayant pour but la désorganisation de toute viduité.

Reprenons maintenant les dimensions du contournement et de l'annihilation. Ces dimensions malgré leurs caractéristiques qui semblent l'une l'autre aux antipodes ont toutefois un point commun : le statisme. En effet, le contournement comme son nom le figure fige un instant T configuré politiquement par une légitimité de l'équation énergétique, et l'annihilation fige de même un instant T configuré par une dictature de fait. La résultante de ce facteur permet de démontrer que l'une et l'autre route permettent d'arriver sans problème à la dictature, ainsi je disais précédemment qu'il fallait se méfier de la route du contournement qui peut elle aussi déboucher sur l'autoritarisme le plus démesuré.

Deux faces d'un même problème qui conjuguées confèrent à l'inertie, inertie de l'énergie créatrice, de l'intelligence créatrice et du savoir collectif, avenant un déficit de la rémanence portant tant l'individué que le généré vers son accomplissement. Cette inertie qui semble à première vue destructrice se révèle finalement constructive par désintégration des deux dimensions précitées, l'une l'autre se trouvant réduite et annihilée par leur propre motricité qui au fur et à mesure de la déperdition de la rémanence Humaine conjoint sa réalité.

En résumé, au regard de ce qui vient d'être dit, toutes tentatives d'implantation, d'implémentation, d'un processus dictatorial, entraînant obligatoirement un déficit cognitif, donc de rémanence formelle Humaine, se trouvent vouées à l'échec par inertie. Et cela est vrai si l'on observe un phénomène naturel qui est celui du fleuve, apte à changer de lit suivant l'obstacle rencontré.

L'humain a cette capacité par sa réaction d'inertie. La caractérisation de ses données génétiques, la cartographie de ses pulsions, la tentative de déstabilisation de son pouvoir cognitif, n'y pourront rien changer, car elles ne prennent en compte que la source individuée du problème et non la source générée qui elle, échappe à toute manipulation, puisque innée et non acquise.

La Vie est très bien faite en sa légitimité, elle a créé les garde-fous, telle l'inertie permettant de broyer toute tentative dictatoriale, l'énergie créatrice, l'intelligence créatrice, le savoir collectif, étant dissous en sa propre mesure de destruction, l'avenant irrémédiablement à sa propre désintégration. Et c'est en cela que le vecteur Humain, vecteur de la Vie, ne peut être manipulé, car pouvoir de régénérescence dans le cadre de structures et d'organisations viables relevant de l'épanouissement et non de la désintégration, au regard des dimensions évoquées, non plus pont ni barrage, mais navire porteur de la raison de la rémanence permettant d'acclimater tant le point A que le point B évoqués car à la fois le point A et le point B dans le cadre tridimensionnel de l'équilibre harmonique, facteur de néguentropie, de moindre perte d'énergie, par la rencontre du point C comme conjonction de A et B.

Jeu pour l'Éternité

Ce sont des passerelles qui mènent vers ces autres mondes, issues des rythmes énergétiques qui dans les fractales divisions s'éploient aux marbres titanesques des densités élémentaires, là, ici, plus loin, dans les nombres et par les nombres mantisses de portiques sacrés qui s'ouvrent, impérissables, aux demeures nuptiales.

Et ces feux se multiplient dans l'incandescence des flots vivants qui agissent leurs pénétrables dimensions, qui dans l'unicité sont paraboles, desseins des équilibres nécessaires à l'accomplissement de la Vie, leurs nombres sont noms, et leurs noms sont verbe, dans l'infini de la splendeur qui vogue, conquérant les altières définitions de ce firmament dont les vagues en secret épanchent des sols vierges, limons des signes qui portent les ramures de l'éternité aux symboliques appartenances, aux candeurs nouvelles à voir, aux épures souveraines.

Dans l'ascension des hymnes, fulgurent un paysage, abreuvant de ses élytres la conjonction des forces libérant la Voie, conjointe, rejointe, déjà marque de cet horizon limpide de la Vie en ses formes et ses chants, en ses clameurs comme en ses désinences, là, en cette réalité dont la permanence n'existe que comme un reflet, le temps en ses esquisses, exponentiel en ses recueils, interne à l'unité, démultiplié dans le généré, dessinant au-delà des apparences l'appartenance.

Parterre fabuleux d'un jeu d'ivoire où les actions s'engendrent, se fécondent, s'irisent, s'anéantissent, se détruisent, toujours renaissent, pour perpétuer l'apprentissage, cet apprentissage du vivant en ses formes, ses degrés, ses perceptions, ses accomplissements, toutes énergies façonnées, dressées vers ce seuil pénétrable de la compréhension qui voit la transcendance azurer l'immanence, symbiotique s'élevant vers l'Éternité, gardienne essentielle aux prismatiques conjonctions, comprises, emprises.

Témoins de toute coordination comme de toute viduité dans ces champs d'espace qui ruissellent le firmament et ses respires, visitant les cohortes des agitations pérennes, dans l'insouciance et l'ignorance, dans une danse triviale où se noient l'avenir comme le devenir, de cohortes en gestation qui s'évoquent et se désirent, dans la force de l'illumination et de ses règnes adventices, dans un souffle ascensionnel perdurant, de cohortes en règne dans le déploiement vital et l'harmonie fonctionnelle œuvrant les instances sacrales de l'Éternité.

Gardienne, fut-elle dite, prenant mesure, sans considération d'évocation et d'invocation, au libre arbitre de l'évolution, dans le mixage des conditions arborant l'oriflamme de l'orientation, insigne de la perception, où le nombre marque de la conscience ses portiques désignés, qui attendent, impérissables, l'annonciation, la volition de l'ordonnance, toutes faces gravées dans la conscience, sans besoins d'apparitions, sans besoins de temples minéraux, le temple étant en cette conscience en ses quatre-vingt-dix-neuf portes, faisant face aux quatre-vingt-dix-neuf portes matérialisées par l'inconscience, en leurs feux complémentaires, canalisant les énergies afin d'initier l'équilibre nécessaire à l'accomplissement souverain.

Celui de la gestation de la Vie en ses formes à l'éblouissement, régénération de la Vie par toutes formes et par toutes forces, de l'Absolu l'indéfinissable, au-delà de la vacuité, de ses dissonances, de ces éléments samsariques fulgurant des croyances, des affinités, des vertus, des enchantements, des actions destructives, toutes formes convexes sans lendemain dans la pluviosité du jeu qui s'alimente, ce jeu où l'acte est un répons, par-delà le temps unipersonnel comme par-delà l'espace unipersonnel.

Densité du libre arbitre désigné qui veille, comme l'éternité elle-même, sur le jeu lui-même, où chaque énergie trouve sa correspondance, où chaque devenir est l'avenir lui-même, et où chaque horizon s'accomplit dans l'horizon, vecteur sensible, intangible, initiant dans son déploiement le pouvoir de la Vie en son firmament ou bien en ses abysses, construction, dissolution, jeu du jeu lui-même qui n'est autre que l'initiation suprême du Vivant à la condition de la Vie.

Vivant gravissant de l'inexpérience vers l'expérience la cime de la nécessité de son déploiement, la Vie, et au-delà de son symbole, la régénération de la Vie en l'Absolu, jeu puissant et souverain dont la conscience est force en laquelle chacun se définit et s'oriente pour façonner une victoire ou bien un désastre, ou bien un statut quo dans lequel se perdent toutes les énergies, ainsi dans l'ascension du Verbe.

L'Être éveillé

Où la Sagesse se tient-elle dans ce monde ? Balbutiée sitôt défaite au sort des civilisations qui s'entrecroisent et se détruisent, tant de haine au miroir des sens qui guident les flux et les reflux de ce savoir inquiet qui ne sait se dire, qui ne sait s'offrir, qui ne sait jamais se transcender ! Paresse du songe aux larmes enfantées des stériles aventures pleuvant des mémoires ataviques, aux sources initiées de pavois rongés de rouille et de méprise, de temples azurés sans coupoles, atrophies des jours et des nuits aux citadelles rebelles, enhardies, disparaissant dans l'instant fuyant, dans ce silence fauve de la nuit qui rôde, passementerie des jours de l'agonie et aux sorts enchantés.

L'Être sera-t-il un jour affirmation de sa volonté de vivre dans l'éclat du plus beau jour, loin des faiblesses hantées des prévarications et du désordre qui le font lit de fortunes et de guerres outrancières, loin de la parure des âges qui a défait plus d'une saison dans l'inharmonie, l'infortune, et la détresse, encore plus loin des statuaires et de leurs velléités disgracieuses.

L'Univers accompli attend ce sursaut fécond de l'avenir devant frapper à sa porte, mais son sérail est vide, vide de millénaire en millénaire, l'imperfection rongeant de dissonances les effluves de ce cœur qui fut sans mystère, mais reste dans l'ornementation des ébauches fracassantes de vertus affleurant la puissance et la beauté, jamais ne les concrétisant sinon qu'en éperdant leur splendeur dans la dévotion de la mort et de ses habits mornes et sentencieux.

L'univers ouvrage et prie de la Vie l'ascension et la fulgurance et ne voit dans le cil de cette grâce qu'un pardon qui se fige, s'obstine et s'implémente de toutes folies croissantes, sans nombres visitant le feu de l'arc-en-ciel de ses semis, délaissé pour la pulsion motrice d'un outrage en répons, embelli d'une incarnation se prosternant à l'ombre saillit par l'infertile renommée d'un séjour aux abîmes.

Voici donc le monde dans sa lutte éternelle, son implacable densité qui émeut et force le respect dans la démesure de ses syllabes entonnant le Chant de la douleur et de ses menstrues, l'Être au milieu, dans la morne sentence d'un avenir sans finalité, sinon celle de la poussière du vide, vide de la conscience et de l'interprétation de toute conscience officiée, vide en ses nombres, vide en ses qualités s'abritant derrière le rempart des subterfuges et n'osant se prononcer de peur de perdre leur petit prestige, dans l'équivoque, l'hypocrisie.

Ces sursauts du néant advenant au néant les plus belles luminosités, inscrites telles les étoiles filantes, dans ce balbutiement désigné semblant par ces temps l'ordonnance suprême, à la ressemblance de celle qui parlait d'une terre plate et dont les esprits rebelles enchantaient les bûchers, vanité, vanité, épuisement de tout idéal, dont le Sage en la Sagesse formelle et non virtuelle ne s'entache, tant ce sacerdoce de l'incongruité se déploie.

Reléguant l'esprit anémié dans l'acculturation profane, par des prestidigitations dont les essors sont clameurs adulées, noires magies d'incantations devisées se perpétuant dans une involution tragique qu'il convient de regarder avec le détachement le plus pur, celui du chevalier sachant que dans le combat il peut vivre ou bien mourir, mais qu'à jamais ses actes témoigneront, au-delà du soi qui n'est qu'une illusion parmi les illusions lorsqu'il n'est transcendé dans l'immanence et sa parousie.

Ainsi au-delà de la vacuité le Vajra passe à travers ce monde, insensible aux éclairs comme aux pluies diluviennes, aux revers comme aux victoires, n'ayant d'autre but que l'accomplissement, ainsi doit être l'Être éveillé, debout au milieu des ruines de ces espaces civilisateurs destructeurs destinés à la poussière, afin de veiller sur l'accomplissement, tenant en ses mains le rameau vert de la Vie qui de nouveau flamboiera sur ce continuum de temps et d'espace en lequel il est composant intégré et intégrant.

Monde étrange

Monde étrange, où toutes les valeurs s'inversent, où le sens commun se cantonne dans les marginalités, où l'essor n'existe plus que pour en avilir la grandeur, la parure, l'honneur, monde sans Voie s'accomplissant dans la défiguration, l'amertume, la boue la plus putride, monde sans espoir où la nuit lentement, de son manteau de mort, empourpre toutes citadelles, monde sans écrins, sans devenir, s'étouffant dans une auto destruction inaltérable, monde où l'humain est sujet de toute culpabilisation, de toute menace comme de tout anathème, monde grouillant de pouvoirs instinctuels en essaims s'éployant pour renaître et disparaître dans des faisceaux de violences défigurant le visage de l'Humain, monde bestial où le couronnement se tient dans les moires aisances des scories les plus aphones, monde sans devenir s'écroulant sur lui-même dans un cri d'épouvante, noyé de torpeur et de folie, dénature dans sa course le menant vers l'abîme le plus délétère.

Cet abîme où la Vie n'existe plus, sinon que larvaire, stipendiée, enchaînée, broyée, exterminée, par les rouages de systèmes en dérive n'ayant pour avenir que l'apocalypse et ses phares, pauvre monde assassiné par l'atrophie et ses esclaves, atrophie de l'humain ne vivant plus que d'une de ses forces, voyez là, le primitif dans son assurance permissive se vautrant dans l'infatuation et le ruissellement de ses scories, voyez là le matérialiste s'époumonant, se disant humanisme afin de mieux parjurer le nom de l'Humanité en dominant sa réalité, voyez là le spiritualiste dévoyant le sens de la Voie pour de reptiles intransigeances n'ayant de fondement que l'assise de son abstraction.

Voyez là tous ces êtres qui n'ont plus de noms, leurs racines dévoyées s'enlisant dans les miasmes des mensonges autorisés et réglementés, toutes faces humaines allant vers ces buts qui les verront de la terreur les nocturnes aisances, malléables à souhait, soumises, prêtes à toutes les exactions pour complaire, assurer leur pâle avenir dans ces sociétés qui se déifient, s'imaginant un seul instant détenir le pouvoir, alors que le Pouvoir ne leur appartiendra jamais, tant le Pouvoir ne se songe un seul instant dans la médiocrité et ses fosses d'aisances, le Pouvoir étant lumineux et Vivant, et non couvert du manteau de la mort annoncée.

Pouvoir rayonnant qui sera repris de ces mains fauves, lorsque la Liberté reconquise brillera de ses mille feux, la Liberté de Vivre et non l'enchaînement à la prostitution des mots d'ordre, de la pensée unique, de la folie qui meut cet univers condamné voyant la Culture dénaturée, l'Intelligence bafouée, la Liberté enchaînée, Pouvoir de l'Humain, Universalité par essence, harmonieux, noble et conquérant, respectueux et respecté, allant vers son destin qui n'est pas celui de l'auto destruction mais de la construction vitale, allant par-delà les scories pour enfanter la complémentarité, l'ordonnance du devenir dans la Liberté épanouie, d'un pas sûr s'éployant sur l'immensité de cette Terre, ce jour emprisonnée, et par-delà les contingences de la gravitation, fertilisant les étoiles.

Son destin le plus précieux, son destin qui fait tant peur aux larmoyants pouvoirs qui n'ont d'assises que sur la terreur et la peur de perdre leurs pauvres panaches en haillons, si tant qu'ils s'inventent un monde intellectuel figé, barbare et désintégrant, qui ne bouge pas, un monde figé où tout est sujet à flagellation, jusqu'au droit pour l'Être Humain d'exister, alors que tout est mouvement, construction, élévation, désintégration, à commencer par notre planète, dont l'Humanité abandonnera le sort naturellement afin d'essaimer les galaxies, devenir qui se passera de leurs larvaires intentions, rendant la plénitude à l'Être Humain et l'Humanité.

Voie d'accomplissement souveraine que leur néant ne pourra en aucun cas contrarier, la Nature, non la nature qu'ils estiment devoir nous faire accroire défigurée afin d'asseoir leur pouvoir en faisant craindre sa destruction par de fallacieuses inventions déployées afin que la culpabilisation des Humains soit telle qu'ils ne recherchent leur accomplissement, la Nature donc revenant toujours à l'Harmonie, ainsi et par-delà ces temps d'esclavage permettant à l'Être Humain conquérant de hisser l'Humanité vers la conquête de son destin souverain, qui n'est pas celui de la larve, mais de l'Aigle, n'en déplaisent aux tenants de la pensée unique qui ne resteront dans l'Histoire, non l'histoire légalisée, qu'un pâle souvenir aux yeux des enfants de l'Humanité accomplie !

Passivité démesurée

On ne s'étonnera pas de la passivité permissive des citoyens, de leur degré d'acceptation frisant aujourd'hui un seuil de non-retour, tant ils sont soumis à une désorientation calculée, préméditée, orientée. On veut restreindre leur liberté : les voyez-vous défiler dans la rue pour protester, les voyez-vous se dresser contre l'usurpation ? Non, ils se taisent lovés dans ce que le pouvoir politique a créé de pire, l'isolement, l'attentisme, la complaisance.

Névroses collectives qu'il convient d'éclairer. L'isolement est le lieu privilégié du règne, par la division manipulatrice qu'il incarne ; l'attentisme est la source de tout esclavage, l'humain en ce lieu se résignant pour subir l'autorité ; la complaisance est le pire des maux, réduisant l'individu à l'état larvaire devant le maître qu'il adule. Ces trois caractéristiques associées sont les vecteurs qui permettent de naître l'indéfinitude, ce vide de l'humain permettant d'enchaîner ses armatures, sa sagacité, son intelligence, son esprit critique, sa densité cognitive.

Il suffit ensuite de manipuler cet "inconscient" pour en faire ce que l'on veut, l'instruire de ce que l'on souhaite, lui faire reconnaître ce qu'on lui demande qu'il reconnaisse, toutes faces d'un remodelage de la pensée qui excluent son identité, son existant, son Histoire, sa conduite, son devenir, son pouvoir de transcendance comme d'épanouissement, toutes faces sans remèdes dans la conduite tragique de l'événement qu'il subit, accepte, honore, complaît, parfait, le devançant même afin de limiter encore plus la liberté qui lui devient terrible à honorer, car relevant de l'individualité, lui à qui on apprend à hiberner dans un collectivisme forcé et forcené, bordé par ces remparts que sont les lois liberticides !

Lois en vagues qui se prononcent, telle cette dernière en préparation sur la vidéosurveillance, qui ne déclenche aucune réaction, sinon celle de la CNIL, mais en aucun cas des citoyens, moutons devenus qui croient tout ce qu'on leur dit, du moment que cela soit imprimé, télévisé, pauvres homo sapiens dont le cerveau lavé par le détergeant mondialiste implose de pitié pour un chien écrasé alors que des millions d'enfants meurent chaque jour de malnutrition, de travaux forcés, de mauvais traitements !

Oui, une bonne partie des humains aujourd'hui est vide, vide de ce qui a fait leur grandeur, l'espérance de la Vie, ils sont agglutinés comme les abeilles dans l'essaim à la thématique du paraître, de l'apparaître, ils sont bons et mûrs pour l'esclavage le plus pur, de la naissance à la mort, outils et instruments qui seront vidés de leur substance puis liquidés par euthanasie une fois lessivés. On ne peut qu'être admiratif quelque part de voir comme les mondialistes ont bien œuvré afin de terrasser un monde hier encore plein de vitalité et d'expression, par le ciment de l'informe, le ciment destructeur de l'individu noyé dans le collectivisme bestial où tout doit être accepté sous peine de sanctions endémiques, où l'être n'existe plus, sans racines, sans passé, sans avenir, sans devenir, où l'être n'est qu'une mécanique dont le vocabulaire ne dépasse pas cent mots, un ventre qui se fast-food d'aliments aux hormones, un sexe qui ne féconde pas mais s'atrophie d'autosatisfaction sous une sculpture obèse appariée au creuset de l'intelligence collective anémiée ! Bravo !

On ne peut faire mieux en pire, les camps de concentrations et les goulags n'étaient qu'une préfiguration de ce pire qui laisse indifférent et verra naître cette dictature stérile du mondialisme, stérile car vouée uniquement à la matérialité la plus dégradante, où l'on perçoit l'animal comme plus libre que l'humain ! On peut se demander avec raison pourquoi continuer à se battre pour la Liberté dans cette institutionnalisation de l'esclavage accepté ?

90

Le combat continu malgré cela, car ce combat se mène pour les générations à venir ainsi que pour les êtres conscients de nos générations et non pour celles qui ont déjà baissé les bras, qui se sont repliées sur elles-mêmes pour se complaire dans la reptation, toutes ces générations de "bobos" qui ne servent à rien sinon qu'à s'inscrire dans le terrier de la déjection et de ses armes régulières : l'ignorance et la consommation, portes ouvertes sur un vide affligeant, non pas celui du statisme mais de la léthargie, cette léthargie des sens et des sentiments, cette incomparable fée dévastatrice initiée faisant accroire le laid beau, la matière fécale un plat de saison, la pensée une hérésie.

En cela la léthargie est ce seuil parvenu, édicté, permettant les plus vastes infamies, car elle naît l'aveuglement consenti, la lâcheté récompensée, forces en ébats ce jour qui glorifient l'inconsistance, mutant au néant l'humain qui n'en mérite plus le nom, car d'être devenu objet et d'objet poussière de la raison, poussière qui le nourrit comme l'héroïne nourrit le junkie.

Non, nous ne nous battons pas pour ces générations spontanées nées de l'agonie et de la bêtise transcendées par l'ignorance, mais pour l'humain tout simplement, car il en reste, et heureusement, afin qu'ils regardent le monde comme l'univers debout et non en reptation, en conquérants et non en larves affamées, au-delà des afflictions, des outrages et de leurs maux, afin qu'ils s'élèvent vers cette conscience de la vie qui leur permette de vivre au milieu des ruines qui se pressent, afin d'en réduire l'expression et permettre une renaissance vivante et expressive, celle de l'universalité constructive et non celle du mondialisme destructeur, car quel que soit le degré de désintégration acquis par ce dernier, ce qu'il ne pourra jamais atteindre c'est ce sommet de la connaissance que porte en lui l'humain.

Cet inné qu'il voudrait voir disparaître, ce qu'il ne pourra en aucun cas, car alors ce serait vouloir détruire l'humanité dans sa globalité, dont il est partie intégrée, et donc se détruire lui-même. Inné individué, rémanence générée par des siècles de civilisations, voici ce qui ne disparaîtra jamais, et c'est sur ces bases que le combat pour l'Universalité mérite d'être vécu et vaincra, et en cela s'adresse-t-il aux générations en devenir et en avenir, d'où viendra sa force conquérante, et son accomplissement, car on ne peut leurrer indéfiniment le vivant !

Regard

Qu'en est-il de cette détermination génocidaire à vouloir à tout prix imposer en tous lieux, non la capacité, mais la dilution des valeurs dans un moule sursitaire qui conduit tout droit à la catastrophe de l'intelligence ?

Cette détermination se prononce, extrémiste, communautariste, et n'hésitons pas à le dire, raciste dans son essence. Elle prend des proportions démesurées par l'aveuglement, la prosternation, la déification qu'elle engendre. Anathème du vivant elle se justifie par le bannissement, l'asservissement de toutes racines afin de les inféoder à un tribalisme grossier dont la dépendance devient le cœur commun de tout humain par l'humanité obnubilée, circonscrite dans ce feu de paille où chaque identité se doit de disparaître afin que règne la tyrannie.
Tyrannie de l'être sur l'être, des êtres sur les êtres, tyrannie destituant la responsabilisation au profit du truisme ne voulant voir sur cette terre qu'un butut vide de conscience, sans passé, sans devenir et sans avenir, animal domestiqué pour quel rêve ? Celui de l'indifférencié, composite amorphe et sans valeur se laissant mener vers les plus grands écueils sans seulement murmurer, contester, sans se battre, tant l'humiliation est devenue son respire quotidien, humiliation d'être, humiliation des êtres, de leurs racines, de leur flamboyance, leur nation, de leur création, de leur densité, toutes formes de la vie conquérante se retrouvant dans les basses-fosses de morgues enchaînées à des lois inflexibles coordonnant leurs essors afin de taire à jamais l'esprit de la liberté d'être par ce monde.

Cette entreprise est à son comble dans certains pays, qui ne méritent plus ce nom, tant ils sont dissonances de leur passé, de leur grandeur, de leur force, cette force étant réduite sinon à l'esclavage au parjure et à ses amphithéâtres nocturnes où le dire n'est plus, où l'instinct est tout, réunion de toutes scories comme de toutes moires aisances, agapes déifiées de la reptation consommée.

En ces lieux l'être n'est plus. D'aigle il est devenu serpent, et emprisonné dans son aveuglement devient bestiaire de toutes agonies. Ainsi ces lieux en cette parabole ! Naissance de l'impuissance et de ses degrés dont les rites et les rythmes s'enfantent mutuellement pour faire place à l'inachevé, l'atrophie, semence de la nuit prostrée à l'image des camps de concentration et des goulags associés, à la seule différence qu'ici les camps comme les goulags n'ont pas de frontières sinon celles de lois lâches et serviles dénaturant la nature au profit de la virtualité parasitaire et destructrice.

Manifestation de cette détermination génocidaire que l'on doit regarder en face afin de défendre ce qui peut rester de liberté à défendre encore par ce monde obnubilé par sa propre déchéance !

Régénérescence

Des œuvres nouvelles aux jours neufs, dans l'iris de la reconnaissance majeure, voici le signe ébloui qu'il fut donné à voir en l'aube du firmament, conscience précieuse du renouveau, de ses vagues et de ses rythmes, chant d'ardeur volontaire, témoignant d'une joie vivante, là, ici, plus loin, dans la magnificence de l'éternité, et les sens en cet hymne s'ouvraient à la perception de la splendeur, nef de lyre ancestrale témoignant des âges en fête des semis de cristallisations aux couleurs d'ambre et de soleil.

Mesures épanouies des âmes éveillées, aux marches de ce palais, délivrant des corps les écharpes de satin bleu pour offrir en la nue la densité de la Vie, faste de l'écume, de l'embrun et des perles de saphir dont les architectonies multiplient l'intensité du vœu d'être, firmament de la Voie nuptiale où s'enseignent les Sages, les Mages et les Guerriers, sous le regard attentif de l'universelle densité, cette prouesse d'être unitaire, instance du vivant, enchantement du déploiement dans la gravure de l'univers et de ses vœux, fleuve constellé de luminosités florales où les flots s'en viennent, dans une mélodie somptueuse.

Alimentant le sacre de la beauté, l'affinité formelle naturelle de l'élan majeur signifiant l'éternité, pavois conquis dont l'Astre renvoie les ombres des sépales opiacées au rythme gravité du souffle limpide de l'intégration de la multiplicité vivante, insigne de la portée des règnes, cette portée permettant de jouer une mélodie, une symphonie, et non, dans l'ignorance de la réalité énergétique, une cacophonie, déshérence du savoir, de la réalité de ce savoir.

Voyant l'être infirme imaginer et créer un monde infirme, atrophie oubliée en cette cime élégante de l'harmonie, reconnaissance des anses et des passes dangereuses, des esquifs, des typhons et des cyclones, de ces orages magnétiques, cohortes électrochimiques qui comprises ne relèvent plus que d'une constante, celle de la Vie, la Vie s'ouvrant sur l'immensité et non sur l'abstraction atrophiée de l'unité parcellisée, conscience s'ouvrant sans limites sur l'imagination, la création, la construction, moteurs souverains de la Vie, inconditionnelles vertus composées à la synergie symbiotique, permettant à l'être d'être, au-delà des gravures abyssales de la concaténation destructive portée par l'atrophie mentale.

Cette atrophie qui ce jour par ce monde semble dominer les humains en nos sens reconnus, et dont les pouvoirs initiés ne sont que des remparts qu'il convient lentement de démanteler afin de faire naître l'Humanité non plus à la mort, effigie de cette atrophie, mais à la Vie, splendeur de nos écumes et de nos chants, ainsi et par cet état du temps et de l'espace en lequel chacun est gravitation, et pouvoir de cette expansion mentale qui par symbiose lentement mais sûrement, transfigurera l'état Vivant, degré de transcendance rejoignant l'immanence, permettant tant à l'individué qu'au généré de retrouver le sens de l'harmonie et de sa correspondance ultime, la régénérescence de l'Absolu...

Sexe et Civilisation

La sexualité est indivisible de la personnalité humaine, ciment de l'union, source de transcendance et de développement emphatique et altruiste. L'orientation sexuelle de chacun naît de l'affirmation de sa propre personnalité et des expériences personnelles et signifiantes qui construisent l'individu. À la base des civilisations se situe la famille née de la puissance de l'amour, c'est le pilier du devenir et la gardienne de l'avenir de l'espèce humaine. Sans famille, dans le désir créatif, il n'y a pas de civilisations.

Ainsi, toute civilisation se détruit dès lors que ce ciment du devenir se disloque, est anémié ou décimé. Nous assistons depuis des décennies à ce travail de destruction conjugué par l'essor de toutes les perversions, perversions puisqu'elles touchent à l'avenir sacré de l'humanité, l'enfant, possibles et imaginables, pédophilie, sexualité transverse, zoophilie, etc ! Les lois qui accompagnent le délaissement de la famille découvrent des communautarismes de fait qui, nonobstant leur comportement sexuel, parfaitement légitime entre adultes consentants, dès l'instant où cela ne nuit pas à l'intégrité mentale et physique de cette typologie de partenaires, demandent et réclament des droits exorbitants à ceux de la famille, et notamment l'adoption d'enfants ce qui est particulièrement pernicieux, car source de rupture psychosociologique de l'enfant qui, n'ayant plus de repères, devient sans identité, personnalité sans racines essentielles ne pouvant que consumer son propre devenir et par là même l'avenir de la civilisation en laquelle il vit.

Que les membres de ces communautés homosexuelles prioritairement se marient, qu'ils disposent de droits, cela ne pose aucun problème mais qu'ils veuillent recréer en leur sein les conditions d'une famille, cela ne peut en aucun cas être accordé en droit par une société équilibrée qui doit bien au contraire s'intéresser au ciment de sa réalité, la famille naturelle, je ne parle pas de famille traditionnelle, il faut faire attention aux mots qui sont employés aujourd'hui et qui servent d'armes pour ceux qui veulent saper les bases de la civilisation.

Le jour où des droits de type familiaux seront accordés à ces communautés, il en sera fait des civilisations qui sombreront inévitablement dans une lutte de pouvoir entre les différents groupes qui voudront se dominer les uns et les autres. On voit déjà les lobbies créés par les groupes homosexuels, pour les uns rejet de l'homme, pour les autres rejets de la femme, ségrégationnisme démentiel qui devrait être traité de la même manière que le racisme ordinaire (pourquoi cela n'est-il pas le cas ?).

Ces lobbies sont particulièrement destructeurs, tant au niveau social qu'au niveau économique. L'insinuation de toutes formes d'institutions fussent-elles discrètes, par cette typologie permet de voir aujourd'hui cette aberration tragique, il n'y a pas d'autres termes, qui se veut répétitive par toutes nations, des gay pride sans aucune retenue dévoilant l'accent mis par ce type de communauté pour s'arroger pouvoir et consentement, viol psychique acclamé par les pouvoirs en place infiltrés par cette typologie communautariste.

L'homosexualité, entendons-nous, n'est pas en cause, elle fait partie de la nature humaine, et doit être acceptée comme telle, dès lors que sa pratique se commet entre adultes consentants et ne cherche pas à corrompre le monde des mineurs, ce qui est en cause ici, c'est la systématisation induite qui en est faite, décuplant ainsi la force d'un existant dans le cadre d'un communautarisme qui prétend à plus de droits que ceux obtenus par la famille naturelle ! Ainsi convient-il de veiller strictement sur ce phénomène et le combattre en agissant près du législatif afin que des dérives extrêmes ne viennent saper irrémédiablement les bases de notre société.

Chaos, désordre, ordre

Dans le cadre de l'organisation mondiale, il n'existe que trois critères primordiaux pour établir l'unité souhaitée qui est celle bien entendu de l'élaboration d'institutions mondiales dont les représentants constitueront le gouvernement mondial.

Ces critères sont les suivants : chaos, désordre, ordre. À la base de ces trois critères : l'Être Humain, dont les opérandes sont signifiés par ces trois niveaux de conscience. Rémanences formelles initiant des typologies civilisatrices que nous définissons comme primitive, matérialiste, spiritualiste, et enfin universaliste.

Afin d'avoir une vue objective de cette typologie il convient de croiser les données potentielles entre les différentes matrices possibles en fonction de la réalité humaine qui n'a pas pour seule dimension une dimension physique, mais est constituée de deux autres dimensions complémentaires qui sont l'Esprit et l'Âme.

Revenons aux critères permettant d'effectuer l'unité mondiale.

Le premier de ce critère est le chaos, il naît toute civilisation primitive dévouée au paraître et non à l'Être, et est essentiellement axé sur le monde physique, creuset de l'économique qui devient le moteur de son ascension, sous la plus expresse réserve de la mise en place d'une structure pyramidale à l'orientation rigide et mécanique dont le moteur neuronal dérive invariablement vers la dictature, en raison de l'atrophie individuelle exercée qui devient par conjugaison l'image sociale qu'exerce ce type de pouvoir. Ce chaos n'est pas destiné à survivre, malgré ses tentatives de régulation monstrueuse, creuset de guerres et de récessions, qui profitent uniquement à la régulation de flux économiques non circonstanciés et qui en aucun cas n'élèvent l'Humanité dans sa raison d'exister qui est celle de son dépassement dans l'épanouissement.

Deuxième critère, le désordre, expression de l'inconséquence de la multiplicité où l'individué règne, empire d'une de ses dimensions complémentaires développant l'arbitraire et sous les auspices d'une "anarchie de façade" une dictature de l'atrophie débouchant sur des dérives désaxées telles que le communisme ou bien le national-socialisme où parfois des éclairs de lumière surgissent afin d'apporter un semblant d'ordre à l'"anarchie" régnante. Ce désordre n'est pas destiné à survivre dans le cadre d'un ordre mondial, car moteur de ses aspirations il entraîne inévitablement la chute de ses auteurs, la dimension humaine esprit jouant pleinement son rôle de régulateur.

Le troisième critère est représenté par l'ordre. Il n'y a parachèvement de ce dessein que lorsque la symbiose des dimensions de l'individué est réalisée, symbiose développant un foyer rémanent dont l'Énergie conjuguée avec la multiplicité permet sa formalisation, rémanence formelle permettant l'instauration de l'Universalité, et outre cette instauration l'intégration par désintégration tant des critères du chaos et du désordre.

L'Universalité a pour but l'épanouissement de chaque Être Humain, l'Universalité se situe donc aux antipodes du "mondialisme" réducteur, et donc de l'ordre mondial actuellement institué inféodé à un ordre primitif, la synthèse du National-socialisme et du Communisme qu'il légifère représentant la pire des involutions par rapport à l'évolution naturelle de l'Humanité.

S'il est vrai que coexistent des tentatives de pouvoirs nées de l'Universalité dans le cadre du "nouvel ordre mondial", il n'en demeure pas moins que ce jour elles sont enlisées par la désinence primitive précitée qui englue le potentiel qui leur est propre. En ces conditions leurs ouvertures ne pourront éclore que par le déploiement de la rémanence formelle qui est propre à l'Universalité, qui implique une induction renforcée particulièrement dans le cadre des institutions universelles mises en place.

Cette action d'induction, née d'un recrutement massif signifiant permettra de dissoudre par intégration puis désintégration l'ordre primitif qui cherche à imposer sa dictature de fait, et favorisera l'instauration de l'Universalité.

L'Universalité permet par induction la désintégration du Mondialisme, l'ordre lui-même unissant chaos et désordre dans un cadre pyramidal, conscience de flux générés partant de la base au sommet et inversement, ouvrant toute potentialité en son accomplissement et ainsi permettant l'épanouissement tant de l'individué que du généré. Cette équation ouverte, s'il fallait le démontrer, est bien totalement aux antipodes du chaos et de son empire primitif qui ce jour constitue "le nouvel ordre mondial", réducteur, car basé sur une seule Branche de l'humain, de tout déterminisme, dont la seule phase générée consentie est l'économique, qui dans l'ensemble de l'humain ne constitue qu'une de ses facettes.

Pour que l'Ordre naisse il faut donc conjuguer symbiotiquement les matrices nationales et internationales existantes et intégrer donc les rigidités qui les façonnent afin de les rendre à leur juste valeur et seulement leur juste valeur, pour cela créer un ordre métapolitique international qui par contrepouvoir conjugué permettra la dissolution de la réduction primitive et l'essor de l'Universalité. Il n'y a pas d'autre solution, sauf à penser rejoindre les courants métapolitique existants qui pour la plupart dérivent en faveur du mondialisme et de son univers concentrationnaire, et les redresser dans le sens de la Voie.

Le devenir de la terre est notre nouvelle histoire

Voici les grands prêtres de l'hérésie écologique qui nous enseignent, les masturbateurs falots de l'amnésie des Peuples et de leurs devenirs, les chantres de thanatos, les esclaves du masochisme, les belliqueux du néant !

Ils nous apostrophent comme les inquisiteurs apostrophaient les scientifiques de leur époque en leur niant le droit de penser que la terre était ronde, qu'elle tournait autour du soleil, qu'il existait d'autres mondes que ce petit corps respectable se situant dans la très grande banlieue d'une galaxie, poussière au milieu des amas et des super amas de galaxies qui constituent un univers parmi les univers !

Il serait temps de se réveiller pour chaque être humain et de se libérer de ces moissonneurs du néant dont l'anthropomorphisme délirant en arrive à faire accroire que l'humain partie intégrante de l'écosystème est responsable de tout ! C'est se moquer de l'intelligence que ces affabulations qui servent une coercition politico économique sans lendemain, qui pour l'instant vit très bien des prébendes qui tombent dans leurs escarcelles !

Écologie et discernement, oui, écologie et amalgame, non ! Parlons du Méthane : l'économie humaine serait responsable d'un pseudo-réchauffement de la planète, je dis pseudo car je tiens compte de la réalité physique de notre planète qui n'est pas fixe, dont l'axe est excentré, dont les terres émergées sont situées sur des plaques tectoniques qui bougent sans cesse, référence de la variance et non de l'invariance géologique que l'on voudrait nous faire accroire, et donc de l'écosystème qui villégiature en ses degrés.

Revenons au méthane, y a-t-il un scientifique sérieux qui

pourra nous donner le % né de l'activité humaine aggravant le taux terrestre ? Le premier producteur de méthane est la nature même, activité volcanique, le second producteur de méthane est la flore, nos prairies, nos fleurs, nos forêts, le troisième producteur de méthane sont les animaux et plus particulièrement les ruminants, que reste-t-il donc de l'activité Humaine dans cette réalité ? À peine plus d'un pour cent des émissions de méthane !

Je ne voudrais pas rendre ridicules nos éminences grises de l'introversion, mais il serait temps qu'elles replongent dans le corps des livres de nos cours élémentaires pour qu'elles apprennent d'où vient le méthane. Cela pourrait être amusant mais cela ne l'est plus au regard de la tentative de culpabilisation qui est générée par leurs rêves dantesques ! Ainsi face à cette hérésie des mots, du langage, faut-il se dresser contre cette entreprise subversive qui s'imagine détenir le monopole de la vérité, en créant au niveau international une identité juridique permettant d'éradiquer cette théorie mortelle pour le genre humain, tissu de contre-vérité qui voit, que l'on s'amuse un peu, des journalistes dépités lorsqu'ils annoncent un hiver sans neige sur la côte est des États-Unis, et en même temps un hiver rigoureux dans l'État du Missouri !

Oui, la terre n'est pas figée, elle mute de seconde en seconde et avoir la prétention de la contrôler est sans issue, ce d'autant plus qu'elle disparaîtra lorsque le soleil deviendra une géante rouge, donc dire que notre histoire c'est le devenir de la terre est le mensonge le plus éhonté qui soit, l'espace est notre avenir, la terre le support de l'humanité, dont le devenir est d'essaimer les galaxies et non au nom de principes désintégrateurs de s'accoupler à une terre qui inéluctablement disparaîtra.

Respecter notre environnement, oui, attendre notre désintégration avec lui, non, l'Être humain est un conquérant et ne doit en aucun cas se soumettre à la prêtrise de l'euthanasie que les chantres d'une écologie inversée nous distillent ! Mais l'Être Humain aura-t-il le courage de se réveiller ?

Le pic pétrolier

Le pétrole a encore de beaux jours devant lui, toutefois le pic pétrolier est en marche vers son année charnière. Il convient donc d'ores et déjà de prévoir des énergies de substitution, nucléaire, gravitationnelle, électromagnétique.

Le monde va connaître l'une des plus vastes entreprises de transfert de technologie qui soit. Il faut s'y préparer sans étonnement, sans circonvolution, sans méprise. Le monde pétrolier fait vivre des millions d'êtres humains qui progressivement perdront leur emploi initial, dans tous les domaines applicatifs du pétrole, chimie, pharmacie, plastique, etc. Aucun secteur industriel ne sera épargné, et cela s'accompagnera si nous ne prenons pas des mesures éclairées, à des bouleversements économiques sans précédents, induisant un chômage endémique qu'il convient d'ores et déjà d'endiguer par des transferts de compétences.

Ce ne seront les quelques tentatives d'annexer les réserves lourdes de pétrole existantes ce jour, sous des prétextes créés de toutes pièces, qui endigueront le parcours à naître si on veut que l'Ère de la prospérité se perpétue comme cela est le cas depuis la révolution industrielle. Ces réserves s'épuiseront naturellement, et le problème restera identique, et ce à brève échéance quoi qu'on en pense. C'est-ce qu'on appelle reculer pour mieux sauter. Le monde des dirigeants joue la politique de l'autruche, conditionnant leurs alliances aux remparts d'un mécanisme qui ne pourra perdurer, celui de la mise en coupe réglée du capital pétrolier restant, alliances de propos qui ne riment à rien à l'échelle planétaire.

La dictature quelle qu'elle soit n'a jamais perduré très longtemps sur notre petite planète. Il convient sans discourir plus avant de mettre en œuvre les technologies de transfert nées du nucléaire, de l'électromagnétisme et de la gravitation, pour remplacer petit à petit les sources d'énergie qui se tarissent. Les applications de ces différentes sources d'énergie dans les domaines de la propulsion, du bâti et de la création, ignorées ce jour, devront être mises en évidence, au-delà des cartels endémiques militaro politiques qui gravitent leur déshérence afin que l'Humanité se les approprie et trouve le moyen de faire face à une déchéance technobureaucratique qui n'a pas lieu d'être face au réalisme et à la pertinence de l'épuisement naturel des ressources naturelles primaires qui, jusqu'à présent, ont permis à la dite Humanité de franchir les portes de l'épanouissement.

Les gémissements des « écologistes » n'ont en aucun cas lieu d'être sur ce chef de chapitre, il y va de la survie de nos sociétés et plus particulièrement de ses composants, les êtres Humains, à moins que les « écologistes » considèrent que l'être Humain n'a pas besoin de vivre, ce qui semble être le cas pour nombre d'entre eux, prêtres de thanatos qu'ils sont au regard de l'Humain ! Il est temps que se taisent, les si, les il faudrait, les on verra, les il est trop tôt. Culpabiliser l'Humain comme le font avec arrogance et détermination les tenants de la mort n'est pas la solution pour circonvenir aux problèmes que nous rencontrons qui sont bien plus important que ceux liés à l'implantation d'un ours dans les Pyrénées, ou qu'un réchauffement naturel, je précise naturel (inversion du champ magnétique terrestre plus tempêtes solaires), de la planète.

Notre survie n'est pas liée à l'abandon de l'énergie nucléaire, et encore moins à des énergies autrement plus importantes qui naîtront de la maîtrise des énergies gravitationnelles et électromagnétiques, mais bien au contraire à leur renforcement et à leur épanouissement totaux dans le cadre des applications civiles qui doivent en être faites. Ce n'est qu'à ce prix que nous sortirons de l'ornière de la disparition de ressources naturelles primaires énergétiques, par leur substitution et non par leur encadrement, option téméraire s'il en fut, qui peut conduire à tous les débordements que l'on connaît actuellement, tant au niveau géo politique que social.

Les hommes de science ont tout leur poids à mettre dans cette balance, manichéenne à souhait, désignant l'aveuglement pur produit de la dictature, la clarté rémission de cette dictature. Il convient qu'ils réagissent avec fermeté dans tous les domaines énergétiques et qu'ils précisent les moyens de substitution à mettre en œuvre au-delà des propos calamiteux de ces politiciens délirants qui conjuguent l'avenir de l'humanité avec leur ambition personnelle, prête à s'allier à tous ces prêtres de thanatos qui n'ont de finalité que la faillite de l'Humanité et en aucun cas sa survie.

Je ne le répéterai jamais assez, l'Humain n'est pas destiné à rester sur la Terre, l'Espace est son devenir, et il est bien évident que s'il ne fait pas l'effort de construire ce devenir il n'ira jamais plus loin que son clocher qui bientôt ne sera plus éclairé que par la bougie obligatoire délivrée par des états serviles qui n'auront d'autres mobiles que de se mouvoir dans le cadre d'un passé sans lendemain, sous le joug d'une dictature de circonstance à laquelle d'ores et déjà ils agréent, avec une reptation servile qui laisse béat d'admiration.

En conséquence assez de lamentations, assez de pleurnicheries, assez de sentimentalisme sur le sexe des anges, assez de corruption, assez de lâcheté sur l'avenir qu'aucun politique ne regarde, Messieurs les Scientifiques (je parle de Scientifiques et non de ces prétendants à la Science que les politiques réunissent pour leur faire dire ce qu'ils doivent dire), au-delà du carcan politique faites que vos voix se réveillent et ne soient plus, parce que n'intégrant pas la pensée unique, réglementée par les privilèges, que faibles réverbérations au-dessus de ce nid de scorpions dont les émules ne voient que leur intérêt personnel et non l'intérêt général !

Sciences cadavériques

Paléontologie, anthropologie, même combat de la pensée unique voulant voir l'être Humain comme un état larvaire de la Vie, qui bien entendu n'a aucune intelligence. Lorsqu'on entend leurs égéries, ces pseudoscientifiques, ignares et symboles du plus pur anthropomorphisme, ce dont ils se défendent, on ne peut que rire de leur bêtise achevée !

Croire un seul instant au darwinisme c'est déjà se rabaisser au rang pitoyable d'une hérésie sans nom, celle que suivent avec tant de larmoiements les écologistes de pacotilles qui ne servent qu'un dieu, Thanatos ! Avec quel ahurissement découvrons-nous la genèse de l'Univers et de l'Être Humain dans leur pensée réductionniste ! Vouloir faire croire un seul instant que nous descendons d'une seule famille Humaine, est d'un ridicule à toute épreuve, que nous descendons d'un seul élément géniteur, et que dans la théorie de l'évolution nos ancêtres étaient des singes les relèguent à l'échelle du singe. Depuis quand un singe a-t-il donné naissance à un Être Humain ? L'inverse est plus proprement réel ce jour.

Cette explication débilitante, née de cerveaux atrophiés ne peut que complaire au politique qui souhaite asservir l'Humain, l'humain n'étant rien, sinon qu'un élément malléable à souhait, devant son infini néant ! Pauvre science et pauvres scientifiques, imbus de leurs privilèges dantesques, résorbant l'univers et la Vie à l'expression létale de leurs équations morbides ! Là, cette théorie de l'évolution qui voudrait voir aucune différence entre les Êtres Humains, alors que ces différences sont essentielles dans le cadre du développement de l'Humanité, là cette théorie de l'encadrement psychologique de l'Humain le voyant uniquement axé sur sa sexualité comme moteur de son avenir, là cette physique courbe qui ne voit aucune potentialité pour l'Humain de s'échapper de son univers, toutes faces sans réalité n'ayant pour vocation que l'anéantissement dans l'esprit Humain de son potentiel de transcendance !

Théories fumeuses qui ont conditionné le bûcher pour ceux qui avaient osé penser que la terre était ronde ! Il est temps de dépasser ce réductionnisme, cet anthropomorphisme délirant, l'Être Humain n'est pas né sur cette terre, il est une poussière d'étoile et en aucun cas cette espèce de débile que ces scientifiques prétendent avoir découvert dans le reflux de leur cerveau dérangé, et il retournera vers les étoiles où est sa place et son avenir, faisant fi de ces idées délirantes qui ne sont que les symboles d'une involution forcenée qui trouve son accomplissement dans cette écologie triviale et bestiale dont on nous ressasse les oreilles du matin au soir.

Quand donc les scientifiques sérieux se dresseront contre ces montagnes de mensonges, ces idées superficielles, ces théories sans lendemain, cette course à la mort, source de toutes les nuisances qui conditionnent les Êtres Humains ! La bêtise fait vivre malheureusement, cette bêtise conditionnée et conditionnelle, qui fait accroire des principes outranciers pour rabaisser l'aventure Humaine ! Écoutez-les, regardez-les, ces millénaristes qui peuplent les oratoires, écoutez-les, regardez-les ceux qui présidaient à la fin de l'humanité en l'an deux mille, la fin de ses ressources naturelles, toutes devises de l'animalité la plus crue, oui l'Être Humain donne naissance à des singes, qui n'ont pour avenir que le leur propre, qui renient la faculté Humaine d'aller plus avant, de se transporter au-delà de leurs arcanes cadavériques.

On ne vous parle que de dérèglements climatiques, et les tempêtes solaires, et l'inversion du champ magnétique terrestre ? On ne vous parle que de démographie galopante, et la conquête de l'espace ? On ne vous parle que d'écologie outrancière pour vous culpabiliser, mais et l'Être Humain ? Certains philosophes pensaient que la prochaine guerre serait religieuse, elle sera bien plus noble, celle de l'Être Humain contre le non-humain, celle de la Vie contre la mort et ses serviteurs zélés !

Cette guerre sera intellectuelle et sera gagnée, car on ne peut continuer indéfiniment de faire évoluer l'Humain dans ce bestiaire sans nom des litanies oiseuses de débilité ! Il est temps que l'Humain, se réveille de la léthargie conditionnée, brise les chaînes de cette folie qui domine le monde sous les auspices d'homoncules qui ne respirent que par l'abaissement ou la mort d'autrui !

À vos plumes Messieurs les Scientifiques qui ne sont pas encore pourris par des escaliers et des honneurs qui ne correspondent qu'aux reflets lumineux de cimetières qui dansent la féerie de l'incompétence !

La dictature indestructible ?

L'acceptation, le consentement, la lâcheté, voici les principaux maux de notre société, soumise à une dictature qui se cache sous la dépouille de la démocratie. Devant ce néant qui s'avance sous les voiles du mensonge, il convient de prendre acte, et ne pas se laisser influencer par la reptilienne démesure de ces maux. L'histoire a ceci d'extraordinaire qu'elle est répétitive, elle suit des cycles qui sont la raison même de son existence, et annonce en son principe gaussien, naissance, apogée et chute irréversible des régimes lorsque ces régimes ne prennent pas en compte la réalité de l'équation humaine, qui ne se résume à une dualité pouvoir asservissement, mais à un opérande action consentement, non ce consentement que l'on fait accroire ce jour basé sur l'ignorance, officiant le mensonge comme on manie l'épée, mais le consentement éclairé trouvant ses racines dans la rémanence formelle née de la rencontre des actions individuées, dont la résultante n'est pas addition mais multiplication.

Ici se reconnaît la Démocratie, dans ce concept qui permet de calculer avec exactitude sa vigueur, tableau de bord énergétique permettant de voir si les énergies sont libérées ou enchaînées. Plus le champ des énergies est libéré, plus la démocratie est vivante, novation et innovation, plus le champ des énergies est enchaîné, ne laissant transparaître qu'une voix uniforme, plus son champ est contraint et ne subsiste en son sein plus qu'une rémanence résiduelle lui permettant quoi qu'il en soit de survivre.

Cette rémanence est le levier indestructible de son autorité naturelle renaissant, tel le phénix, invariablement de ses cendres. C'est bien pour cela qu'il convient, en pleine connaissance de cet invariant contre lequel aucune dictature ne peut rien, car dépassant le champ limité de ses exactions, de ne craindre ni l'avenir, ni le devenir, quel que soit le principe de l'autorité gouvernante, en quelque lieu qu'elle se situe.

La génuflexion des jours que nous vivons, née de la reptation inféodée à une vassalité de circonstance disparaîtra d'elle-même, broyée par ses inconséquences. Nous en voyons déjà se prononcer la réalité, par une chute, qui s'accélérera, d'une opinion qui voit se ternir de plus en plus sa viduité, devant l'appariement de l'atrophie qui guide les lendemains à naître. La suffisance n'est pas tout, encore faut-il avoir la capacité de cette suffisance, et lorsque cette capacité est inexistante, classée dans cette modalité qu'est le virtuel, elle ne peut opérer dans le réel.

Voilà bien le lieu et le lien, inéluctables tous deux, car emprunts l'un de l'autre, causalité et dissonance qui rythment ces jours que nous vivons. En conséquence de quoi, il suffit que le fruit tombe de lui-même, gangrené qu'il est par sa propre considération, par sa propre auto satisfaction, par sa propre déraison, devant cette invariance chronologique, ainsi devient-il vital de ne pas s'inféoder à une lutte contre ce semis en voie de disparition, car ce serait bien là lui témoigner une attention imméritée, mais bien au contraire élever l'avenir dans cette direction qui semble obérée, mais qui ne l'est pas en considération de la rémanence évoquée.

Rémanence qu'il convient de faire rayonner, au-delà du débat stérile, de la morgue et de l'orgueil solidaires de cette acclimatation qui semble vouloir perdre l'avenir de notre Peuple. La résistance se manifestera d'elle-même et au-delà de la servilité saura dépasser la convenance de l'appariement pour créer les supports advenant la matérialisation du rejet de la virtualité.

Que chacun perdure en son domaine dans le cadre de la Liberté, et ne durera ce phasme que le temps d'un crépuscule, phasme dis-je, car il n'est porteur d'aucune novation, d'aucune réforme, d'aucune action constructive, sinon celles lui permettant de se rassurer et conditionner, préambule d'une maladie qu'il convient de laisser mûrir, pourrir, afin qu'elle fasse disparaître d'elle-même le venin cristallisé de sa création, la dictature et ses supports.

Pragmatisme

Face à l'adversité, réalisée par un pouvoir régalien doublé d'une inféodation de caste, la France vient de perdre sa légitimité. Elle n'est que ruine au milieu d'un empire sablier composé par un hétéroclisme démesuré où se côtoient des pays en sous-développement, en voie de développement, et "développés".

Par l'intermédiaire du pouvoir en place, les clés immédiates de son destin sont rivées à une boîte noire qu'on ose appeler l'europe, où grouillent et se congratulent, et s'auto-élisent, au-delà du droit le plus élémentaire, des sangsues qui n'ont d'autres vocations que d'assurer leur devenir et en aucun cas l'avenir des Peuples Européens.

Car j'espère que vous le savez, les Peuples n'ont pas droit de regard et de parole dans cette enceinte machiavélique à souhait, le devenir, à l'image du coup d'état qui vient de se produire en France, se crée sans leur consentement. Me direz-vous, la chose est grave lorsqu'on se considère un citoyen responsable. Bien entendu, elle est grave, mais lorsqu'on regarde les Peuples et leur mobilisation face à cette gravité on ne peut être qu'éberlué par l'inaction qu'elle engendre !

Cette inaction a des racines, et ce sont ces racines, ce chiendent dans le pré Européen, qu'il faut combattre si l'on veut voir se réguler et disparaître ce chancre qui aujourd'hui cerne l'Europe et les pays Européens de son carcan putride né de la synthèse de deux idéologies le nazisme et le communisme, que j'appelle le nazi communisme. Pour ceux qui croiraient que cela est un conte à dormir debout, je leur demande de m'expliquer en quoi ils sont libres dans cette europe, ont-ils un droit de regard sur ce que font les commissaires politiques européens ? Ont-ils le droit d'élire un Président européen ?

Non, dans tous les cas : ils sont soumis à cette dictature qui se voile sous le nom pompeux de la Démocratie, Démocratie usurpée, à l'image de celle de notre pays, totalement sous le joug d'une caste mondialiste n'ayant pour ambition que sa destruction jusqu'en ses fondements vitaux, communes, départements, etc. La dictature n'est donc plus à nos portes, elle est maintenant notre pain quotidien, vous l'aurez compris. D'esclave à venir à esclave consentant, il n'y a qu'un pas et ce pas vient d'être franchi sans un éclat, le terrain ayant été bien préparé, méthodiquement balayé, circonscrit scientifiquement par une propagande manichéenne.

Nous y voici, levier de cette torpeur à laquelle nous venons d'assister face au coup d'État que nous venons de vivre, la propagande a fait son effet. Nous allons mieux comprendre sa force dans ces tripartitions qui suivent. Quel type de propagande a été élaboré pour que nous en soyons là ? Une propagande agressive liée à tout ce qui touche la nature même de l'identité de notre Peuple, faisant en sorte qu'il se sente coupable même jusqu'à exister au nom du mensonge draconien issu de la pensée unique commune aux partis en présence qui sous le voile de la dualité ont toujours répercuté la même typologie idéologique (pour s'en convaincre si cela était nécessaire, observez la constitution de notre gouvernement...).

Cette propagande basée sur le modèle pavlovien le plus éclairé est définie dans son routage par trois branches qui se déclinent à l'unisson :
- La Nation n'est rien, le mondialisme est tout
- l'identité n'est rien, l'"humanité" (quelle humanité ?) est tout
- l'individu n'est rien, le groupe est tout

Tripartition doublée d'une tripartition « culturelle » :
- seul un gouvernement mondial pourra éradiquer les méfaits de la guerre

- il n'existe aucune identité humaine sinon celle de l'être indifférencié noyé dans une humanité elle-même indifférenciée, à la ressemblance du règne animal
- l'individu doit être détruit pour laisser place à un gestalt n'ayant pour adoration que la terre mère

Tripartition doublée d'orientations constitutives :
- destruction de l'idée de Nation par noyage des Nations au sein de conglomérat vide culturellement et intellectuellement
- destruction de l'idée des typologies humaines, par accentuation des processus d'éradication tant du savoir que de la réalité humaine, inhibition au nom d'une saturation permettant d'accroire à une égalité totalement abstraite prédisposant à la désintégration de toutes valeurs culturelles, historiques et intellectuelles
- destruction de toutes Identités par mise en œuvre d'un brassage conditionnel de populations permettant d'advenir par différence culturelle le déracinement global permettant le génocide des cultures et de l'intellect composite des Peuples, donc leur annihilation progressive

Tripartition de valeurs destructives déclinées par une tripartition d'actions globalisantes :
- accélération des processus migratoires forcés par inaltération des modes politiques orientés et facilités dans le tiers-monde, accentué par un processus de culpabilisation à outrance des diverses colonisations, et accentuation de cette morbidité par acculturation forcenée en provenance des médias, mise en conformité de la désintégration de l'idée de Peuple constitué
- accélération des processus de désintégration des Identités par manipulation intellectuelle, médiatique, politique, avec leitmotivs consacrés (touche pas à mon pote ; l'immigration est une chance pour la France etc.) répercutés par l'embrigadement des jeunesses européennes, malléables à souhait par de pseudos mouvements révolutionnaires aux ordres de la pensée unique ; complément indispensable, désintégration de la culture avec accentuation de processus acculturel, subculturel, qui alliés à la diffusion des drogues, permettent l'atrophie mentale donc culturelle réalisée ce jour où un adulte de vingt ans ne sait en moyenne ni lire

ni écrire et encore moins s'exprimer, son vocabulaire restant limité à cinq cents mots et encore !

- enfin, action concentrationnaire par excellence, mise en œuvre d'une gouvernance n'ayant de compte à rendre qu'à elle-même, permettant le bâillonnement de la liberté par le mensonge déguisé en altruisme et en hypocrisie, pièce maîtresse de cette mise en coupe réglée dont le point d'orgue trouve son phare dans une pseudo-écologie dévouée à ce pouvoir conditionnant désormais une culpabilisation universelle, permettant d'établir une dictature qui se dit inamovible, car consentie ! Il y en a certains qui pensaient que le Reich durerait mille ans !

Voici les arcanes, délicieux pour les atrophiés mentaux qui rêvent de diriger une humanité d'esclaves, qui nous ont conduits à ce déni de démocratie que nous vivons actuellement !

Pragmatisme donc doit devenir le symbole de celles et ceux qui veillent au milieu des ruines, car ce qu'ont oublié les barbares qui se déploient actuellement (et comment les appeler autrement, eux qui nient toute réalité Humaine au profit de leur utopie d'illuminés ?), c'est que toute civilisation ne naît ni ne meurt de l'utopie, mais qu'il existe au sein du généré une rémanence qui telle un boomerang viendra destituer leur usurpation, rémanence formelle qui n'a d'autre dénomination que celle de la Liberté dont on ne peut cracher indéfiniment dessus sans qu'elle s'éveille et remette à niveau le réel dans la virtualité fécondée par une quelconque dictature, fut-elle réglementée ou consentie par viol des foules et manipulations psychosociologiques !

N'en déplaise, l'Être Humain n'est pas un singe que l'on se complaît à voir dans le cadre de la pensée unique de cette dictature consommée, il est devenir, par-delà les latitudes d'une science totalement inféodée, de circonstance et de paraître qui ne mènent qu'à la destruction de l'humain, donc de la Vie, et cet Être Humain en ses racines inévitablement se réveillera afin de fouler aux pieds cette tyrannie qui s'instaure, son avenir allant bien au-delà de ce conte à dormir debout voyant des maîtres et des esclaves consentants, dans un univers accompli respectueux de chacun, de ses racines, de ses identités et de ses existants, se dirigeant vers ce qui est sa réalité fondamentale, l'espace et ses univers, et non ce délire auquel nous assistons qui ne révèle qu'une incapacité à vivre, tant l'idéologie qu'il sous-tend s'avoue le désir consacré d'un retour au stade fœtal !

Société androgyne, se dévorant elle-même faute de s'assumer dans le réel et tel Ouranos dévorant ses enfants. Rappelons qu'Ouranos fut châtré et la dispersion de ses organes donna naissance à Aphrodite, la Déesse de la Beauté et de l'Amour.

L'Histoire étant un perpétuel recommencement, il n'y a donc pas lieu de s'inquiéter de l'Avenir, cet avenir qui viendra bien plus vite qu'on ne peut l'espérer, la Culture des peuples, ce jour n'étant plus masqué par la pensée Unique, et diffusée uniquement par ses organes de propagande, l'Éducation Nationale (comment peut-on parler de Nation dans ce lieu mondialiste par essence ?), grâce à Internet entre autres, la Renaissance tant des Nations que la naissance de l'Europe réelle et non virtuelle viendront !

Ainsi pragmatisme, lutte contre la désinformation, la propagande digne de celle que Goebbels appliqua, sont-ils les vecteurs de la veille qu'il convient de mettre en œuvre afin qu'éclairées et non pas illuminées, les Générations qui viennent ne se laissent pas piéger par ce miroir aux alouettes où on les attend uniquement pour les asservir !

État et Religion

Lorsque la Religion domine le Politique, quelle qu'elle soit, l'aberration commence, cette aberration confluant à la désintégration des valeurs Démocratiques, des valeurs identitaires. Elle accentue des communautarismes de circonstances racistes intellectuellement par excellence, animistes, catholiques, islamiques, judaïques, et autres. Car le racisme, ne vous y trompez pas ne touche pas uniquement le monde des corps, mais celui des esprits et des âmes.

La Démocratie en France a apporté la séparation de l'État et des églises, des mosquées et des synagogues, dans le cadre de la tradition judéo chrétienne, ce qui a permis de rendre à César ce qui appartient à César et à Dieu ce qui appartient à Dieu, si tant la volonté d'embrasser telle ou telle foi, dans le besoin de se conforter, alors que nous sommes toutes et tous, enfants de Dieu, et qu'il n'est besoin pour s'adresser à son Créateur de supports quelconques sinon ceux de la Foi, ne reste qu'individuelle et n'a à être contrainte par qui que ce soit, et encore moins un ordre politique. (À ce propos relire et méditer le discours du 4 mars 1904 de Jean Jaurès, dont certains ne cessent de prononcer le nom, discours au soutien du projet de loi du gouvernement d'Émile Combes sur l'interdiction d'enseignement aux congréganistes ; le texte a été édité en brochure sous le titre L'Église et la Laïcité.)

La désintégration de la Démocratie, donc de la Liberté, se mesure à l'aune de l'asservissement du politique au religieux. Il n'est que de voir ce jour notre pays sombrer dans l'atavisme séculier de ses dirigeants pour mieux comprendre les motivations fondamentales qui les animent et qu'ils animent en tous lieux comme s'ils se considéraient comme des prophètes, des chantres de l'apologie de leur conviction personnelle qui rejaillit sur les modalités d'applications étatistes, qui d'ailleurs n'ont plus rien de l'État mais tout du religieux.

Ce gargarisme primaire, preuve s'il en fallait d'une immaturité politique, ne serait pas très grave en soi s'il était l'objet de quelques confusions, mais malheureusement nous ne sommes plus dans le cadre de quelques confusions mais d'une confusion générale débouchant sur le déni du Droit, l'obscurantisme et le paraître, digressions remarquables qui sont l'apanage des sectes les plus virulentes en composition de leurs matrices inachevées.

Lorsque notre Peuple aura compris vers quelle dérive il se trouve engagé par ce louvoiement constant entre la théorisation du religieux et l'application politique que nos dirigeants en font, déjà parfaitement visible dans leurs volte-face confinant à la danse chamanique, peut-être réagira-t-il en conséquence. Cela sera souhaitable. En attendant, nous devons rester vigilants afin de ne pas voir la Démocratie se fourvoyer dans les écrins de l'ignorance légitimée, composite de l'asservissement organisé.

Racisme unipolaire

Le racisme, contrairement aux apparences, présente deux visages : il peut être multipolaire ou unipolaire. Multipolaire, il s'étale dans l'infatuation de l'appartenance à une Ethnie, un Peuple, une Race, unipolaire, il se concentre sur l'irrespect le plus total des Identités, des Ethnies, des Peuples, des Races, de l'Humanité ! Que voyons-nous aujourd'hui ? Les chantres de l'antiracisme être plus racistes que n'importe quel être humain normalement constitué !

L'irrespect des Identités, des Ethnies, des Peuples, des Races est leur guide et leur maître à penser. En cela, ils forgent les communautarismes et ensuite s'étonnent de voir naître l'anticorps pulluler pour ne pas être dans la règle infâme qu'ils président, celle de l'unipolarité, celle du mimétisme, celle de l'apologie de l'informe, celle de la dénaturation la plus putride !

La haine, il n'y a pas d'autres termes qu'ils ont des Ethnies, des Peuples, des Races, de l'Humanité constituée, est leur fer de lance, à telles fins qu'ils obligent des communautés à vivre ensemble jusqu'à ce que le sang coule, au nom d'un voile de « démocratie » qui cache la voie d'une dictature démentielle qui préside à l'instauration d'un esclavage consentant !

Regardez le Kosovo, le plus bel exemple de l'imposition du racisme unipolaire le plus veule, celui qui se cache sous les auspices de la démocratie, regardez le Tibet, même conséquence, même absence de réalisme, même absence de mesure et de discernement ! De quel droit oblige-t-on des Peuples que tout oppose à vivre ensemble ? Côte à côte cela reste du domaine du possible et peut amener ce respect qui naîtra du temps, et non d'un pseudo "droit", le droit de ce Mondialisme issu de l'illuminisme le plus délirant, abstraction mentale qui s'écroulera sous le poids de sa propre ignominie, celle du mépris !

Mépris de la Déclaration des Droits de l'Homme, mépris du Droit des Nations, mépris du Droit naturel et Humain. Conséquences : on précipite dans l'enfer des Peuples entiers pour le seul plaisir de faire valoir cette aberration que l'on nomme le mondialisme, cette hypocrisie reptilienne et fauve qui sue la mort, le mensonge, la détermination de la dictature, l'esclavagisme, le paupérisme, cette nullité idéologique qui quoi qu'elle fera en paiera inévitablement le prix le jour où se réveilleront les Nations, le jour où l'Humain se réveillera.

Je parle de l'Humain et non du non-Humain dont les médias nous gargarisent, qui à l'image d'une flatulence s'évapore comme il est né les chaînes aux pieds, le cerveau atrophié par la débilité instaurée comme règle, lobotomie légalisée et que les contribuables doivent en sus payer ! Lieu de devenir culturel, d'une histoire, d'une science, d'un art, avilis par le politiquement correct ! Correct pour qui ? Le racisme unipolaire !

Détruisez, continuez à détruire, détruisez l'Art, tel cet énergumène sorti tout droit de l'asile qui ose représenter Parsifal de Richard Wagner, dans une mise en scène absolument outrancière, outrancière pour l'Histoire Européenne, outrancière pour les Peuples qui ont fait surgir le devenir Européen, je ne parle pas de celui qui impose le Kosovo, bien entendu, mais bien de nos racines qui ressurgiront malgré toute la bassesse, malgré toute la frivolité, malgré les crachats, les invectives, dont notre Culture est chaque jour invectivée !

Car on ne peut indéfiniment humilier une Civilisation, sa Culture, ses enfants, qui, eh oui, sont de tradition Catholique, comme peuvent l'être les Tibétains, de tradition Bouddhiste, et qui ont le malheur de porter, dans ce monde en reptation, l'honneur de leur foi, de leur sol, de leurs racines, au-delà de cette hérésie qui se proclame monarque ce jour, cette duperie qui voile ses noirs desseins sous la houlette d'une pseudo-démocratie déjà voie dictatoriale par excellence.

Écrin de ces bons humanistes que voilà, qui osent donner des leçons de morale, et surtout d'histoire qu'ils réécrivent comme bon leur semble au même titre que la science qui, si elle veut des subsides doit bien entendu se taire pour faire fonctionner ses laboratoires ! Interviendraient-ils pour la communauté Catholique Irakienne ? Actuellement martyrisée ? Interviendraient-ils pour la communauté Bouddhiste au Tibet ? Actuellement assassinée ?

Non, bien entendu, certainement pas, qu'ont-ils à faire ces déracinés de la vie, ces non-humains, de la Vie d'autrui, et surtout, si cette vie est de foi catholique ou bouddhiste ! Leur Racisme unipolaire est là, bien présent. Purulent, il ronge tout ce qu'il touche, il ronge ceux-là mêmes qui devraient s'en défendre et défendre toutes les souches de l'Humanité contre toute atteinte physique, morale, intellectuelle !

Prenez mesure et réveillez-vous avant qu'il ne soit trop tard et que demain vous ne soyez éradiqués en tant qu'espèce animale nuisible, car nous sommes considérés comme des animaux par ces invertébrés, relégués dans un quelconque zoo relevant du bestiaire humain targué d'une anomalie monstrueuse, celle de rester debout au milieu des ruines de cette civilisation qui n'a rien à voir avec une Civilisation Humaine, contre laquelle on ne peut être qu'opposée si l'on respecte chaque Être Humain, chaque Ethnie, chaque Peuple, chaque Race, l'Humanité dans sa globalité, et donc combattre son racisme unipolaire réduisant à l'état de larve chaque Être Humain, dont ce dont s'enchantent les non-humains qui n'ont pour volonté que celle de réduire en esclavage l'Humanité !

Les talibans de l'Esprit

Et si vous regardiez un petit plus loin que le bout de votre nez, le monde qui vous entoure, vous intéressiez à vos origines, à votre Histoire, à votre Identité, à votre Ethnie, votre Peuple, votre Race, l'Humanité, votre Culture, vous seriez surpris du mensonge permanent qui entoure toutes ces données de votre Identité, et plus surpris encore de voir broyées, par une mécanique de destruction particulièrement rodée, les Identités de notre Monde !

Prenons un exemple, Que se passe-t-il au moyen Orient ? Le silence médiatique vient de s'installer, des exercices de grande ampleur simulant une agression nucléaire se sont déroulés dans certains pays jouxtant la frontière iranienne, ces exercices se dérouleront en Israël cette semaine, un sous-marin nucléaire patrouille à proximité des côtes israéliennes. La guerre se prépare, la guerre avec ce pays multimillénaire qu'est l'Iran, fondation de civilisations millénaires, foyer de culture, dont les racines viennent des migrations indo-européennes, dont bien entendu dans l'esprit de ce jour il faut détruire jusqu'à la dernière pierre, tel ce qui s'est passé en Irak !

Comment peut-on supporter qu'existassent avant l'invention de la civilisation du mondialisme d'autres civilisations, d'autres cultures, d'autres Peuples, d'autres Identités que l'identité du non-être qui s'avance ? Ceci est bien entendu inimaginable, il convient de balayer de la terre cette infamie, au prétexte cent fois renouvelé et éculé de possession d'armes de destruction massive !

En réalité si on observe ces dix dernières années avec attention, on s'aperçoit que l'œuvre de destruction en cours ne touche pas uniquement les pays, les populations, les matières premières, mais avant tout la culture des peuples soumis à la violence morbide du mondialisme, Irak, arasement total d'une culture des origines de ce lieu qu'est le moyen Orient, Serbie, mutilation du pays par séparation de la province où est née la Foi Serbe, Orthodoxe, Iran, destruction totale des racines indo-européenne de ce pays multimillénaire ?

Les difficultés économiques, la maîtrise des ressources naturelles, ont beau dos, à l'analyse cela ne tient pas debout, les ressources de substitution existent, le déploiement économique doit exploser quoi qu'il en soit, car basé sur une bulle purement virtuelle qui ne peut fonder l'économie des nations, et encore moins l'économie mondiale. À quoi assiste-t-on véritablement alors ? Tout simplement au génocide culturel des Peuples, au génocide des Identités !

D'où ce silence mortel (il l'est car on continue à tuer au Tibet sans qu'aucun gouvernement ne bronche) des bien-pensants de notre époque qui s'imaginent être le couronnement culturel et sociétal alors qu'ils ne sont que déliquescence et putridité culturelle, médiocrité qui bien entendu doit gouverner les esprits par ce monde, talibans intellectuels par excellence.

Voilà le véritable enjeu, cette imposition par la force de la médiocrité ! Parjure de la morale, parjure du Droit, parjure de la Vie dans tous ses états multiples qui doivent s'unifier sous son autorité souveraine ! Analysez bien les événements et vous serez surpris, vous pourrez alors confondre les sources de la fatuité, les groupes de la déliquescence, les formes variées qui mènent à la désintégration de toutes racines humaines et par là même de toutes cultures humaines, ne restez en surface des échos médiatiques qui persiflent votre identité et bien entendu vous correspondent responsables de toutes les abstractions auxquelles on assiste, prenez la mesure de ce déploiement de haine envers les cultures, les Peuples et les Identités, prétextes à toutes les diatribes, à toutes les exactions, à la pavane de ce chant de mort qui parade en tous lieux, fabrique vos émotions et conditionne vos acquiescements comme vos dénégations !

Ne regardez pas l'arbre qui cache la forêt, mais bien au contraire les bûcherons qui coupent le bois de vos forêts, qui démasqués dans leur outrance ne seront plus ceux qui vous dicteront votre pensée, vos passions, votre devenir, et vous comprendrez alors où sont et qui sont ces talibans de la pensée qui vous mènent par le bout du nez, ces prêtres de la mort des civilisations qui érigent actuellement la dictature la plus innommable que la terre ait portée, car née de vos propres tumultes, de votre propre prosternation, de votre propre reniement encouragés par le mensonge légal, mensonge scientifique, mensonge historique, mensonge économique, mensonges perpétuels qu'il vous faut apprendre à décrypter, mensonges avenants la haine de votre identité, de votre ethnie, de votre peuple, de votre race, de l'humanité elle-même, mensonges qui confluent à la déperdition de vos racines, racines qui vous deviennent insupportables lorsqu'elles existent chez les autres, d'où la haine circonstanciée qui se révèle envers les pays qui savent honorer leurs pentes, et ne se réduisent pas à une boulimie de déracinés, qui ont plus de droits aujourd'hui que les autochtones, qui s'ovationnent en vous culpabilisant !

Prenez mesure, intéressez-vous à l'histoire de ces Peuples que l'on atrophie, destitue, massacre sous vos yeux sans que vous ne disiez quoi que ce soit, trop heureux que ceux qui sortent de la norme mondialiste disparaissent de votre vue, vue qui n'est pas la vôtre, mais celle que l'on vous distribue de force le matin aux portes des métros, le soir dans ces actualités télévisuelles encensant les assassins, les enleveurs d'enfants, et ignorant les victimes, conspuant vos racines en ne laissant plus apparaître que ce qui n'est pas vos racines, au nom de cette idéologie paranoïaque d'une non-humanité qui se révèle force de l'esclavage précité !

Regardez au-delà de ce miroir et vous comprendrez enfin que ce que l'on cherche à tuer aujourd'hui en vous, c'est votre identité ! Deviendrez-vous reptation de cette cérémonie funèbre, ou bien ferez-vous valoir votre légitimité d'Être ?

La question du devenir est là, soit vous vous précipitez entre les mains des talibans de l'Esprit, rejoignant cette matrice dépourvue de sens qui explosera sous les coups de sa propre médiocrité, mais qui avant cette explosion vous rendra esclave de sa perversité que vous suivrez comme un seul homme jusqu'à l'abattoir encensé par ceux qui considèrent qu'euthanasier des populations entières relève de la norme gouvernementale, deviendrez-vous une race d'esclaves consentants, tels que la plupart des êtres le sont actuellement, ou bien, enfin, prendrez-vous conscience de votre réalité, de votre Identité, et dans un ultime sursaut restituerez-vous à cette réalité son devenir ?

Voilà la question qu'il convient de poser aujourd'hui, au seuil de cet embrasement qui se prépare et qui n'a d'autre configuration, en dernier ressort, que celui de la destruction totale de l'Identité d'un Peuple !

À vous de choisir, le charnier ou la Vie, le charnier des cultures qui aujourd'hui n'ont plus d'autres ressources que de se mettre en reptation devant des arcs et des flèches pour complaire, où la vie des Cultures multipliées à l'infini comme le sont les Identités des Peuples constitués.

En définitive le choix se situe entre l'uniformisation d'une culture dans la bestialité la plus putride et la constellation d'une multiplicité de culture dans l'infini de la création, en d'autres termes un marais glauque et fétide ou bien un champ de fleurs multicolores !

Renouveau

Renouveau des Chants de la Terre, nous y viendrons, n'en doutez, ce ciel commun de nos respires, de nos joies, de nos larmes aussi, ce ciel de volition couronnant le front pur de nos pays, les uns les autres ouverts à la pérennité, et non plus à la cacophonie, à cette dépendance parasitaire des ego qui se battent pour leur petite détermination et non pour l'intérêt général, moissonneurs de morts et de laissés pour compte, moissonneurs de l'euthanasie et de la destruction de toutes vies, prêtres de Thanatos aux rumeurs perfides, aux mensonges apatrides, aux cuirasses déliquescentes qui fondent sous la flamme de la vérité, cette flamme indestructible voyant les peuples ce jour esclaves d'idéologies corrompues, de religions assoiffées de puissances, de philosophies anémiées, d'arts atrophiés, mutilations de l'Humain, organisées, réglementées.

Pauvre Humain violé en ses identités, qui n'a plus le droit d'aimer et faire aimer sa Culture, son Histoire, sa Nation, au risque d'apparaître antinomie de cette civilisation décadente, ne prônant que l'uniformisation du berceau à la mort, une bouillie chimique et génétique puisée dans la cervelle de fous atrophiés qui dans leur démence précoce ont décidé d'asservir l'Humanité à leur profit, hâlant ainsi de rives en rives la destruction programmée de l'individu par déracinement de la famille, apologie de l'euthanasie, de l'avortement, soumission à la culpabilité.

De la Nation par mise en œuvre de la désintégration culturelle, réécriture de son histoire, réécriture de la science, viol psychosociologique permanent des individus, législation putride advenant la fin du droit de penser en dehors de la pensée institutionnalisée.

De l'identité, par utilisation massive des déclencheurs psychotiques tendant à sa disparition par culpabilisation névrotique associée à une immigration massive permettant de réduire l'identité nationale, au profit d'une sous-culture, relayée par des médias iniques.

Destruction sans fin ne laissant plus place qu'à cette danse tragique et fantomatique d'êtres déracinés n'ayant plus pour vocation que de défendre un statut reptilien, celui confiné par l'argent où le sexe, sans aucune considération pour les "autres", ces autres qui en sont le reflet et qui agissent de même !

Nucléarisation totale permettant de mettre en place ces assises d'un mondialisme sans lendemain, car canalisé par le degré infini de la médiocrité !

Qu'il nous suffise de regarder autour de nous pour le comprendre, lire ces journaux aux ordres, regarder ces programmes de télévision insipides et mensongers, réduits culturellement au néant et au pressoir de la médiocratie !

Le jour de la renaissance surgira sur les décombres de cette civilisation de l'asservissement le plus total, ce jour de clarté qui verra se dresser les Peuples, les Identités, pour faire rayonner leur avenir, au-delà de l'atrophie et de la mutilation légalisées, au-delà des miasmatiques errances des "bling bling" et des "bo bo", ces êtres vides de conscience qui s'imaginent faire perdurer leurs avanies qu'ils croient immortelles, au-delà de ces sciences polluées par le mensonge et de leurs tenanciers prébendiers de mannes célestes, au-delà de ces politiques corrompus et inféodés à une économie abstraite, au-delà de la névrose consternante et affligeante de ces demeurés pour la plupart qu'on nomme les écologistes, ces prêtres par excellence de Thanatos, au-delà de ces êtres sans consistances sinon celle de leur pouvoir de destruction !

Que tout un chacun de ces personnages se dresse et dise ce qu'il a construit ! Aucun ne se lèvera car il serait plus facile de trouver une aiguille dans une meule de foin que l'action constructrice qu'ils auraient pu mettre en œuvre, leur actif étant si lourd en promotion de la destruction : la famille, l'identité, la nation, l'humanité, ces forces qui déjà se réveillent et contre lesquelles personne ne peut rien, car ancrées dans notre patrimoine génétique, qu'ils le nient où non !

Ainsi patience, le Tibet est un exemple, bien d'autres pays suivront, anémiés par la faim de leur pain, de leur culture, de leur identité, se lèveront pour demander des comptes aux déracinés qui les asservissent, ces monuments inscrits dans la poussière du sable qui sous le vent de la colère des Peuples se dissoudront à jamais, et ce ne seront pas les forces de guerre opérationnelles qui viennent défendre qui des réserves Pétrolières, qui des champs d'opium, qui y changeront quoi que ce soit !

Car à la base de toute Armée il existe une Éthique universelle, le respect des Peuples ! Et ces armées qui vont au gré des tribulations politiques ne sont pas des tribus de mercenaires, loin de là ! Et je reste persuadé que ces Armées ne viendront jamais servir de chiens de guerre à l'atrophie dominante qui se voudrait "sagesse universelle", lorsqu'elle n'est qu'instrument de l'asservissement universel !

Ainsi ne perdez votre confiance dans ce devenir, il vient, majestueux, et rien ne pourra l'arrêter, sinon que l'Harmonie entre les Peuples, les Identités, les Nations, entre les Êtres Humains, qui ne pourra se réfléchir que dans un cadre symbiotique et non dans un cadre osmotique !

L'Être fondamental !

Si l'on honore et respecte le Poète, l'homme qui toujours a défendu son identité, peut-on aujourd'hui l'inscrire au Panthéon, sans faire preuve de ce masochisme de bellâtre assoiffé par la destruction de notre propre Identité, qui s'emploie à qui mieux mieux à cracher sur notre Peuple ? La question est là, claire et bien entendu nous connaissons déjà la réponse : la flagellation, la reptation, l'ignorance et le mépris, au nom d'un humanisme de circonstance, d'antiracisme, (ce Poète ne défendait-il pas sa Race ?), et de je-ne-sais-quoi de masochisme pavlovien, viendront à bout des réticences et l'homme se retrouvera au milieu des hommes qui ont servi la France !

À ce titre tous les pourfendeurs de notre Identité en ses réalités bio géographiques et historiques devront donc entrer au Panthéon. Dont acte. Ce qui semble extraordinaire ne l'est pas. Depuis des décennies, la culture enseigne la haine de notre Peuple, de notre Histoire, de nos composantes biogéographiques, de notre Identité, de notre Race, composante remarquable de l'esprit qu'il convient de noyer dans l'abstraction mentale et sa suffisance : la culpabilisation !

Tout est prétexte à la destruction, tout est sujet à inversion, tout est sujet à soumission, pour simplifier, tout ce qui n'est pas de typologie blanche est merveilleux, beau, magnifique, à prendre en exemple, à adorer, signe d'intelligence remarquable, de capacité physique extraordinaire ! Il n'y a qu'à regarder la télévision pour s'en rendre compte, (toute interview est l'interview d'exogène ou de gens de couleurs, c'est à croire qu'il n'y a plus un seul endogène dans notre pays !) aller au cinéma pour le voir, lire les magazines et les journaux pour le comprendre, et ce qu'il y a d'unique dans le cadre de ce viol psychique c'est que cela prend !

La culture est reniée, l'histoire réécrite, la génuflexion et la contrition de mises, nos enfants sont noyés dans la stérilité de l'adoration, des générations en reptation se dandinent devant la culture des autres, ces merveilleuses idoles qui conduisent désormais la pensée et qui demain au nom d'une politique vertueuse dite de discrimination positive (on voit ici l'inversion de toute valeur existentielle, l'être humain réduit à l'état d'atome, sans famille, sans Nation, sans passé, corvéable à souhait par les monarques qui nous dirigent) deviendront les maîtres de nos pays, faisant table rase de notre Identité, au nom du non-sens absolu de l'humain qui est celui de l'irréversible destruction des espèces au profit d'une espèce amorphe, celle de l'esclave né !

Le poète s'enchantait comme il le disait de lui-même d'être le nègre fondamental, eh bien serait-il temps qu'il se trouvât dans notre Race quelques Êtres fondamentaux (la Race de l'Esprit étant détentrice de la défense de l'intégralité des Races Humaines), qui respectueux des Identités, révèlent notre Identité à notre monde en génuflexion devant ce qui n'est pas lui-même !
Nous en serons, ardent défenseur de notre Identité, respectueux des autres Identités qui respectent la nôtre, le respect n'étant jamais unilatéral mais multilatéral, face à ce délire de l'inféodation, face à cette destruction de notre culture, face au mensonge réglementé, face à la désintégration organisée, afin que vivent des champs de floralies diverses, consonances de l'Humanité et de l'Être-Humanité, et non le magma putride que l'on cherche à nous imposer, l'inhumanité et le non-être, artifices de l'esclavage le plus purulent !

En d'autres termes, et à l'image de ce poète nous nous devons de défendre notre intégrité, mais par-delà le fléau de l'intégrisme, respecter les valeurs de ceux qui respectent, je dis bien qui respectent notre intégrité, ce qui permettra de dépasser ce clivage artificiel issu de la conjonction infériorité déguisée en supériorité et inversement auquel atteint l'idéal du poète honoré, qui n'est en aucun cas l'idéal de l'universalité, car réducteur et dans sa réduction intronisation de ces valeurs surannées que sont celles du maître et de l'esclave, tellement au goût du jour (voir les sans-papiers, ces esclaves, qui travaillent en France et revendiquent la Nationalité Française, appuyés en cela par leurs maîtres, des entrepreneurs sans foi ni lois, barbaresques à souhait !).

Gestuel de ce monde

Gestuel de ce monde où le paraître roi inonde toutes surfaces. Nous sommes ici non plus dans l'incarnation de l'Être mais bien au contraire dans sa nucléarisation, sa dépendance, et plus encore dans sa désintégration. Car si l'on regarde bien, qu'en est-il de l'Être ce jour ? Sans racines, sans Histoire, l'histoire étant perpétuellement réécrite pour l'humilier, le culpabiliser, l'anéantir, l'Être, donc erre sur son propre territoire qui ne lui appartient plus, il va et vient au gré des fantaisies du jour construites par les commissaires politiques de la pensée qui infusent en chaque loi, en chaque média, ce qui doit être pensée commune, et bien entendu sous vidéosurveillance, il doit complaire pour paraître mais surtout ne pas être.

Ainsi des Peuples anéantis par leur propre faiblesse, voit-on naître la lèpre de leur paraître, bling, bling, bo bo, humains n'en portant que le nom, vides de tout avenir comme de tout devenir, esclaves parfaits que l'on peut essorer comme le citron puis jeter à la poubelle grâce à la sainte euthanasie légalisée par la monstruosité froide, reptilienne, insectivore qui gouverne.

Nous sommes très loin de l'Empire de Charlemagne, encore plus loin de la France de Louis XIV, nous sommes enlisés jusqu'au cou par la gangrène paralysante de la lâcheté institutionnalisée, née de la nucléarisation précitée. Place libre donc pour la désintégration des racines par reptation conditionnée et légalisée, destruction de la famille, (quelle infamie que la famille cristallisant les racines !), destruction de la commune (quelle infamie qu'existe encore des communes, creusets de l'histoire des clans, tribus qui gênent le monde des apatrides qui gouvernent, destruction des départements (quelle infamie que ces repères nationaux qui doivent être remisés dans les greniers poussiéreux où toutes les valeurs républicaines dépérissent), destruction des régions (quelle infamie qu'existe encore cette réminiscence bio géo culturelle qui a fondé la France), destruction de la Nation (quelle infamie que de porter la Nation dans son cœur, alors qu'elle n'est plus rien aujourd'hui sinon la terre d'asile de tout le parasitisme du monde !), destruction des Ethnies, du Peuple, et surtout de la Race, (quelle infamie que d'être né de génotype blanc !) anéantissement de la Culture, de la Religion, éradication de l'Être en ses racines pour faire place à ce mouton insipide qui sera mené à l'abattoir sans broncher, le non-vivant, le non-humain, le non-être qui ce jour parade sur le sang de la misère, le sang des enfants de la Nation, le sang Culturel noyé dans la bassesse et l'ignominie, le sang Spirituel objet de toutes les invectives et de tous les crachats, sous le regard amorphe d'un peuple entier en phase létale dont la mollesse correspond à la pure définition de l'abrutissement.

Abrutissement enhardi par les prêtres et prêtresses de médias totalement inféodés à l'acculturation qui ne sont plus que routages de la propagande de l'idéologie politique au goût du jour, ce jour le nazi communisme dans sa splendeur.

Ainsi dans ce jour le constat brutal de la faillite de l'intelligence, de la décadence totale de notre civilisation, surgit pour nous rappeler qu'il n'y a rien à faire pour construire sur la déchéance organisée, mais que bien au contraire il convient d'assister cette désintégration inéluctable. Mais rassurons-nous, c'est sur le fumier que naissent les plus belles roses !

Ce fumier en lequel chacun de nous doit se complaire, sans identité, sans racines, sans Nation, en adoration devant les prouesses destructives du mondialisme au pouvoir, faisant table rase du passé, ignorant de l'Histoire Humaine, de ses Civilisations, de ses Conquérants, de ses navigations extraordinaires, pour ne laisser plus place qu'à ce monde de larves putrides, n'ayant d'autres vocations que leur complaisance parasitaire à jouir de ce qu'elles n'ont pas construit, à se reproduire pour servir les marchands d'esclaves que sont devenus leurs potentats gouvernants, pauvres hères de l'ère zéro, infinitésimale, broyés dans leur déliquescence qu'ils sont incapables de surmonter tant les remparts infatués du paupérisme, de l'ignorance, de l'inversion de toutes valeurs les rencontre stériles devant leurs prêtres de la mort, ces scorpions se dressant sur leurs pattes qui flamboient la destruction !

Pauvres hères accouplés à l'abjection, la bassesse et la compromission pour simplement pouvoir vivre, seulement manger, pauvres hères dont les Ancêtres furent Peuple souverain, sans peur, pleins de cette ardeur de vivre qui aujourd'hui est obérée par l'obligation de reptation, de génuflexion, de contrition, de mea culpa, qui donnent tout simplement envie de vomir aux Vivants !

Pauvres hères qui, inévitablement disparaîtront, emportant avec eux ces scorpions qui les dirigent, lorsque se dresseront face à l'ignominie comportementale du génocide légalisé des Peuples, les forces vives des Nations aspirant à la Vie et non à cette mort ordonnée qu'on leur inculque, avenir, fut-il dit, si proche déjà que la barbarie destructrice gouvernante, enchaînée à sa pensée unique, n'en perçoit pas les frémissements, ces frémissements qui deviendront houles devant le chaos insondable instauré, voyant s'exterminer des communautés entières, ces houles qui deviendront vagues devant la dictature imposée, renversant les idoles de la perversité, ces vagues qui deviendront tsunamis pour nettoyer à jamais les sols souillés d'immondices de notre Terre, qui alors verra naître un arc-en-ciel où l'harmonie pourra enfin se révéler !

Face au mensonge

Face au mensonge, il convient de restaurer les arcanes de la réalité, veiller à la restitution des faits et non des prononciations hâtives et couronnées.

L'histoire enseignée aujourd'hui l'est par le miroir déformant de la pensée unique qui assoit sa vitalité dans le cadre de la destruction de toutes valeurs. Déstructurant, son enseignement a pour objet politique la désintégration des peuples au profit pavlovien d'une reptation perfide aux mots d'ordre mondialiste. La dictature de la pensée trouve là son terrain d'élection privilégié. Ce socle que représente l'histoire des Nations, leur naissance, leur jeunesse, leur maturité, doit être détruit car il représente non pas l'égoïsme mais l'altruisme le plus généreux du citoyen envers sa Patrie, le cœur fondateur de son avenir et de son développement où la devise tous pour un et un pour tous trouve cette résonance particulière qui du néant provoque la naissance de cet inaltérable pouvoir de l'être humain, celui du don.

L'histoire d'une Nation est celle de ce don, don de sa personne à ce miracle d'équilibre qu'elle représente, car préhension souveraine de la rémanence formelle de son Peuple, née des actions individuées en composantes de l'action générée, au-delà de la servilité ! La Nation est la cellule motrice de l'organisme vivant que représente l'Humanité. Elle permet de formaliser les caractéristiques identitaires de son Peuple, contournant l'abstraction, elle lui permet d'être don aux autres Peuples de ses réalités formelles et ainsi en symbiose à la fois d'acquérir et donner non pas dans le sens de l'addition mais de la multiplication, favorisant ainsi l'émergence d'une évolution qualitative et souveraine de l'humanité dans sa réalité formelle.

Nous en sommes très éloignés. Le mondialisme, n'ayant pour volonté que l'instauration d'une dictature abrasive, trouvant ses valets et serfs dans les souches les plus apatrides, ne peut aujourd'hui n'avoir qu'une ambition, celle de la destruction de ces cellules que représentent les Nations ! Ainsi, tel un cancer il s'installe dans chaque cellule, polymorphe, tel le sida, il incube dans le corps des Nations pour l'affaiblir puis dans la mesure de ses possibilités, fonction du pouvoir de réaction des Peuples, l'anémier puis le détruire. Sa force destructive est directement proportionnelle au degré de faiblesse du Peuple qu'il envahit. La nature même de son bellicisme ne peut donc dans un premier temps pour anémier le corps social que prendre d'attaque son histoire afin de la réduire au néant, par culpabilisation accentuée, n'en laissant plus percevoir que les défauts, nés de l'inexpérience, que l'on présente comme vices généraux du Peuple considéré.

Cette désintégration, permet non seulement l'acculturation, mais bien plus encore le déni d'appartenance qui lui-même ouvre grand la porte à la flagellation permanente. Lorsque le pouvoir en est arrivé à ce stade, il ne lui reste plus qu'à dissoudre le Peuple d'origine, via une immigration massive, dans l'abstraction, trouvant là support d'une dérive communautariste lui permettant par division spontanée ou créée, toujours téléguidée d'instaurer sur la masse désormais représentée, sans racines, sa dictature autorisée et réglementée.

Il n'y a pas besoin d'être grand clerc pour deviner la manœuvre, ce jour particulièrement bien organisée dans notre pays, pour voir ce dessein se projeter source de notre avenir, si nous ne veillons pas à la sauvegarde de notre réalité biogéographique et historique : la dilution dans le macrophage mondialiste régissant non pas des Peuples mais des esclaves sous vidéo surveillance enchaînés et surveillés par des chiens de guerre n'ayant d'autres lois que l'exécution des basses œuvres d'un pouvoir, qui sous le voile des mots et notamment de ce qu'aujourd'hui l'on nomme la démocratie, instaure le plus vaste goulag que la terre ait porté, ce qui n'a rien d'étonnant puisque l'idéologie qui sous-tend ce mondialisme trouve sa nature dans la synthèse du communisme et du nazisme, idéologie synthétique que je nomme le nazi communisme dont peu d'État ne souffre actuellement la mise en œuvre opérationnelle.

On notera que ces États sont systématiquement vilipendés par celles et ceux qui déploient l'oriflamme noire de cette idéologie pernicieuse.

À idéologie, histoire particulière, réécrite, inscrite dans le mensonge absolu, règle de conduite qu'il convient de prévenir par la défense systématique en notre lieu, de l'histoire de notre Peuple et de notre Nation, afin de préserver les jeunes esprits de cette gangrène qui s'abat sur notre Pays !

Ceci est le travail des familles et de l'éducation. Ce n'est qu'à ce prix que nous survivrons à cette mise en coupe réglée de l'humanité par l'étoile rouge frappée de la svastika inverse, symbole par excellence de la destruction dont l'ordre noir, mantisse des scorpions maltais aux ordres d'une royauté déchue, doit être combattu sur tous les fronts, afin de veiller à la reconstruction.

Utopie et Réalité

Le mondialisme trace sa route avec vivacité, déployant ses oriflammes sans aucune pudeur sur les ruines des Nations, foulant les Peuples dans la lie et la boue, encourageant la destruction des cultures, l'anéantissement de l'esprit, la destitution de l'âme. Faisant fi de l'Humain en ses identités, ses Races, ses Ethnies, il brasse les populations avec avidité pour voir naître enfin l'esclave parfait, sans racines, sans avenir, sans devenir sinon celui de la larve que l'on vide de sa substance, sa valeur ajoutée qui, lorsqu'elle baisse, deviendra ordonnance de l'euthanasie souveraine.

Le règne de sa démence est déjà là, présent dans une cohorte de conseils atrophiés couronnant la monstruosité et ses éclairs, aréopage de "lumières" dévouées à la pure destruction de toutes valeurs afin de faire régner par la terreur, et par la peur et la terreur, un ordre nouveau, celui du non-être, de la non-Humanité, où l'être numéroté, crypté, insinué par une puce de reconnaissance mondiale greffée dès sa naissance, permettant de le suivre tout au long de sa vie et provoquer sa mort le moment venu, en cas de crise économique par exemple, l'être donc, ne sera plus qu'une unité productive au même titre que les machines qu'il servira.

Règne de putréfaction, ce système dont on voit bien l'ONU de ce jour, ayant perdu tout repère, devenir le support politique, lui-même sous contrôle d'un quelconque conseil inféodé aux puissances économiques de ce monde.

Nous y voici, et l'on continuera à parler de république, de démocratie, les plus grands leurres de cette modélisation, faisant accroire aux populations anesthésiées par la drogue, la nourriture enrichie artificiellement, la psychanalyse de groupe, l'auto flagellation perpétuelle, qu'elles conservent le pouvoir !

Ce pouvoir qui est en voie de disparaître actuellement, - étudier l'indigence européenne sur ce chef de chapitre, - qui ne sera plus qu'un souvenir, dans le champ de ruine composé où ne subsisteront que des fêtes électives que ne comprendront même pas les enfants de ce monde à venir, noyés dans la servilité et la délation quotidienne, cette délation permettant aux psychomoteurs d'éradiquer toute personnalité dans chaque individu.

Voie royale de la dictature de la médiocrité consentie, le mondialisme parviendra-t-il à ses fins ?

Nous pourrions le croire devant ce nivellement par la base auquel nous assistons, cette descente aux enfers de l'humain au degré zéro de son potentiel de liberté remplacé par le degré cent de la soumission, mais ce serait oublier une réalité contingente celle de la matière, et par-delà des ressources matérielles. Là, le mondialisme trouve son écueil le plus magistral et sa composition ne peut qu'y être terrassée.

Le Vivant en ses conditions bio histo-géographique retrouvant ici mesure de son déploiement vital, celui de son expression atavique, la survie, survie de son espèce, survie de son déploiement, survie de sa civilisation, survies donnant naissance aux principes et ordres impériaux mémoriels, tels en ce lieu, États-Unis, Russie, Chine, dont la confrontation sinon des accords permettant d'épanouir la diffusion des matières premières, est inéluctable.

On voit bien ici se dresser la fin du mondialisme et le retour aux valeurs essentielles. Et me direz-vous, dans cette configuration, l'europe ? Cette europe ne sert à rien, vassalisée qu'elle est aux prébendes des tyranneaux qui la construisent sur le néant. Il conviendra de construire sur ses ruines les États-Unis d'Europe qui alliés aux États-Unis d'Amérique et de Russie, permettront de contrebalancer l'hégémonie Asiatique et faire prospérer les chemins de la Liberté, modèle permettant de nous libérer à jamais du mondialisme et de ses errances d'illuminés, et naître dans la multipolarité la Voie de l'Universalité, réalité fondamentale du Vivant.

Éveil et Combat

La prostitution de la pensée pour la couler dans le marbre de la pensée unique n'a plus de limites. Elle se pavane et se gargarise de logorrhées bestiales à souhait. Elle cajole, s'affermit, se remplie d'une importance démesurée, s'arrogeant d'être la mesure surannée pour une humanité globalement hypnotisée par ses agitations fébriles, reptiliennes, fauves et belligérantes.

À la croisée des chemins, l'Humain, et non le reptile conditionné, doit choisir le chemin qui doit terrasser cette pieuvre du mépris, de l'outrance, de la perversion, de la dénature. Soit il entre dans la systémique de ce chancre, pour le combattre et le désintégrer de l'intérieur, soit il combat à visage découvert à l'extérieur de ce bubon pour le désintégrer de l'extérieur. Ces actions sont complémentaires et indivisibles. Il n'y a pas de demi-mesure dans ce choix. Car le combat intellectuel doit y être permanent.

Je dis combat intellectuel, car on ne combat les idées que par les idées, sauf si la liberté d'expression est à ce point jugulée, qu'il faille se dresser armé, ce qui est naturel contre toute forme de dictature, et l'on peut regretter à ce propos de voir des Peuples entiers, criant famine, ne pas se soulever contre l'oppression de leurs bourreaux. Nous sommes très loin de ce stade opérationnel dans le cadre du système qui de coup d'État en coup d'État personnifie le devenir sur cette terre d'europe qui nous devient de plus en plus étrangère.

Son système sous-tendu par un macrophage matérialiste, issu d'une idéologie nazi communiste, qui se révèle l'essence du mondialisme, se voudrait permanence, mais trouve déjà ses limites dans la mesure de la capacité de

réaction des peuples qu'il enchaîne ou voudrait
enchaîner, au nom d'utopies tout à fait mercantiles et
destructives des racines, des Peuples et des Nations, tant
de cette Europe que de ce monde.

Le combat à mener au sein même de ce parasitisme, qui à
l'image du sida, est multiforme, trouve ici sa nature
propre d'anticorps régulateur. Il est celui d'une réaction,
non pas pour s'aliéner les dominantes du système
usurpateur qui se met en place dans la putridité du
mensonge allié à l'ignorance, mais pour le désintégrer
naturellement par informations et actions disséquées et
simultanées. J'entends par là non seulement une critique
constructive mais une voie désignée permettant à chaque
citoyen de se mobiliser et se signifier au-delà de cette
parure mimétique que le système voudrait qu'il endosse,
fléau de la dictature, qui, sous le couvert de la
démocratie, est d'autant plus virulente qu'elle ne trouve
sur son chemin, que prébendiers, larmoyants, assoiffés,
résurgents larvaires, corrompus innés, et lâches
confirmés, masses amorphes acceptant leur esclavage
avec jouissance, éternuant leur concupiscence avec
délectation, non-être en voie d'acquisition de leur puce
génétique régulant chaque face de leur conduite, de la
naissance à la mort, naturelle ou provoquée, par son
système matriciel concentrationnaire qui les borde avec
hypocrisie afin de s'assurer de leur servilité basée sur la
bassesse et l'ineptie.

Ce voile qu'il faut donc déchirer, on le voit est lourd d'une
épreuve de chaque instant, sans fioriture, et doit être le
souci de la survie en chaque combattant de la Liberté,
survie de ses racines et de ses déploiements, culturels,
spirituels, matériels.

Ainsi dans le cadre coordonné de l'action à entreprendre,
qui n'est ni résistance, on ne résiste pas à une pandémie,
on l'accompagne et la déséquilibre puis la détruit à
l'intérieur de son système lui-même, voie du combat
interne, ni reconquête, l'esprit conquérant atrophié ce
jour, devant être revitalisé, action externe au système en
place, mais bien dans le sens de la Voie, poursuite
irréversible de la Voie elle-même, Voie de l'Harmonie et du

respect inconditionnel, des êtres Humains, des Ethnies, des Peuples, des Races, des Nations.

Un combat qui se signifie en ces branches évoquées, Matière, Intellect, Spirituel, inaliénables de la construction, certes flouée ce jour, qu'il suffit en son lieu d'action de régénérer pour voir l'issue de cet épiphénomène obnubilant les masses ce jour : le mondialisme en sa perversité.

On comprendra bien ici que la restauration des valeurs Humaines est l'enjeu de cette action à mener pour combattre le naturalisme de pacotille s'abreuvant de la reptation assoiffée de toute forme de culpabilisation aux fins de fonder l'abstraction comme raison humaine, au mépris total de l'Humain lui-même, l'humain n'étant plus qu'une larve avide modélisée dans une matrice démentielle où ne règnent que la dictature et ses errances les plus morbides, feu de paille dans le cadre de l'Évolution qualitative de la Vie qui quoi qu'il en soit, ne saura tolérer cette aberration, née de l'atrophie, qui ne pourra retourner qu'à la poussière car en contradiction formelle avec ce que représente la Vie dans son Unité, sa détermination et son aventure que rien ni personne ne pourra enrayer, quel que soit le degré d'anéantissement commis envers elle, la Liberté étant son principe inné (et non acquis) qui permettra de réduire définitivement l'expression de ce délire destructif auquel nous assistons.

Ainsi restons éveillés et poursuivons imperturbablement notre route et notre combat, Veilleurs de nos valeurs et de notre devenir qui ne se réduiront intellectuellement jamais et en aucun cas dans le creuset de ce sida intellectuel qui voudrait voir l'individualité soumise à sa déficience chromosomique, déficience le vouant à l'échec, irrémédiablement, en regard de ce qui est précité.

Ambre du silence

Ambre du silence et de la pluie, sentes des rives de ce temps, voici des signes qui constellent l'horizon, ses voies en nombre et dans le chant, comme une farandole brisée, une ronde assiégée, un serment malmené, voici dans l'exact moment chamarré le flux ordinaire du vivant, latitude de l'attitude improvisée, actrice de sa perception et non de l'être en son hymne, gravure disgracieuse des états seconds qui se génèrent pour initier ce préambule du regard, vide, abstrait, empreint de surfaces médiatisées, oniriques, distillant des ferments sacrés les ersatz d'ébauches liminaires, corrompues par l'ombre et la pénombre conjointes qui s'animent.

Ces abysses lamentés où la voix étouffe, déjà ne se rebelle, digérée qu'elle est par la volition nauséeuse de l'atrophie gourmande qui liquéfie toute mesure de déploiement afin d'en restreindre et l'argumentation et le devenir, hissant aux abysses la vision pour la noyer dans la perfidie du mensonge et le despotisme de la veulerie, cette lâcheté induite qui fornique avec la peur et la terreur accouplées à l'ignorance, trames du vivant en ses ordonnances ses pulsions, ses votives affirmations, ses incarnations putrides, ses reniements, ses flagellations, toutes routes opiacées des étreintes ornementales de publicités langoureuses, symboliques, réduisant l'humain à ce chien de Pavlov se masturbant sur le pantalon de son maître.

Stérile incantation, libérant la mémoire de sa réalité composée, pour désigner l'abstraction totale, la nucléarisation bestiale, permettant le sacre de l'esclave roi, consentant, acceptant, quémandant, soumis, passif, répétitif, inconscient, stigmates générés par les utopies magnifiées, ces utopies de la servilité façonnant la désintégration du vivant, utopies nées de l'atrophie et de ses écrins, ces non humains qui fabriquent l'ignorance pour se protéger de leur impuissance à vivre, bâtir, créer, ici, là, présent en chaque face de ces systèmes qu'ils érigent sur le vide et qui retourneront au vide, car sans contenant, car sans contenu, sinon des larves mammifères avides de ce qui n'est pas la vie mais la superficialité de la vie, le paraître, cette ornementation factice témoignant du vide intérieur, affligeant.

Permettant d'instaurer ce carcan de fer dans lequel s'ébroue la sauvagerie triomphante de chiens de guerre dressés pour ramener vers le cœur de ce néant les anomiques de tout bord, sous le regard compassé des larves de ce lieu en adoration devant le maître et non l'humain, en adoration devant le meurtrier et l'assassin et non les victimes, en adoration devant le fouet et non l'harmonie, masochistes nés et construits pour faire prospérer la cour des miracles de pouvoirs sans consistance, miasmes délétères des impavides préoccupations de l'éphémère, dans le vide aspirant au vide, concaténation de l'hybride imperfection jonchée par les gravois du mimétisme, face incongrue du système, bulle molle s'étonnant de son mirage, de la constellation drapée d'étonnants atavismes feutrés, noyés dans les concepts brumeux de mélanges insipides, convoités par la déréliction, l'inconsistance, vertus d'une implosion à venir dont le firmament laissera gravé dans la pierre l'hédonisme perméable, la gratuité folle et perverse de l'outrance, la dégénérescence programmée, l'indigence annoncée.

Scories plénipotentiaires de la déshumanisation servile et accomplie, écueil dépassé, écueil transcendé délivré par ce cri de Vivre qui s'affermit, lentement mais sûrement déroule ses florales avenues afin d'éteindre l'incendie qui gravite les surfaces, mêle et entremêle toutes faces de l'humain, toutes cultures, tout avenir dans une mare putride et belliqueuse en laquelle se noient les vivants aveugles, flores égarées contraintes à disparaître dans un métissage chargé de destruction telle qu'il n'en existe aucune tant dans le règne minéral que dans le règne de la faune, œuvre de mort s'il en fut de plus exacerbée témoignée par les prêtres officiants de cette lagune hystérique, de Thanatos dithyrambes, de Thanatos comblé par le mensonge et le servage, de Thanatos par l'avortement et l'euthanasie légalisés, de Thanatos toujours en chaque respire, clameur des pouvoirs qui s'abritent sous son aile, divinité précieuse pour les rapaces conquérants qui n'instillent aucune autre forme de message afin de conquérir sans peine la demeure d'autrui, cette demeure en voie de reconquête, par la Vie, pour la Vie et en la Vie, Voie souveraine de toutes celles et ceux qui se tiennent debout au milieu des ruines des civilisations multimillénaires et contemplent avec dégoût le vomitoire étronique qui cherche à les supplanter pour imposer sa loi de mort, en lequel les gouvernances s'auto congratulent, s'auto élisent, dans une masturbation conjointe naissant cette pluie de silence en laquelle somnolent les humains qui bientôt se réveilleront pour enfin terrasser ce règne ignoble et contre-nature qui se tortille comme un serpent afin de mieux hypnotiser l'Humanité !

Dans ce préau

Dans ce préau mythique, livre de contes farandoles, se tiennent les auspices du renouveau, sans allégeances, sans corruptions, sans ces moires aisances qui couvrent de cendres les esprits défaits, aveugles et stériles, ovipares de leurs préhensions funèbres, et l'âge sans sursis, dans la culmination des principes vivants, alimente ce feu, horizon palpable, thématique puissante de la régénérescence de toute force comme de toute flamme créatrice, menant de l'œuvre la parure.

Indéfinissable pour le désenchantement, tremplin pour l'enchantement, nef aux voiles grées délibérant le sort, assignant les méandres à une ouverture sur ces mondes qui ne s'isolent, mais téméraires, lanternes de leurs temps, vont la lumineuse perception de l'avenir, cette aventure mille fois profanée par la léthargie, ce jour dans l'abîme, aventure Humaine, aventure qui ne cesse en ce lieu et par ce temps dans et par la soumission reptilienne, face de l'atrophie de l'imaginal, s'inventant des mondes sans devenir, des espaces infranchissables, réduisant l'Être Humain à un étron.

Face édulcorée n'ayant de perception que celle de son atrophie à vivre, qu'il convient de laisser graviter, et en aucun cas convaincre, dérision, allant de l'avant, par-delà les caducées de leurs rives enchevêtrées par l'orgueil et l'arrogance, qui conviennent si bien à la médiocrité, aux fins de semer et ensemencer l'immensité, ce champ d'action de l'Humain, qui libéré de la cécité ordonnancée par des pouvoirs de nains, des handicapés de la Vie, ces pouvoirs qui en sont encore à s'inventer des dictatures, alors que des milliards d'étoiles attendent le pas conquérant de l'Humain, afin de se propulser dans la

création pure, cette création majeure officiant en chaque
degré de l'infiniment petit comme de l'infiniment grand.

Dont la connaissance et la maîtrise, permettront à
l'Humain de réaliser son Unité symbiotique et aux Êtres
Humains de réaliser l'Unité symbiotique des Univers en
citadelles dressés devant leurs yeux, ce jour pour la
plupart aveugle, demain à l'aune du combat de restitution
de la Voie, milliards de consciences voguant vers l'infini et
annonçant le sacre de l'Humanité, volonté, courage,
détermination de son avenir, libre et complémentaire de
tous allant debout vers ce Chant de la Vie, écartant les
scories de son seuil, les adventices paraîtres, pour
qu'enfin Être, il transfigure le devenir, ainsi et par son
Chant porteur illuminant la Vie, par son pouvoir libéré de
transcendance, qui en accord avec l'immanence, le
mutera dans la pérennité et non dans la destruction, tel
en ce jour de nuit, où la nuit est plus sombre que la nuit
elle-même...

Le pouvoir de l'illusion

Le monde est samsa, conjonction d'énergies dont la désinence pour la plupart est vide de tout devenir. Ces artefacts sont les épiphénomènes de l'esprit qui en lutte contre son unité dérive vers les pentes doucereuses soit de la béatitude soit de la folie, soit encore du renoncement.

L'Esprit est action, et ne peut être emprisonné par un joug quelconque, il est cheval sauvage ou bien tigre, ange ou démon, toujours se perpétue dans la connaissance de sa réalisation le mutant à cette harmonie, en laquelle, équilibre, synergie et quiétude tant du Corps que de l'Âme dans l'unité symbiotique parfaite, il est, tout simplement au-delà de tous les paraîtres qui se hissent sur des pavois de sable, qui dressent des cathédrales dont les fondations reposent sur des marais fétides, des temples en lesquels la Liberté n'existe plus.

L'Esprit est unique en chaque Être Humain. Il n'est le reflet d'un quelconque acquis dont les miasmes cherchent à apprivoiser sa liberté. Il ne concède ses arcanes que lorsque sa Liberté ne se trouve nantie de chaînes et du joug implacable, nés d'esprits maladifs dont les orientations reflètent un monde osmotique, pente de nos rives Humaines qui ce jour doivent se débarrasser des scories afin d'atteindre le pouvoir de transcendance, qui en composante de l'Immanence incarne la Voie.

Cette Voie indestructible, quels que soient les pouvoirs d'apparat qui cherchent à l'obérer. Car la Voie est universelle par essence, elle est Harmonie et plénitude tant de l'Être Humain que de l'Être Humain en ses composantes, Ethnies, Peuples, Races, Humanité. L'Être Humain s'il ploie parfois sous le joug, l'intolérable, l'inimaginable, d'âges en âges a su affronter tout type de destruction pour clarifier et réveiller en lui la Voie fondamentale qui peut être obscurcie, cachée, tenue au cachot, mais qui toujours, imperturbablement revient pour initier et œuvrer l'accomplissement Humain qui n'est celui de l'esclave, ou de la larve, mais de l'Être en capacité de développer du généré, soit les autres Êtres Humains.

L'interaction des actions tant de l'Être individuel que des Êtres Humains composants en son lieu déterminant une rémanence qui elle aussi ne peut être détruite, quel que soit le pouvoir cherchant à en destituer la réalité formelle, cette réalité qui dans l'harmonie qu'elle développe ne peut que transfigurer et dépasser le carcan qui veut l'abîmer où la détruire.

Ceci est une Loi de la Nature que personne ne peut renier sous peine de se renier lui-même, une Loi Universelle, au même titre que la Loi gravitationnelle, que personne ne peut destituer car intégrée en l'inné de chaque Être Humain. Ainsi l'illusion face à cette Loi ne peut-elle que refléter une apparence en chaque individu, et non sa réalité profonde, réalité dont les illusionnistes cachent jusqu'à l'existence, leur paraître légitimant tout ce que peut contenir leur devenir, devenir du néant et non du dépassement, devenir de l'oubli et non de la destinée, devenir sans conséquence par les âges de l'Humanité, voyant l'exercice des illusionnistes de ce jour comme un épiphénomène.

Le plus bel exemple en est donné dans ces jours vécus par un pouvoir qui n'a plus rien du pouvoir, coordonné uniquement par moins d'un tiers d'une population qui désormais, tel le chien de Pavlov applaudit à une propagande médiatique qui voudrait faire accroire l'existence d'une force caractéristique du Peuple qu'elle gouverne encore. Les autres tiers de cette population, fort heureusement ne se laisse prendre au voile de cette illusion démesurée qui trouve son aboutissement dans la mise en œuvre d'un pouvoir continental totalement erroné, disharmonieux au possible, car ne répondant en aucun cas à la réalité précitée, mais à la ressemblance du pouvoir en ce Pays, s'éblouissant d'un paraître conditionné par le mépris né de l'ignorance de l'Unité primordiale symbiotique, rejeté de toutes forces pour l'accomplissement d'un monde osmotique, chtonien par essence, reposant sur l'inféodation primitive, retour en arrière de l'Humain.

Retour phénoménal qui ne pourra perdurer, les forces composantes de la réalité Humaine, et non de l'abstraction, représentant une majorité caractéristique qui fera s'effondrer inévitablement, au regard de la Loi naturelle inscrite dans les gènes de chaque Être Humain, les châteaux de cartes de cette illusion monumentale.

Ainsi va l'Histoire avec un H majuscule et qu'il suffise de s'y intéresser, et notamment à l'Histoire Universelle pour comprendre qu'il n'y a pas lieu de s'inquiéter du devenir, car le devenir est représenté par l'ensemble des Êtres Humains et non par l'illusion qui se veut motrice de leur destinée. L'illusion n'a qu'un temps, car elle tourne et retourne en ce temps jusqu'à s'effondrer sur elle-même, ceci aussi est une autre Loi Naturelle que l'on ne saurait oublier : tout système fermé est destiné à disparaître, et ce d'autant plus s'il se cache sous le voile d'un système ouvert, la Démocratie, qui ce jour n'existe plus dans le cadre des pouvoirs de l'illusion dominante.

L'exemple le plus frappant est l'irrespect de la Charte des Nations Unis, précisant que les Membres de l'Organisation s'abstiennent, dans leurs relations internationales, de recourir à la menace ou à l'emploi de la force, soit contre l'intégrité territoriale ou l'indépendance politique de tout État, faits incompatibles avec les buts des Nations Unies. Or à quoi assiste-t-on, sinon l'emploi de la menace psychosociologique dans nos pays continentaux, aboutissant à la répression de la liberté d'expression des Peuples par mise en œuvre de Lois et décrets ne leur permettant pas par référendum de s'exprimer sur leur devenir, d'accepter ou non leur dissolution, au mépris des droits des Peuples à disposer d'eux-mêmes, allant jusqu'à statuer que certains pays entreraient sans référendum dans le cœur de cette entité que l'on se plaît à dénommer Europe.

Système, par excellence, tournant en rond sur lui-même, car n'acceptant en aucun cas cette Loi Naturelle précitée. Pensez donc ! Les Peuples pensent, quelle horreur ! Ainsi à tout un chacun, que la patience soit votre essor, ne combattez des moulins à vent, unissez-vous pour créer et ordonner le devenir au-delà des fractales indéterminations, vous êtes la majorité parmi les Peuples, et ce n'est le sommeil qui cherche à vous engluer d'autorité, qui y changera quelque chose, prenez mesure de votre capacité à dépasser ce carcan, et au-delà de l'illusion créez cette unité nécessaire au réveil de la Liberté dans l'Être Humain, dans ses composantes, dans l'Humanité. Persévérez et l'illusion tombera d'elle-même, comme elle chute actuellement, inéluctablement.

Dans la nue du Verbe

Dans la nue du verbe, l'oasis victorieuse épanouit ses heures de félicité, et, adventice, souveraine, l'âme fluviale se hisse au-dessus des eaux pour en arborer la beauté. Il y a là, mesure de toute détermination, de ce pas franchi menant vers la liberté, individuelle et collective. Individuelle dans le sens du dépassement de la frivolité, du superficiel, de ce miroir sans répons qui façonne ce monde, clinquant absurde du paraître qui enlise la multiplicité dans les scories qui sont bénéfices de l'usurpation et de ses tentacules immondes qui broient nos identités comme nos sociétés.

Collective lorsque enfin dans le sens du réel se meut l'identité qui accomplie et s'accomplit, par-delà les opiacées vénéneuses du pavlovisme d'État qui roucoule ses inepties afin de leurrer les êtres, les êtres en leur renom, Ethnies, Peuples, Races, Humanité, toutes définitions qui ne peuvent complaire au carcan des déracinées qui se veulent maîtresses et maîtres de nos destinées, et qui ne sont finalement que maîtresses et maîtres que de leurs dysharmonies, qu'ils légifèrent, triomphants, sans se rendre compte qu'ils ne trompent qu'eux-mêmes, et que l'Être collectif en ses racines, les regarde avec une indifférence totale sachant que ce qu'ils construisent n'est que poussière que le vent de l'harmonie dissipera, lorsque le collectif revendiquera et prendra le chemin de la liberté qui lui a été fermé par le sommeil indivis que toute dictature impose pour parader.

Car il ne faut pas se tromper, la Liberté ne se transige pas, ne s'achète pas, ne se corrompt pas, ne s'avilit jamais, ainsi reparaît-elle toujours sur les sentes les plus poisseuses de cette déréliction que l'on ose encore nommer démocratie dans nos pays, pauvre démocratie travestie et fardée qui déambule les sombres palais où règnent de sombres personnages qui ne sont autres que tenants et aboutissants de cette dictature qui se prononce, qui prostitue la Démocratie, qui réglemente sa disparition, qui ornemente sa mort imminente !

Nous voyons là le débat clos de cette perversité qui semble faillite de nos destins, de nos identités, de nos peuples, qu'il suffit tant au collectif qu'à l'individu de reconnaître, non plus en mouton, mais en être conscient pour en voir les limites et poser les fondations de l'avenir. Antipodes du présent falsifié, ruptures, les connaissances innées tant de l'individu que des collectifs permettant, dans le cadre de la Liberté invincible, d'en contourner les pâles opiacées qui engluent la Vie, stérilisent l'avenir, et d'inscrire la Vie dans une civilisation dans la Vie, par la Vie et pour la Vie, terrassant à jamais cette civilisation de mort.

Dont chaque jour nous voyons les ravages nauséeux dans les corps, les esprits et les âmes de nos concitoyens, assourdis par la grandiloquence de thanatos, dont les prêtresses et prêtres s'agitent frénétiquement en chaque lieu de notre temps.

Ainsi la mesure de l'épanoui qu'il suffit de déployer pour que les miasmes ne saillissent la temporalité, ainsi dans la mesure du Vivant, que chacun doit accomplir sous peine de se renier lui-même.

Système et combat.

Combattre ce n'est pas seulement se porter contre l'adversaire, faire valoir sa pensée objective, stigmatiser son comportement, en tout état de cause faire ressortir l'avilissement de sa pensée, mais au-delà de ces apparences initier dans son raisonnement une volte-face lui permettant de réagir à la fonction en laquelle il s'inclue et ne se voit plus.

Nous le voyons, le combat physique ici même s'il peut être présent, devient combat mental qu'il convient de ne pas perdre de vue si l'on veut voir la victoire s'arborer. Le combat est un jeu de forces complémentaires qui s'établit toujours en coordonnée d'un système, et qui ne disparaît que dans l'équilibre des forces, où la disparition de l'ensemble des forces. On le voit bien, tout système est donc constitutif de forces qui peuvent être antagonistes, conjointes, disjointes, toujours issues de l'expression du système dans lesquelles elles se répondent, s'affrontent, se coordonnent ou se réfléchissent.

Expressions Humaines par excellence dans le système politique, nous retrouvons en ce lieu les correspondances universelles de ce qui vient d'être énoncé. La nature Humaine en sa complexité advient toutefois hors d'une théorie que l'on peut qualifier de binaire, deux autres composantes majeures, inversées en leur densité, l'une privilégiant la coexistence des forces par annihilation, l'autre par intégration.

Les voies de l'une et de l'autre sont aux antipodes de la constitution des forces initiées précitées, qui dans leur mode binaire ne peuvent jamais trouver leur équilibre naturel. Elles existent et sont les piliers qui fondent par leur maîtrise soit la dissolution soit la progression

Humaine par la régulation qu'elles imposent, tout en étant elles-mêmes en conflits car elles-mêmes aux antipodes dans leur vectorisation, avec cette particularité qu'une seule d'entre elle peut englober la totalité des forces, l'autre ne se contentant que de détruire les forces antagonistes précitées.

Cette dernière détermine l'ordre triangulaire inverse qui est celui de la dissolution de toutes valeurs, car tentant d'annihiler toutes mesures des forces binaires en sa force de destruction, l'autre détermine l'ordre pyramidal naturel qui est celui de la symbiose de toutes valeurs, car portant en elle le pouvoir de cohésion de ces forces, y compris celle de l'ordre inverse, naturées en sa force de construction.

Pour résumer schématiquement nous dirons que le monde du Pouvoir est lié à la préhension organique des forces géométriques qui habite ce système et que ce pouvoir se définit dans la construction ou la destruction suivant la puissance de la direction des forces qui l'influencent et le coordonnent. Dans le jeu présent de ce pouvoir nous pouvons voir que les enjeux qui influencent et coordonnent naissent ici de l'ordre inverse triangulaire, décomposition flagrante qui lentement mais inéluctablement va vers la désintégration Humaine, et par appariement la désintégration de ce même pouvoir.

Ce phénomène exponentiel trouve et prouve là les limites de la force systémique qui le sous-tend. Faille qu'il convient de comprendre pour mieux appréhender et combattre dans le système sa systémique avec efficacité et non duplicité. Ainsi à la linéarité faut-il opposer la densité, à la vision cartésienne la vision géométrique, au réductionnisme la multiplicité, au chaos l'ordre, à la destruction la construction, par accompagnement comme déclaration constructive dans le cadre et par les moyens du sur système évoqué de l'ordre pyramidal naturel, qui ne peut naître dans le cadre d'une vision des forces binaires qui se résorbent au sein même de l'ordre triangulaire inverse lorsque son pouvoir grandi.

Ici se trouve le lieu comme le temps, ici se trouve le contre-pouvoir qui permet de renverser la perversité qui tient de lieu comme de temps à cet ordre triangulaire inverse. C'est ce lieu comme ce temps qu'il convient de conduire pour combattre et vaincre, dans la création la plus pure et la détermination inflexible de l'Être Humain, né pour conquérir et non être esclave de ce triangle inversé, symbole par excellence de la voie détournée qui lentement porte à la désintégration l'Humanité en sa propre désintégration.

En hommage à Soljenitsyne

Véritable conscience de la Russie, Soljenitsyne dénonça la tyrannie du système soviétique, notamment dans "L'Archipel du Goulag"... Cet article est là pour rendre hommage au combattant de la Liberté, combat qui continue et qui durera tant que la tyrannie sera le maître à penser des « élites ».

Siècles fauves, nous faudra-t-il, commun des mortels subir en ces temps l'arrogance des mendiants serviles, des prédateurs nocturnes, des vassaux corruptibles, et dans la demeure qui nous est lieu nous prosterner et ramper devant le délire, la contre nature, le virtuel et ses désinences, l'atrophie mentale, le mensonge, l'usurpation, le reniement, toutes fourberies que ce monde enfante pour mieux culpabiliser la vie d'exister ! Regardez la déficience qui règne !

Il y a lieu ici d'être stupéfait par le nanisme comportemental que toutes les moires aisances désignées, provoquent ! L'Être Humain qui devrait être debout, marche voûté, tremblant sur ses racines, équivoque dans ses pensées, tragique en son élan, prêt à toutes les prosternations, accueillant presque avec félicité les coups de fouet qu'on lui inflige, pauvre chiot malheureux qui déambule au dortoir des immondices et qui se complaît dans sa déliquescence !

Amorphe le voici, en laisse tenu par l'iniquité de lois renégates à son existence, de traités impies méprisant sa voix, croulant sous la charge de taxes et d'impôts le desservant, de décrets amenuisant sa liberté, de desseins préparant sa dénaturation, sa déstructuration, son appauvrissement mental, son réductionnisme aux simples instincts régulés par la terreur et la peur que distille sans relâche le pouvoir qu'il inscrit, anémié, fourvoyé, inversé, bestial dans la divinité des cloaques immondes qui le corresponde !

Nous y voici au royaume des décérébrés, atteint de ce sida intellectuel qui permet l'acceptation d'un esclavage outrancier, voyant l'amorphe, le statique, les maîtres à penser de cette glu corporative immolant la nature même de la Vie, dont la multiplicité n'est plus en droit, l'unicité morbide le devoir, devoir anémiant toute vitalité, devoir d'apparaître et surtout de ne pas être, devoir ne laissant trace qu'au reniement éternel du soi, de l'autre, permettant au clinquant d'apparaître et gouverner dans les pitoyables mensonges d'une décomposition qui se voudrait devenir !

Devenir l'est-il, au regard de son marais en lequel tout se confond, boue civilisatrice du néant qui retourne au néant, arasant la perception de l'avenir, statuant l'irréel, contrevenant le réel, un monde glauque où la lie est portée aux nues, un monde où les miasmes et les bubons sont les chantres de l'humanité, correspondance formelle de ce que représente l'être humain aujourd'hui, ignare, reptile, atrophié, incapable d'agir en dehors des ordres médiatiques, chien de Pavlov orienté, chien de Pavlov comblé !

Ce qu'il y a de plus navrant dans cet effacement de l'individu né de l'effacement de l'identité naturelle, c'est de voir à quel point la putridité lui est langage commun, orientation, clameur acclamée, vestibule de toutes les contritions organisées, de toutes les génuflexions orientées, de toutes les reptations conseillées, sous le voile d'une "démocratie" d'apparat qui prêterait à rire si l'usurpation n'était si visible dans la réalité !

Le mal est ici, dans cette croyance pernicieuse en ce mot qui ne veut plus rien dire : démocratie. Cette illusion se vautre dans la dictature abjecte de ce nazi communisme de rigueur qui lentement pourrit toutes les institutions, nationales, européennes, mondiales, toutes institutions dévouées ce jour qui ne voient en les Peuples et les Individus que des esclaves dont il faut profiter de la naissance à la mort programmée par l'euthanasie légalisée, pour servir une caste qui se fait élire au nom de la démocratie, et qui une fois élue se comporte comme ces empereurs romains perclus par la folie des grandeurs, prêts à tout pour conserver ce pouvoir qui leur est donné, corruption, dénigrement, attitudes caractérisées de la lâcheté ordonnée, telle qu'on l'a vu lors de ce pseudo-vote initiant la réforme de la constitution Française.

Il n'y a pas lieu ici de sourire, et nous voyons bien qu'en conformité de la décérébration ordinaire des citoyens, se comportent à l'identique les "élites" des Nations. Nous y sommes donc dans la confusion, l'inversion des valeurs, la Voie détournée, que nous reste-t-il donc à attendre de plus inhumain ? L'inhumanité elle-même ! La terre transformée en camp de concentration ordinaire, agréé par les citoyens ordinaires, aveugles aveuglés en permanence, saturés d'ondes croissantes faisant exploser leur conscience afin de les inféoder à des mythes culpabilisants, ces mythes fabuleux qui rendent serviles et que l'on voit ce jour trôner !

L'écologie politique, le droit d'ingérence, néant voulant s'arroger le droit du prince, et dans la chienlit des valeurs trouvant ses pompes dans les plus hautes sphères des états, les médiocres serviles fêtant cette arrivée pour se circonscrire dans ce néant, chantres et apologistes de Thanatos, décérébrés égarés voilant la réalité pour le saint nom de l'utopie bestiale qui ne peut que complaire à la politique d'asservissement, trouvant là prétexte, au même titre que le "terrorisme", pour asservir les Peuples, les confluer dans cette reptation larvaire qui est le privilège de l'intolérance absolu envers ce qui n'est pas médiocratie !

Attitrés, les voici donc ces divisions du néant qui cernent l'humain, comme autant de pensées à détruire, pour faire reluire le factice, ce factice qui rapporte gros aux États permissifs, permettant une dérive des prix des matières premières scandaleuse, pétrole compris, (la famine est un moyen de gouverner, voir ce qui s'est passé en Ukraine sous les soviets !), ce factice engendrant la mort, la destruction, l'oviparité des valeurs, l'éblouissement congénital se masquant sous la virtualisation digitale, toutes forces en pavane voyant dans leurs liens apparaître les gardiens de ce camp de concentration évoqué, une vidéosurveillance accrue, la valse de fichiers comportementaux, la quasi-disparition du rempart de la Démocratie, l'Armée, humiliée, l'Armée vilipendée, l'Armée déstructurée, la mise en place de troupes qui ne sont plus destinées à défendre la Nation et encore moins la liberté des Peuples, mais les augures mondialistes dans des Pays qui ne sont pas en guerre avec notre Nation.

Naissance prétorienne, qui, sur ordre, ne s'embarrassera pas d'une quelconque mise en coupe réglée des populations asservies, les états d'âme ne pouvant se conjuguer avec le sort qui est réservé à cette dimension qui, dans un autre temps, aurait pu encore préserver ce qu'il restait de la Démocratie.

Ce temps a disparu et ne renaîtra que sur des ruines qui ce jour s'accumulent pour le plus grand plaisir des vautours qui se disputent leurs charognes. Ce temps est un temps de nuit dans lequel il convient de conserver toute lucidité afin d'affronter son néant, ses circonvolutions, ses reptations, l'infinie source de ses égarements accentués par le paupérisme intellectuel qu'il instaure.

Tout un chacun pourrait penser que se fondre dans ce moule est une nécessité et une évidence, mais là ce tout un chacun y perdra jusqu'à son âme, et dès lors que restera-il sur ce champ en voie d'holocauste de l'esprit, pour faire rayonner le sentiment de la Liberté ?

Rien, strictement rien, alors comme on le dit avec familiarité, "bonjour, les dégâts !". Il convient de bien comprendre que ce temps atteindra ces limites et qu'il convient de persévérer, gardiens intransigeants de la Liberté, malgré les revers, les infortunes, la discorde, l'amenuisement des valeurs, le ridicule de cette tentative d'unité osmotique, l'hilarante génuflexion des médiocres, la consternante attitude des "élites".

Ce temps leur est compté, comme le temps fut compté aux communistes, aux nationaux socialistes, à tous ces mouvements de la haine, ne reposant que sur la destruction.

Viendra le temps de la reconstruction, n'en doutons pas un seul instant, il n'y a rien de nouveau sous le soleil, l'atrophie a toujours été vaincue et continuera à être vaincue. Courage donc et que ces temps de vacances vous soient profitables pour vous réveiller du sommeil dans lequel on vous plonge avec autorité, afin de préparer et élever ces mouvements qui, grains de sable, dans la monstrueuse machinerie bureaucratique mondialiste qui se dessine, feront en sorte d'enrayer ses rouages pernicieux et restituer à la liberté, son honneur et sa grandeur.

Systémique de la Voie

Le système s'effondre, quoi de plus normal ? La Voie est détournée, la Voie prend mesure et devant le nanisme de l'évolution qualitative Humaine provoque une contraction dimensionnelle, sans précédent. Comment pourrait-il en être autrement ? Sur le chemin de l'évolution, il n'y a pas de place pour la régression, l'anéantissement, la viviparité mentale, l'obstruction, le réductionnisme, la perversité comportementale, l'abdication et le reniement.

Ajurna trouve ici son principe éclatant, renouvelé, participe de ce choix que la raison évoque, participe de cette émotion qui ne s'oublie, confrontation entre deux rives, l'une permettant au flot de passer librement, l'autre jugulant le flot, permanence des symptômes qui depuis des centaines de millier de millénaires préoccupent les Êtres Humains qui, lorsqu'ils oublient leur devenir qualitatif s'enfoncent dans le chaos, feed-back que la Nécessité conjoint afin de ne laisser scorie l'évolution qualitative de la Vie en un seul lieu, en un seul temps de sa raison d'être qui n'est autre que la régénérescence de l'Absolu.

On le voit la nature ou nécessité en ce degré temporel où nous sommes représentants de la Vie formelle, en ses droits et dans ses actions, se détermine afin d'œuvrer la désintégration de ce qui n'est pas réalité mais virtualité condescendante, en l'occurrence inverse un cycle afin qu'il s'autodétruise, pour permettre l'éclosion d'un nouveau cycle qui en son ordonnance, facteur d'adéquation entre la nécessité immanente, la Voie, et la nécessité transcendante, le pouvoir d'action de l'Être Humain, permette le dépassement de la virtualité, totalement sidaïque, que l'on connaît dans ces jours noirs de l'Humanité.

Ainsi se retrouve à nouveau le concept de la Baghavâd Gîtâ, en son fil tisserand où l'on voit ce prince en conflit avec la moitié de sa famille devoir se décider à prendre des mesures de clarification. Clarification de la Voie dans sa consubstantialité, clarification majeure dont l'ignorance mène sur ce chemin désertique dans lequel nous survivons. Rappelons qu'Ajurna, en maïeutique de cette clarification se retrouve désespéré, lui qui est naturellement en et par la Voie, et qui se trouve, toujours aussi naturellement devant ce dilemme effroyable, de se voir dans l'obligation de livrer et porter la guerre à cette partie de l'humanité qui en faillite de la Voie, ne peut continuer à être un frein à l'Évolution qualitative de son incarnat.

La mesure en ce lieu comme en notre temps est moins vindicative, car non binaire, mais géométrique par excellence. Ainsi la lutte ne se résume à un affrontement physique, mais à un affrontement non seulement moral, mais culturel, spirituel, affrontement dantesque des Esprits qui triompheront soit pour l'autodestruction de tout ce qui est, soit pour la construction de tout ce qui est. Il y a parade dans la vision sphérique des éléments circonstanciés qui se déchaînent, par les fluctuations intégrées et intégrantes en chaque champ d'action, et par-delà ces fluctuations, au regard des rémanences formelles civilisatrices, le maître jeu d'une ordonnance intégrante.

Conscience, ce rameau vert est lieu et par-delà le temps se tient, généreux, conjugué, matrice du vivant, qui fonde la destinée, matrice souveraine dont le déploiement contrarié se replie sur lui-même afin de se libérer des scories qui l'agitent et l'appauvrissent. Témoignage s'il en fut de ces contractions dimensionnelles qui sont nécessaires, telle celle que nous traversons qui en est le symbole le plus approprié à notre perception, car nous la vivons, l'orientons, la déclinons d'une manière où de l'autre, par notre réalité.

Ce repliement précité trouve nidation en notre lieu, dans la théurgie des valeurs inverses qui y prédominent. Nous sommes et nous le voyons bien ici, en guerre contre nous-mêmes, pour le bonheur éphémère de l'illusion, ce temple de la féodalité qui marque les esprits, enfante le reniement, dénature les circonstances afin d'ignorer la réalité et laisser apparaître la virtualité. Virtualité profonde, égarée elle-même dans sa préhension des phénomènes qui régissent ses apprentissages, ses conjonctions, ses similitudes, toutes forces qui sont phasmes de son ignorante perception.

Ainsi dans la dramaturgie l'évanescence, thématique houleuse dont les flots portent tous les outrages, toutes les perversions, tous les reniements, ancrés dans l'aveuglement général, torpeur de l'immondice, de cette vassalité particulièrement outrageante réduisant l'être Humain à ce non-esprit, cette non-âme, ce non-corps, qui brisés les uns les autres, les uns aux autres s'abandonnent dans une léthargie dominatrice.

Expression d'un vide consommé appelant à encore plus de vide, voyage incommensurable vers le non-être qui détermine toute volition individuelle comme collective, engendrant ce naufrage volontaire où l'avortement, l'euthanasie des corps, l'anéantissement culturel des peuples, la soumission spirituelle des âmes à l'erreur matricielle, coordonnent toutes actions de la destruction en marche.
Le fléau est immense, bouleversant tout sur son passage, les valeurs comme l'esthétique humaine, dévoiement forcené alimentant les arts du sordide, les lois du totalitarisme, les politiques de la dérision, amenuisement spontané tant dans la fonction comme l'organisation, laissant place à ce désert insipide en lequel se vautrent nos contemporains, ignares généreux de leur propre autodestruction acclamée, ignares pompeux de la défécation portée déification de l'accroire pavlovien qui les mute dans une stérilité dont l'orgueil démesuré vampirise toutes souches de la société.

Éponge sans fond explosant des ruisseaux qui gémissent leur importance dont l'inutilité est tellement provocante qu'on ne peut que les saluer au passage, car de l'art du vide épanouissement du parasitisme qui devient caducée de toutes définitions d'être.

Faste de cette écume charriée tel le dégazage à la sauvette de navires sous pavillons complaisants, le système s'initie à cette dérision, et des limbes sans mystères naît cette invariance qu'on nomme l'indéfinitude, indéfinitude matricielle permettant à chacun de n'être plus un mais un tout indifférencié, qui telle une masse perdue dans l'espace, tourne autour d'elle-même, vivipare, glauque, écœurante de miasmes, splendeur de ses écheveaux bruissant la perméabilité de l'incohérence, cette fonction déifiée par les saturnales aux commandes qui s'imaginent maîtres alors qu'ils ne sont eux-mêmes qu'esclaves, esclaves alarmés et en larmes devant la portée frénétique des sorts qui les conjoignent, dans ce jeu stupide qui les enfante et les lient aux abîmes.

Ce jeu de l'errance, de l'incroyable devise de leur incapacité à vivre qu'ils voudraient voir communion de tout être par cette sphère. Autisme du pouvoir livré à lui-même, sans contre-pouvoir pour tempérer les folies qui l'animent, ces bestialités qui voudraient fonder le devenir, alors que prononcées, déjà elles le dérivent pour l'ordonner dans la villégiature d'un marais où se perd chaque écrin, chaque force, chaque désinence, au profit d'un désert sans nom, celui de l'incapacité.
Celui de la négation, celui du vide emplie de cette nauséeuse imperfection, déjà dans la profusion de ses scories, alimentée par la vitesse, à laquelle s'agglutinent ses sédiments, explosant afin de perdre la moisissure temporelle qu'elles incarnent.

Image même de ce système qui se glorifie, s'autopénètre, se réjouit de sa propre déliquescence, qui gonflée comme une baudruche de ses flagellations, déjà se fissure de partout, dans tous les domaines, conjoints de l'expression de ses limites dépassées en termes de pouvoir dont les glorifications engendrent failles sur failles, alimentant ce degré zéro qui forge cette explosion, tant leur concentration devient point de non-retour !

Ainsi cet effondrement auquel nous assistons, et qui n'en est qu'à ses prémisses. L'orientation précise relève de cette accélération telle qu'on la découvre dans le cadre de la physique, lorsqu'un objet tourne autour de lui-même à une vitesse telle qu'il explose pour retrouver dans un état indifférencié son équilibre, avant que de disparaître nucléarisé, et que ses composants enfin restaurés initient une nouvelle trajectoire.

In fine, on s'aperçoit que ce renouveau est toujours sous-tendu par cette formalité physique qui est celle de l'équilibre, équilibre induit dans le cadre du Vivant ou de l'organique, par une rémanence formelle née de la conjugaison de l'action individuée et de l'action générée, force motrice de la survie qui est le lieu et l'origine de tout système. Ainsi dans les caractéristiques phénoménologiques des sociétés que nous vivons voyons-nous apparaître ces potentiels qui nous permettent de définir l'effondrement qui en résulte.

Au regard de cette dysfonction, trois attitudes sont en correspondances : le statisme univoque qui est devenu norme en réaction aux atteintes liberticides développées par les sur systèmes que révèlent les forces en présence, une attitude que j'appelle l'attitude du judoka, qui accompagne ce mouvement pour mieux le déstabiliser où même, l'accompagner afin de le finaliser, et enfin une attitude de lutte qui choisira les voies opportunes liées à la personnalité de l'individu concerné, suivant ses aptitudes et ses convictions.

Trois voies à l'intérieur de la Voie inversée permettant de restituer à la Voie sa motricité, son ardeur, et sa souveraineté.

Voici l'enjeu de notre siècle qui nous réservera bien d'autres surprises, les efforts et les essors des tensions étant tels que l'on assistera à des retournements qui frapperont de plein fouet les tentatives d'hégémonies, jusqu'à quel point ? Tout dépendra de la canalisation des énergies actuellement cannibalisées par ce cercle sans fin qui rejoint le point de la létalité humaine, auquel il convient de ne pas céder, sous peine de perdre l'élément le plus précieux qui est en chacun d'entre nous, l'Humanité avec un H majuscule, et non cette inhumanité barbare qui pavane sur tous les fronts de l'arrogance,

atrophie née de la lâcheté à être, voulant conjoindre tout
être au non-être.

À chacun ici, dans la volition souveraine, de choisir sa
Voie, tout chemin menant quoi qu'il en soit, à la
restitution de la Voie, soit par intégration, soit par
statisme, soit par désintégration. Ainsi vont les systèmes
qui sont en dernier ressort les contre-pouvoirs naturels
qui permettent de juguler puis éradiquer tout pouvoir
tendant à la déstructuration, au nivellement, à
l'anéantissement de la Vie, en ce lieu, en ce temps, de
l'Être Humain et de l'Humanité.

De la lâcheté

Ce jour, nous n'avons plus affaire à des Peuples ouvragés, cultivés, fiers de leur passé, cherchant à se propulser dans l'avenir, en condition de prise en main de leur avenir par élection de la capacité, mais à une masse informe, noyée dans les menstrues d'une hémorragie migratoire confluant à la débilité la plus profonde.

Ici, les racines sont sujettes à la délation, relèvent du "droit", l'histoire est réécrite, la recherche historique interdite sous peine de jugement, ici n'est accepté que le masochisme le plus béat au regard de son identité. Voici ce qu'il en est, rien d'autre, dénaturant en notre Pays, un Peuple qui aujourd'hui n'est plus que larvaire, clameur de son propre asservissement, un Peuple dont on a par ce joug castré la virilité, le sens de l'honneur, la capacité de réaction, qui ce jour se laisse tondre comme un mouton par ces maîtres, banquiers, financiers en dérive, qui agitent les épouvantails politiques afin d'enraciner encore plus de clémence dans ces ventres sans esprits que sont devenus les citoyens, non-être, qui se gargarisent de leur fatuité, de leur orgueil, de leur ignorance, de leur incomparable anémie intellectuelle.

Il n'y a ici rien à espérer de ce troupeau de ruminants qui se laisse dompter par les illusionnistes en tout genre qui se gargarisent de leur petit "moi", qui n'est en aucun cas une réalité mais une virtualité façonnée par la démiurgie du paraître, parasite fangeux qui ne se bat pas pour le Peuple mais pour satisfaire son propre plaisir.

Le temps inscrit toutefois sa résurgence, car le temps n'est pas maîtrise, il est fluctuant, propre à chaque individu, passé inscrit génétiquement, qui devant la prison, le carcan imposé par l'atrophie, se réveillera inévitablement pour retrouver la Liberté, dans une, deux, trois générations, certainement pas dans celles qui s'inscrivent ce jour, toutes éperdues du matérialisme virtuel qui façonne leurs âmes, toutes en voie de l'accomplissement de leur mise en esclavage acclamée.

À l'aune de la bestialité consentante le politique marque son droit de pouvoir, et ce droit de pouvoir en ses mains de pantin obéit la mesure des maîtres auto couronnés qui le manipulent. Il aura bien fallu l'asservissement des esprits et l'aliénation des corps pour en arriver là, quant à l'âme, nous n'en parlons même pas, et encore moins de l'unité, devant les êtres fracassés que nous voyons devant nous, courbés devant le joug, à genoux devant le veau d'or, en reptation devant le clinquant, la pacotille, la verroterie qu'on leur donne, tandis qu'autour d'eux s'engraissent les baleines financières qui les asservissent.

En contrepartie de cet esclavage, ils ont droit à toute dénature, jeux, drogue, sexe, assistanat à satiété, les maintenant dans cette déité de la déréliction qui veille dans tous les mouvements politiques leur canalisation, les inscrivent dans cette illusion qui les façonne, les aveugle, afin qu'ils ne réfléchissent un seul instant sur leur condition, qui se révèle à la clarté de la réalité, d'une inhumanité répugnante, celle qui s'inscrit dans l'apologie du je et du moi, de l'égoïsme le plus forcené, développant toutes les lacunes qui lui sont propres, le mensonge, l'hypocrisie, la bassesse, la délation, toutes formes complaisant la bestialité de l'apparat qui encourage cette répugnance faisant fi de la droiture, de l'honneur, de la grandeur, de l'humilité.

Ainsi la chienlit qui rumine dans ce pays qui fut celui de l'espérance Humaine, envahi ce jour par toutes les latrines de ce siècle, se complaisant dans le vomitoire de son incarnat pour complaire au mondialisme putride. Ainsi alors que le monde d'autruches qui couronne ce mondialisme vient d'offrir à ce monde le couronnement d'une lâcheté acquise face au devoir de reptation qui coordonne son pouvoir. Pouvoir de l'incapacité par excellence, incapable de prendre les décisions formelles qui permettraient d'éradiquer cette crise économique que traverse notre monde, née de la putridité et retournant à la putridité, grâce à la perversion régnante.

Non, il n'y a rien à espérer de cette dérision de l'incapacité qui parade, aux mains d'une finance apatride n'ayant d'autre vocation que la mise en esclavage de l'Humanité, rien du tout. Cela doit-il vous décourager ? Bien au contraire, vous savez désormais, car vous vivez l'événement, qui fait la loi dans vos pays, qui manipule tous les partis politiques quels qu'ils soient, pourquoi l'idée de Nation comme d'Identité est laminée, pourquoi la calomnie à l'encontre de notre réalité biologique est exacerbée, pourquoi nos cultures sont détruites, pourquoi le servage migratoire est déployé.

En connaissance, désormais savez-vous contre qui lutter dans le cadre de la Démocratie, du moins ce qu'il en reste. À vous de choisir. Vivez en reptation ou debout. À chacun ses choix, en conscience que le système s'effondre sur lui-même, et que quel que soit le choix individuel de ce jour, il participera à l'éradication du système actuel, par accélération de sa destruction en suivant ses directives, ou par destitution de ses desseins en initiant le système ouvert auquel chaque Être Humain aspire.

Orientation scientifique

Ici le lieu, là le temps, et dans la multiplication de ces deux éléments les coordonnées du sens, qui lui-même point de l'unité, vitalisé par la quantité témoigne une coordonnée, celle du Vivant, quadripartition mesurable quantifiable, qui au regard de l'infiniment petit apparaît dans l'infiniment grand, source de la multiplicité de la Vie.

Ainsi en ce concept se modélise la multiplicité des formes vivantes, par extension des univers dont le point défini peut se réguler et se témoigner à l'infini. Lieu, temps, unité, multiplicité, le lien n'est pas ici binaire, mais quaternaire. On ne peut plus penser en oui, non, mais bien en oui, oui-non, non-oui, non, témoignage s'il en fut de l'exposition potentielle de la multiplicité de l'intelligence.

Mantisse d'une science du réel dont la confrontation avec le réel en coordonnée permettra à l'Être Humain d'avancer dans ce sillon de la Vie dont il est moteur, en ce lieu et en ce temps mantisse, lui permettant de remédier aux succédanées répétitives par la mise en œuvre de textures composites (androïdes) qui serviront l'essentiel de ses besoins, l'intelligence bio organique traitée par une programmation quaternaire de ces androïdes permettant l'auto régulation de ses besoins, par le niveau d'intelligence acquis initié.

Norme des siècles à venir, ces androïdes permettront l'expérimentation la plus vaste, tant de l'infiniment petit (en réplique à l'unilatéralité du champ d'expérience) que de l'infiniment grand, par ailleurs l'émancipation des besoins naturels, et par là même une régulation naturelle de la natalité et de l'expansion démographique, enfin une régulation totale des flux migratoires devenus inutiles, chaque Nation devenant autosuffisante en ses besoins. Et au-delà la reconnaissance spatio-temporelle des différents Univers nous entourant.

Au regard de ces expérimentations, l'Être Humain se révélera libéré tant de l'espace que du temps, ce qui lui permettra d'initier la grandeur de la vie en l'espace lui-même et sa multiplicité, en confrontation de réalités qui lui permettront une accession à une réalité qu'il ne peut pas préjuger actuellement, réalité formelle de la Vie, souffle d'une multiplicité de Civilisations dont la rencontre achèvera un cycle découverte, avant d'en naître un nouveau, celui de la confluence des énergies, mais cela est un autre débat.

Corrélation causalité

Lorsqu'on annonce avec fermeté, insouciance, nanti du chapeau d'une pseudo-infaillibilité puisée aux arcanes de la science, que la corrélation n'est pas la causalité, on oublie jusqu'aux principes élémentaires de recul, surtout lorsque le sujet est "le réchauffement de la planète". En ce cas précis il est parlé de l'action du soleil sur le "réchauffement", dont l'indice de corrélation ne serait pas causalité. Ce mensonge éhonté, la proposition inverse émission de gaz à effet de serre et "réchauffement" ferait hurler, mais là, la communauté scientifique dont l'indépendance est liée à l'aune des subsides accordés par les États et les fondations, se tait bien, autruche formaliste ne désirant pas se mettre à dos ses généreux donateurs.

Pour répondre à ce troupeau de quémandeurs en tout genre, nous dirons que si la corrélation n'est pas causalité, elle participe à cette causalité, les apparences n'étant le tout, les gaz à effet de serre n'étant qu'une partie, et qu'il serait temps d'ouvrir les yeux sur la réalité du climat et non sur ce désert que le politique, qui y a tout intérêt au regard des éco taxes qu'il assène, légifère, radote à tout bout de champ.

Législation particulièrement pernicieuse car contribuant à la mise aux bancs des accusés de l'Humanité tout entière, qui partie intégrante de l'écosystème, par le miracle du politique, se trouverait exclue du dit écosystème. Cette manœuvre grossière tendant à la culpabilisation ressort d'une pure opération psychosociologique tendant à l'asservissement de l'humain, il n'y a que les aveugles qui ne veulent pas voir cette réalité abrupte, imagée par le propos précité où les mots perdent leur sens, où les mots proférés par des pseudos "élites" doivent paraître comme vérité absolue.

La tenue d'une conférence mondiale sur le sujet du "réchauffement" trouve là le consensus du et de ce mensonge organisé dont cette phrase n'est qu'une goutte d'eau. Les radios, télévisions d'état, amplifient ce mouvement d'une façon éhontée, accablant par exemple les États-Unis alors qu'aujourd'hui les plus gros pollueurs sont les Pays Asiatiques, en pleine crise, dessinent des vertus qui n'existent pas, tel que la mise en œuvre d'éoliennes qui polluent plus qu'elles ne produisent au regard de leur coût de construction, ici le mensonge est roi.

Me direz-vous, en matière de substitution, il y a l'énergie solaire, qui à titre individuel n'est pas négligeable, je n'en disconviens pas, mais pour faire fonctionner des infrastructures et des industries, pose quelques problèmes. L'énergie nucléaire est là pour remédier à la quantité demandée. Et là encore on ne peut que s'amuser de la gesticulation de pseudos ONG, contre l'énergie nucléaire, toutes dévouées à une économie du passe-droit des énergies traditionnelles, qui, il faut quand même le dire ne sont pas sur le point de se raréfier, il n'y a qu'à s'intéresser aux gisements arctiques pour le comprendre.
Nous pourrions ainsi deviser à l'infini sur les thèses de l'écologie politique, sur l'affligeante coercition de ses propos, le mensonge permanent qu'il diffuse, l'acculturation qu'il détermine, notre propos n'est pas ici de faire son procès, qui sera fait par les populations elles-mêmes lorsqu'elles comprendront les couleuvres qu'elle cherche à leur faire avaler pour mieux les culpabiliser, les asservir et surtout de permettre à leurs États de renflouer leurs caisses déficitaires en déployant de magistrales éco taxes.

Restons sérieux et ne perdons pas de temps avec ces maniaques de l'ours et du loup, qui sont nuisibles pour l'Être Humain, vers lesquels nous les renverrons un jour pour mieux comprendre ce qu'est la Nature, indomptable et sauvage, qu'ils le veuillent ou non. Notre propos ici est de faire comprendre qu'il convient de disséquer toute phrase dans son contexte et encore plus lorsque les textes sont émis par des "élites" scientifiques.

La Science n'est pas la vérité, mais une face de la vérité, et lorsque cette face est liée aux subsides des États, elle ne peut en aucun cas dire le vrai, mais une composante du vrai ne pouvant que complaire à ses mécènes. Ainsi demandons donc à nos Politiques de réunir des climatologues de toutes Nations, indépendants des pouvoirs, et là, nous serions surpris de voir le résultat, qui n'a rien à voir avec cette mise en scène délirante que l'on nous inflige sans que nous ayons notre mot à dire, car la démocratie aujourd'hui c'est cela : le couronnement du mensonge absolu, du leurre, de la bêtise, de la connivence, de l'irradiation de l'acculturation la plus stérile, de la manipulation la plus servile.

Les écologistes, qui s'imaginent des élites alors qu'ils confondent développement durable et écologie politique, au lieu de s'en prendre à la nourriture chimique, permettant de réduire l'humain à l'état larvaire, au pourrissement de l'intelligence par la propagation de neuroleptiques, à la destruction de la pensée par le conditionnement médiatique purulent, bien entendu suivent ce vaisseau fantôme que l'on nomme avec avidité le réchauffement, la soupe est bonne, bien payée, ils font œuvre de mondialistes et dans leur singerie pitoyable s'imaginent déjà le pouvoir, alors qu'ils n'en sont que les valets.

Pour ces nantis de Thanatos viendra l'heure de rendre des comptes à l'Humanité qu'ils méprisent, car il faudra bien un jour qu'ils comprennent que les Êtres Humains ne sont ni des animaux, ni des imbéciles, encore moins les idiots congénitaux qu'ils voudraient bien voir en reptation devant leur sommet d'ignorance que n'importe quel scientifique courageux, au-delà du système des prébendes, peut juger.

À la guerre des mots, ils ne seront pas les plus forts et encore moins les plus hardis, et cette guerre ils ne la gagneront pas, sauf à penser que la Liberté de penser soit totalement évacuée de ce système mortel pour l'Humain qu'ils mettent en œuvre, dans une joie d'autodestruction qui fait pitié à voir, tant elle est sommet de la non-humanité, du non-Être, qu'ils représentent avec félicité.

Ceci étant, la pensée serait-elle bafouée, comme elle l'est à longueur de temps dans ce système de pensée unique qui s'autosatisfait dans un cercle masturbatoire totalement virtuel, elle saura renaître du carcan qu'on lui impose, en quelque lieu que ce soit, ou que ce soit, car elle n'est prévaloir de ces fantômes qui n'osent se confronter au réel, le réel du Vivant qui n'a pas pour devenir d'être l'esclave d'un mythe, mais bien conquérant d'univers à sa portée.

Cela est une question de temps, tout comme l'économie virtuelle, qui vient de subir sa plus belle défaillance, l'écologie virtuelle explosera de la même manière, car elle n'est basée aujourd'hui, hors le développement durable, que sur des affirmations sans fondements sérieux, savoir renouvelables. On ne tire pas des conclusions sur un fait en matière scientifique mais sur la répétition des faits, et rien à ce jour ne permet d'accroire un seul instant l'illusion fantasmatique qui sert les prêtres de Thanatos.

Par contre la réalité naturelle est là pour nous prouver que l'intensité des orages solaires provoque un réchauffement, et bien entendu ce que l'on cache au public, l'inversion du champ magnétique terrestre qui bouleversera totalement les plaques tectoniques de notre planète, provoquant catastrophes naturelles sur catastrophes naturelles, qui n'auront en aucun cas de rapport avec le pseudo-réchauffement climatique créé soi-disant par les Êtres Humains !

Le mensonge ne dure qu'un temps, telle est la Loi de l'Histoire avec un H majuscule, et non un h minuscule qui relève de l'histoire réécrite pour complaire aux quelques pouvoirs qui à l'échelle du temps ne sont que poussières.

En conclusion, nous ne saurions dire à nos lectrices et lecteurs, méfiez-vous des phrases toutes faites, des mots inconsidérément utilisés, surtout, si elles ou ils proviennent de revues ou livres « scientifiques », et encore plus si elles ou ils proviennent de revues ou livres « écologiques ». Prenez mesure des Auteurs et prenez mesure de leurs sources de financement et de leurs appartenances. Vous comprendrez mieux leurs mobiles.

Gravitation.

La conception de l'espace comme du temps que nous concevons par rapport à des observations, finalement bien limitées, se révèle ce jour totalement dépassée lorsque nous observons, tels que le font actuellement les chercheurs tant dans les domaines de l'infiniment petit que dans les domaines de l'infiniment grand.

Chacun bute ici sur un concept que l'on nomme la gravitation qui réduit à néant toutes théories qui se disent viables, et fort heureusement la recherche se poursuit et ne s'arrête à des théories figées qui ne peuvent induire que strates défaillantes par rapport à cette inconnue majeure qui dirige souterrainement l'autorité et la conduite des Univers dans lesquels nous ne sommes que partie microcosmique.

Le temps comme l'espace ne sont pas uniformes, comme aime à le rêver un certain nombre d'entre nous, à l'image même de l'Énergie comme de la matière, ils se génèrent et se meuvent sans discontinuer sous les auspices de cette gravitation dont les théories dépendantes veulent ignorer la réalité. Cette réalité est totalement fermée à celui qui dans un esprit purement conceptuel et cartésien s'efforce de vouloir être maître à bord d'un système où tout est quantifié, ordonné, finalement plat, comme bien d'autres ont imaginé une terre absolument plate.

Si on veut bien un instant correspondre géométriquement, il devient admissible qu'existât autant de temps comme d'espaces que peut se représenter chacun des Êtres vivants à la surface de ce que l'on pourrait appeler des navires de la Vie que sont les planètes et autres corps célestes. D'ores et déjà nous savons pertinemment que le temps d'autrui n'est pas le nôtre, sinon que par résonance d'un apprentissage figé qui ne fait avancer personne mais bien au contraire le réduit à reculer jusqu'à ne plus exister.

L'espace lui-même présente cette particularité en sa dominante physique comme en ses contractions et dilations phénoménologiques. Nous nous trouvons si nous acceptons ce postulat non plus dans une dimension, représentation de l'espace-temps, mais une infinie complexité de dimensions dont les interactions restituent au réel une fiabilité qui n'a plus rien de ténébreuse.

Le lien coordonné de cette interaction, devient ici lieu d'action, et que ce soit dans l'infiniment petit comme dans l'infiniment grand son ouverture, la gravitation. Il n'y plus ici de courbure, de théorisations abruptes, mais une fonction sur laquelle devraient se pencher avec plus de volition les chercheurs, retrouvant dans ce cadre tridimensionnel la quadripartition de la réalité universelle, où la Vie se génère et se régénère, non pas comme objet mais comme nécessité.

Conceptualisation ouverte et non fermée, les degrés de la recherche ne peuvent que nous permettre de penser qu'ils déboucheront inéluctablement sur une maîtrise de la dite gravitation qui permettra l'expansion sans limite de la Vie par ces temps comme ces espaces multipliés qui ne sont finalement que les facettes d'un cristal, l'Univers, Univers parmi les Univers.

Constat

Les masques tombent, les uns les autres en frivolité du dessein de ce mondialisme qui parade, sans considération des identités, sans considération des Peuples, sans considération de leurs légitimités. Le façonnage est reptation, coordonnée de la devise crypto communiste du "passé faisons table rase...".

Il n'y a ici que permanence de l'outrance née de l'ignorance, sacerdoce de ces prêtres et prêtresses de la pensée unique, fondée sur le mensonge, qui surgit en chaque jour, chaque heure, chaque minute, pour avilir l'Histoire avec un H majuscule, l'Histoire des Peuples, l'Histoire des Nations, jusqu'en leurs fondements bio géographiques, dans une litanie sans atermoiements visant à déliter l'aspect créatif de la nature humaine, qui loin d'élever, abaisse l'humain, et pire encore culpabilise l'Être Humain, tel dans ce cycle particulièrement mensonger qu'est celui de l'écologie politique, fourberie monstrueuse n'ayant pour objet que l'implantation d'écotaxes, fourberie criminelle au regard du devenir de l'Humanité qui n'est pas de se fondre dans les limbes d'une Gaïa mystique, qu'ils trahissent sans vergogne pour s'engraisser sur le dos des vivants, mais de transcender son devenir dans l'espace par une conquête éternelle !

En ce lieu du vivant, on atrophie la Vie, créant des civilisations mortuaires acclamant la mort, avortement, euthanasie sans limite, eugénisme édicté comme Loi, où la Loi elle-même se cache tant elle est outrageante pour la Vie ! Il n'y a pas de mystère à cette virtualité forcenée qui guide ce que certains voudraient faire accroire destinée : une réduction de l'intelligence critique amenant l'Humain progressivement à l'échelle du singe, donc de la bestialité, une nucléarisation dantesque des appartenances naturelles amenant à un déracinement individuel comme collectif, une réécriture de l'Histoire advenant la culpabilisation des enfants dont l'altruisme berné devient tremplin d'une servitude assurée, une mise en place boulimique d'une acculturation hybride assignant l'intelligence au point de l'inintelligence pour modélisation, toutes formes agencées dans le cadre de pseudos élites qui n'ont d'autres fonctions que la destruction, et nous y sommes, et ce qui reste des Peuples en redemande, chiens de Pavlov devenus, (regardez la manipulation organisée par ce film de propagande digne de la propagande national socialiste ou communiste) aboyant lorsqu'on leur demande d'aboyer !

Larves épiscopales de ce charnier culturel sur lequel s'agitent les prédateurs de la médiocrité ! Comment sortir de cette dérision menant à l'abattoir les floralies Humaines ? À ce camp de concentration légalisé ? À cet esclavage purulent où le non-humain comme la non-humanité deviennent règle ? Comment sortir de cette virtualité dominante issue des limbes des ténèbres les plus affligeantes, celles de la servitude accouplée à l'ignorance et au mensonge ?

Je ne le dirais jamais assez, le premier travail relève du redressement de l'Être Humain qui aujourd'hui en reptation acclame sa servitude. Il doit retrouver les chemins de la Liberté par son émancipation du mensonge et de ses alliées l'ignorance et la médiocrité, par une reconnaissance de lui-même qui lui permettra de reconnaître les autres !

Reconnaissance de sa réalité fondamentale qui n'est pas celle de la stérilité mais de la Vie, de ses origines naturelles, biologiques et historiques, de ses racines qu'il se doit de préserver au même titre que sa réalité individuée afin que ses racines ne soient voilées puis détruites par tous les faucheurs de ce monde, ces tueurs nés de la réalité Humaine qui n'est cette bouillie excrémentielle qu'ils voudraient voir naître dans ce monde afin de l'asservir sans limite au nom de leur atrophie qui ce jour parade sans dissonances, le matérialisme le plus putride qui soit !

La renaissance de l'Être Humain permettra la renaissance de l'Humain, le délitement de la moisissure comme de la pourriture qui envahissent sa réalité biologique, sa réalité intellectuelle et culturelle, sa réalité Historique. Cette Renaissance ne pourra se faire que par la connaissance de la réalité et non de la virtualité, ainsi une action culturelle en chaque Nation, devient-elle nécessaire afin de préserver chaque Race, chaque Peuple, chaque Ethnie qui ce jour subissent le plus grand génocide qui ait jamais été commis, au nom de l'illusion, maîtresse de la perfidie et de l'atrophie, cet aveuglement pernicieux qui n'a qu'un but la réduction en esclavage de l'Humanité.

Cela suppose de se battre intellectuellement sur tous les fronts (le combat physique n'a aucun intérêt, car mobile de martyrologies qui baignent l'Humain dans le cadre d'une culpabilisation induite qui freine toute avance naturelle), accentuer le contre-pouvoir naturel du vivant qui permettra de remettre en cause et destituer toutes lois prétendant astreindre la Liberté individuelle et Publique, toutes lois de mort tendant à sanctifier tant l'euthanasie que l'avortement forcé, toutes lois favorisant l'exogène sur l'endogène, toutes lois en prévarication instituant en leurs coordonnées la culpabilisation de l'Humain, toutes lois favorisant l'acculturation, toutes lois initiant la disparition des souverainetés, toutes lois inorganiques tendant à remettre le pouvoir de la Nation, famille Humaine par excellence, à des organisations virtuelles, viviers de la dictature par excellence. Le combat peut se mener en tous lieux en toutes associations, en toutes sociétés, qu'elles soient discrètes ou non, dans tous les "partis" politiques, et bien entendu sur Internet au niveau mondial, (- la censure opérée dans ces pays viviers de la dictature, doit être contournée en initiant des relais généraux dans les Pays où la Liberté de penser est inscrite en lettres magistrales dans leur Constitution).

Le renouveau Humain ne pourra naître que par ce combat culturel, intellectuel, ce n'est qu'à ce prix que l'insulte faite au genre Humain pourra disparaître, que les humanicides ne paraderont plus comme ils le font actuellement. Ce combat doit être mené dans chaque

Nation, la Nation étant le pilier des Civilisations, comme la Famille est le pilier de chaque Nation, il y va de la survie de notre espèce Humaine dans l'espace de Liberté qui lui est nécessaire pour s'épanouir et se transcender.

Et dans ce jour de putridité intellectuelle, il serait temps de mener une première action, celle de l'activité Humaine qui serait responsable de ce "réchauffement de la planète", en réunissant les Climatologues de notre Planète, scientifiques dont l'ONU a rayé purement et simplement les propos aux fins de laisser s'instaurer cette marche délirante vers l'écologie politique (à ne pas confondre avec l'écologie scientifique dont la facette principale ressort de la mise en œuvre du développement durable, dont personne ne peut nier la source de progrès) qui n'a d'autres buts que de pressurer les citoyens du monde par la mise en œuvre d'écotaxes qui elles-mêmes permettront de renflouer les caisses vides des Nations.

La vérité doit éclater sur cette outrance, et elle éclatera, ce qui permettra déjà de rendre à l'Humain son autorité naturelle qui n'est pas celle de se voir reléguer en dehors du Vivant, car le vivant lui-même !

Fondation

Et nous irons ces chemins, ces routes et ces portuaires dimensions, nous irons plus loin encore marchant dans la conscience de ce temps, indicible vertu du renouveau de nos pentes altières par-delà les messagères euphories, les incertitudes et les masques sombres qui parjurent nos sols, notre sang, notre avenir, dans la splendeur de ce préau de la Vie, Gardiens Temporel et intemporel de cette force majestueuse qui fut fondation et le redeviendra par les frondaisons qui s'illuminent de la beauté Solaire, voyant nos pas de géant s'inscrire dans le chant commun de la Liberté souveraine.

La Liberté en magnificence regardant le nanisme s'évertuer dans nos villes, dans nos temples, dans nos campagnes et nos chaumières, instituant la haine de nos coutumes et de nos forces, de nos appartenances et de nos Chœurs, la haine farouche envers tout ce qui est patrie de nos sens, de notre Histoire et de notre Chant, ce chant résonnant dans le souffle du vent, dans la colère prompte des orages et dans la hardiesse des éclairs, demandant compte à notre descendance de l'histoire qui nous alimente, devant cette folie ténébreuse issue du sordide et de la reptation s'ouvrageant en ses écailles pour corrompre et envenimer l'avenir de ses saillies délétères, dans un paupérisme alimentant des fleuves de mortelles errances, voyant la contrition déshumaniser le rêve pour l'ascension d'un règne à la noirceur fantastique.

Équipée de chevauchées dantesques de cavaliers en adoration de la mort et de ses rythmes, mille, cent mille, quelques millions à la surface de cette Terre où nos Patries en marche vers la folie de leurs lieux communs s'opacifient pour le plaisir de leur folie ordinaire qui se contemple, s'agite et se démystifie aux arcanes temporels qui veillent, éternellement, afin de circonscrire la bassesse et ses fourbes, la duperie et ses moires aisances, la putridité et ses moisissures, alors que s'entonne dans le cœur palpitant de la Vie des Nations un hymne, qui sourdement, d'abord, s'initie, puis, lentement, envahie chaque fibre de l'essor Humain, jusqu'en nos racines, plénières et attentives qui dans la cristallisation de ce rythme développent la puissance des anticorps qui, se libérant de leurs cocons, s'envolent tel l'éclair à la rencontre des parjures qui inféodent le sang des Peuples Humains.

Chevaliers Teutoniques pour les uns, Templiers pour les autres, hâlant du Verbe les faisceaux de la Vie dans ce combat titanesque qui s'avance, le combat de l'Humanité en ses Races, ses Peuples, ses Identités, contre la destruction de toutes leurs valeurs, le combat Humain dans sa sagesse et sa glorification unissant les chants hier, opiacés par la bassesse et ses œuvres, unissant et réunissant la multiplicité contre la horde des tyrans qui s'arrogent le droit plénipotentiaire de vouloir la diriger sans son consentement, vague souveraine à la rencontre des abîmes, venant des cimes, alliés à l'Aigle majestueux, pour combattre le serpent veillant dans nos champs, dans nos plaines, dans nos villes.

Incrusté, digérant la mort de nos chairs, la mort de nos cultures, la mort de notre spiritualité, pour laisser à leur place ce désert des tartares, ce désert sans fondement sinon celui d'être l'instrument de la terreur comme de la peur pour mieux gouverner de sa main de fer les esclaves devenus des Êtres de notre temps, nos frères, nos sœurs, nos enfants, martyrs de cette bestialité qui n'a de nom que corruption, forfaiture, mensonge, ignorance, cavaliers de l'apocalypse dont le veau d'or s'accouple à leur larvaire statuaire indéfinie, tragique, car atrophiée de ce qui fait le rayonnement Humain, sa splendeur, sa libre détermination accomplissant la construction.

Rencontre fut-elle dite, et cette rencontre aura lieu sur ce champ de bataille des Idées dont la foison ce jour témoigne de la volition de se sortir de ce néant qui se veut contrôle, de cette désintégration qui se veut noblesse, de cette défécation qui se veut culture, et rien, ni personne ne pourra en enliser l'avenir, car il y va de la survie de l'Humanité, et la Vie en l'Humanité accomplie ne laissera voguer ce crime envers sa surconscience, son élévation, lorsqu'elle voit ce jour l'inversion de son nom se prononcer, lorsqu'elle voit ce règne chtonien et lunaire bafouer son avenir Ouranien et Solaire, lorsqu'elle voit se fondre tous ses éléments dans une bouillie infecte où l'espèce elle-même disparaît pour faire place à une informe forme vide de conscience, juste bonne à être trait de sa vitalité afin de servir puis, non productive, jetée comme un étron dans la boue commune du désespoir initié.

Lorsqu'elle voit violer ses composantes pour naître l'asservissement et ses défigurations, lorsqu'elle voit la pluralité des hyènes de ce temps s'ameuter pour correspondre l'instant de l'indéfinité et apporter leur concours à son assujettissement et à sa perversion, par leur perversion complaisante, lorsqu'elle voit l'idolâtrie affabulatrice et conquérante de l'aberration s'évertuer dans ce qui reste du cœur de l'Humain, y croire encore, y voir encore, serait ne pas prendre en compte la réalité Naturelle qui n'est pas celle de cette coordination du néant allant vers le néant, où la Vie reprendra ses droits élémentaires en en désintégrant la fixité avide dans les abysses de sa propre déréliction, les abîmes de sa suffisance, en promouvant la multiplicité en son Chant pour combattre l'horreur et la servitude.

Viendra telle en nos terres d'Occident, Chant des peuples, Chant de notre Peuple qui retrouvera l'Harmonie et sa limpidité par-delà les triviales arborescences du néant, les phasmes de l'ignorance et les incantations des prêtres de thanatos, et dans la multiplicité et par la multiplicité dans le cœur du langage d'Être vivant face aux larvaires atrophies de la mort et de ses serviteurs féaux, par une union naturelle des valeurs de nos cœurs en nos terres multimillénaires, nous libérant de la frénésie multivoque de l'impéritie qui s'ordonne et ordonne l'avilissement de l'Être Humain en sa foi en ses coutumes et en son Histoire, ainsi alors que sonne le tocsin nous annonçant la fin de la stupidité des Êtres de ce temps, qui dans un sursaut gigantesque seront tsunamis de la stérilité en laquelle vogue la nef de l'Humanité.

Délabrée et en abandon, afin de gréer ses voiles vers l'avenir et l'élévation Humaine, délaissant aux plages sordides les nefs contraires et leurs serviteurs affabulateurs, les illusionnistes et les prévaricateurs, les prêtres de thanatos et leurs singeries grotesques, ces pléiades de mendiants du pouvoir dont le pouvoir n'a que faire, car le pouvoir n'appartient pas, il est en chaque Humain et chaque Humain se doit de le reconnaître afin de se hisser par-delà les cénacles de la servilité qui voudraient en conjuguer la reptation afin d'asservir à leur profit ce qui est inné en l'Être, en dénaturant son acquis, où le tocsin sonne, impérissable en sa demeure, la demeure Humaine qui saura se délivrer de ce manteau de brume qui couvre son rayonnement et sa splendeur, ce n'est ici qu'une question de temps, et sachant que le temps des uns n'est pas le temps des autres, ce temps est déjà là !

Contre-Pouvoir

Le pouvoir n'est pas un long fleuve tranquille sur lequel vogue l'harmonie, il est sapience, témérité, promptitude mais aussi sagesse. La plus belle représentation de son incarnation se retrouve dans la pose pharaonique distinguant l'arme qui fouette les sens et l'arme qui retient les sens, et dans cette mesure le secret de la Vie, le hanq propice à toute mesure de l'épanouissement collectif.

Ici se tient l'ordonnance ou le pouvoir trouve son image : le contre-pouvoir. Sans contre-pouvoir le pouvoir n'est que chaos, incertitude, reniement, désabusement, démesure et folie. L'Histoire universelle nous enseigne depuis des millénaires cette réalité qui ce jour se dévisage dans multiples États de notre planète. Ainsi pressentons-nous que rien ne peut s'harmoniser sans un contrôle draconien du pouvoir par le contre-pouvoir.

Si nous savons à qui nous donnons le pouvoir, par voie démocratique ou non, comment se crée le contre-pouvoir qui n'est pas lié à une élection ? Tout simplement, et dans le meilleur cas de figure, la Démocratie, dans et par le cadre de la Liberté de penser. Car ce n'est que dans ce cadre que le contre-pouvoir peut émerger d'une manière rationnelle et forcer constructivement le ou les pouvoirs en place à modifier des parcours empiriques qui pourraient nuire aux collectivités ainsi qu'aux individus.

Vous comprendrez à ce stade de réflexion que plus on tend vers un régime coercitif, moins les contre-pouvoirs sont apparents, la Liberté de penser, de s'exprimer, de se réunir disparaissant ici à la vitesse de l'éclair, disparition visuelle et tangible, fonction de l'accélération des processus dictatoriaux mis en place pour juguler le droit de penser, tant de l'individu que de la collectivité en ses associations diversifiées.

Dont les processus courants mis en place relèvent principalement de l'apprentissage, une propagande insidieuse, une culpabilisation atone, sans droit de réponse, une acculturation morbide et un déracinement totalitaire, qui suffisent à inscrire dans l'esprit collectif dont l'intelligence diminue comme le carré de sa population, le syndrome de Stockholm nécessaire à l'éradication de la pensée, dont les outils existent, médias, radios, pseudosciences, dont les moyens aussi existent, terrorisme, pandémie, cataclysmes divers, pour noyer les populations dans le reniement de ce qu'elles sont et les réduire à un esclavage consentant dont l'exemple de conquête le plus frappant se retrouve dans ce jeu aujourd'hui d'argent que l'on nomme le football, où l'on voit le degré de non-retour de l'intelligence dans une danse que l'on nomme la "ola".

Lorsque l'Être Humain en arrive à ce stade, la dictature aurait quelque part bien tort de se priver d'asseoir son Pouvoir. La résurgence de la Liberté de penser, qui devrait être écrite dans le marbre dans toutes les constitutions, (non cette semi-liberté octroyée dans le cadre du dirigisme quel qu'il soit dont on voit éclore le surfait dans un bon nombre de pays, facilitant le gréement d'une pensée unique issue de ce moindre carré de l'intelligence précitée qui reflète aujourd'hui l'étalage d'une médiocrité sans limite, qui règne sous les auspices d'une médiocratie particulièrement belliqueuse, car tenant à ses privilèges exorbitants), devient ici le combat prioritaire qu'il convient de mener si l'on veut désolidariser les artefacts de la modélisation intellectuelle qui, totalement sous influence, se révèle vectrice de l'ignorance et par là même composante du mensonge qui sert le pouvoir, fabulateur par excellence, lorsqu'il n'est pas inscrit sous la veille d'un contre-pouvoir organisé.

Du fait de la rémanence existante entre action individuelle et action collective, nous pouvons aujourd'hui dire que le contre-pouvoir n'existe pas, le seul problème qu'il rencontre pour naître est lié à la nucléarisation artificielle dans laquelle est maintenu le vivant, explicite du mensonge organisé, maintenant dans l'ignorance les Identités afin qu'elles se diluent dans le vide composé par le pouvoir.

Ainsi, ici n'existe qu'une voie pour défaire la prétention explicite du phénomène évoqué, une définition réaliste du champ d'opinion qui doit se dénucléariser en ses épiphénomènes et se recentrer sur une base graduée sur l'essentiel afin d'affronter sur le terrain de la légalité le conformisme régnant officiant actuellement, et permettre ainsi la renaissance d'un contre-pouvoir, non pas extraordinaire, les tenants du pouvoir ce jour étant minoritaire dans le cadre de l'expression intellectuelle, mais ordinaire, la base de ce mouvement se révélant majoritaire.

Comment ? En s'unifiant par-delà les divergences de l'apparence, les idéologies convexes, les uniformisations brutales ou délétères, les conjonctions fratricides où d'opinion, les unes les autres étant agitées par les mains opaques du pouvoir en place, marques de dissensions anachroniques qui n'ont pas lieu d'exister, la nature profonde du contre-pouvoir n'ayant rien de commune avec les aberrations monumentales diffusées en stéréotypes par les médias aux ordres.

Union donc au-delà des sulfureuses objections qui sont et qu'attisent, les pouvoirs en place, tel est le maître mot qu'il convient d'agir, pour faire prospérer le dessein de la Liberté de penser et donc le contre-pouvoir, union des partis objectifs, des associations souverainistes, union des personnes de bonne volonté en tous lieux, tous partis, toutes associations qu'elles soient ouvertes discrètes, secrètes, au sein même des aréopages du pouvoir en place et leurs cénacles, union sans failles qui permettra avec efficacité de balayer définitivement les abîmes de la porosité dans lesquels baignent nos Peuples en soumission devant un pouvoir vide de sens, car sans contre-pouvoir pour le gréer.

Conquête spatiale

Fabulation des songes comme des rêves, fabulation tout court des espérances humaines, les politiques inféodés à leur litanie de la mondialisation forcenée, sont sur les devants de la scène. Actrices et acteurs compassés dont les refrains sont des contes pour enfants, jouant tour à tour le gentil puis le méchant, se moquant totalement du résultat du plébiscite car le plébiscite est déjà erroné par cette gigantesque manipulation mentale qui s'orchestre par l'intermédiaire des médias aux ordres.

Nous sommes ici non pas dans la fiction mais bien dans cette réalité sordide de l'exploitation des sentiments par des idéologies nauséeuses qui délibèrent le devenir dans et par l'abstraction. Ici on ne s'adresse pas à des Êtres Humains mais à des foules, à l'inertie naturelle qui doit être choyée par les artefacts de la pensée primitive, celle de la survie, celle du sexe, celle de la magie, lanternes guidant les masses vers l'abîme, lanternes tenues par ces prétendants bouffis d'orgueil qui ne rêvent que de pouvoir alors qu'elles et ils sont esclaves de souches irradiant des Paradis artificiels pour des populations à l'intelligence létale.

Populations qui croient et croissent sous le flambeau de la propagande d'État, martelant un bonheur indicible, là où n'existe plus rien, sinon qu'un désert tragique, où même les vestiges antiques se cachent, tant la monstruosité des dégâts est synonyme d'une affligeante incapacité. Regardons les choses avec réalisme, pour ce qui est de notre propre sol : un endettement magistral, caverne d'Ali baba pour les banquiers internationaux qui vont se régaler sur les dépouilles des États, une politique extérieure vouée à la destruction, (- Comment pourrait-il en être autrement devant la servilité avec laquelle nos pouvoirs adhèrent aux œillères du néo conservatisme belligérant qui fut maître des lieux un instant de notre histoire ? -), une politique extérieure vouée au droit d'ingérence sous réserve de tolérance lorsqu'on assassine les Chrétiens, lorsqu'on assassine les Tibétains, les Ouïgours, que l'on se complaît à appeler yogourts ! Une politique intérieure relevant d'une incapacité comme d'un souci de destruction permanent pour tout ce qui est naturellement inscrit dans notre réalité socio-économique, bio histo géographique, par la mise en pièces des acquis sociaux, l'instauration, au mépris de nos traditions Chrétienne, du travail le dimanche, l'instauration du chantage à la délocalisation, - on a même vu en provenance des nains politiques émettre le vœu de voir travailler les malades dans leurs lits de souffrance -, un ensemble de mesures coercitives rappelant les métastases du national-socialisme, triomphant en demi-mesure des bannières d'un bolchevisme conquérant, forme inique qui voit tout voler en éclat : la sécurité sociale, les retraites, le devenir de notre Nation, à genoux et en parade devant les grossistes de la destruction cannibalisée que sont les outils d'une finance à la dérive qui ostracise le vivant pour mieux se complaire dans une abondance factice.

Nous sommes devant un monde à genoux, où la morale bon teint des cyniques exploite la mésintelligence des damnés devenus de la terre qui dans leur reptilienne vertu devenue en redemandent, syndrome bienvenu pour les fourriers de l'apocalypse, financés par les multinationales qui flouent le nucléaire au profit des énergies dantesques qui ne servent que de pansements sur les plaies béantes occasionnées par les vassaux en tout genre qui immergent l'Humain dans le spongieux, cette gangrène qui entraîne les uns les autres dans une gabegie sans fin de mortelles errances, guerres à outrance pour le monopole de denrées périssables, et non pour la Liberté ; il suffit de cette outrance des mots au nom de la Liberté, lorsqu'on envoie détruire des Peuples pour seule raison que leur sol est gorgé de cet or noir dont les substituts existent, substituts qui n'ont rien à voir avec le délire de ces énergies de dépendances que sont le solaire, les éoliennes et l'énergie des mers, que l'on peut remplacer bien plus avantageusement par l'énergie nucléaire !

Ici la létalité confine à l'hypocrisie des dompteurs qui donnent un sucre aux animaux lorsqu'ils pensent bien dans le droit fil des humeurs économiques. Lorsqu'on voit à quel point le mensonge allié à la propagande peut conduire, tel ce mensonge corrélant l'activité humaine et le réchauffement de la planète, repris en chœur par toutes les litanies de la destruction, aux fins d'instaurer des taxes carbone qui vont remplir les caisses vides des États, on ne peut être qu'éberlué par le quotient de réflexion de nos concitoyens, tant de notre pays que des autres pays !

La résultante est ici visible dans toute sa duplicité, diachronie totalement déplacée dont les errements conduisent les Humains à un esclavage consternant, celui né de leur incapacité à appréhender la logique des événements, mais on ne peut leur en vouloir devant l'acculturation affligeante que rythme le mensonge en propagande, guidé par ce simple intérêt : le pouvoir !

Un pouvoir de nain, quand on pense à ce que pourrait être le pouvoir associé à l'élévation et non à la destruction. Fabulation, clinquant, poudre aux yeux, jonglerie, parade, voilà ce devant quoi chacun doit donc se prosterner ce jour !

Nous en sommes là, alors que l'on rappelle à juste titre l'épopée remarquable du premier pas de l'Être Humain sur son satellite. Quelle dérision ce à quoi on assiste depuis ce premier pas !

Si on fait le parallèle avec ces héros qui ont accompli l'exploit de faire découvrir à l'Humain ce à quoi il est destiné, la conquête spatiale, on voit à quel degré de reptation nous en sommes arrivés ! Ce simple phénomène devrait permettre à chacun de réfléchir à cette situation dans laquelle, quarante ans après l'exploit remarquable, l'Être Humain qui ne bouge pas, qui n'agit pas, est tombé : un cloaque délirant dans lequel se gargarisent des reptiles assoiffés de prébendes, où la Capacité n'existe plus, où l'intelligence du vivant a disparu pour faire place à une anémie triviale, reflet de l'atrophie ambiante initiée par un matérialisme vorace où se dissipent toutes valeurs Humaines pour laisser place à un horizon destructeur !

Ici, aucun devenir, aucune transcendance, aucune conquête, aucun dépassement de l'Humain, ainsi rien de rien, un chômage endémique pour les populations, notamment les plus jeunes que l'on enchaîne aux drogues, pendant qu'on enchaîne aux anti dépresseurs leurs parents, ce qui fait la fortune des divers acteurs du marché des drogues et des laboratoires pharmaceutiques, une acculturation béante permettant la manipulation forcenée, un viol meurtrier des identités par implantation massive de populations exogènes accélérant le processus génocidaire des Nations, piliers de l'Humanité, l'implantation systématique de contrôle et de surveillance des individus aux fins d'enrayer la critique et par là même la liberté de penser, atteinte inique aux libertés publiques et privées, sous des prétextes fallacieux inhérents à la destruction, ceux de la peur comme de la terreur qui voient les Êtres Humains en état d'accepter toutes formes dictatoriales, préludes à l'instauration de ce vaste camp de concentration où l'Humain, à l'image de la larve sera chargé d'engraisser l'atrophie, avec pour seule mesure son coefficient de productivité qui le verra apte à vivre où disparaître, sous les applaudissements des eugénistes en tout genre qui foisonnent dans les couloirs des pouvoirs, ces incapables à vivre.

Tels ces écologistes de pacotille qui s'engraissent dans et par le mensonge, monde de larves donc, contre lequel dans les décennies à venir plus personne ne pourra rien dire, la liberté d'opinion, manipulée, très facilement d'ailleurs sur un terrain où l'ignorance devient une icône, par une propagande belliqueuse, des lois liberticides dont l'acceptation devient la règle, pliant le vivant, s'il veut seulement survivre, en complaisant à cette idéologie née de l'atrophie : la mondialisation sans valeurs Humaines, sinon celle du profit !

Quarante ans donc de décrépitude alors qu'en ces quarante ans l'espèce Humaine aurait pu déjà coloniser son satellite, et bien plus Mars, et déjà se lancer à la conquête de la galaxie ! Lorsque l'Être Humain aura enfin compris à quel degré il est manipulé par la déshérence, il se libérera de ses chaînes et refondera son univers, partant des élémentaires pour retrouver la complexité et ouvrir les chemins de la capacité afin d'œuvrer à son élévation au-delà des prédations initiées.

Qu'il prenne déjà conscience de ce vide interstellaire dans lequel il vit, par rapport à l'épopée décrite, l'aberration monumentale des pouvoirs existants incapables de construire, tous dévoués à la destruction, et s'interroge sur son avenir, l'avenir de l'Humanité ! Et comme tout un chacun il pourra dire qu'il y a quelque chose de pourri en ce royaume terrestre, et qu'il serait peut-être temps qu'il se réveille avant qu'il ne soit trop tard.

Chute libre

Ainsi vont les rives de ce temps, charriées par un fleuve sans lit qui s'improvise malhabile, aux sites effeuillés de vastes oripeaux, drames du vivant, affluents de la misère, de l'agressivité, de la violence et de la mort, charniers de l'innocence, voyant tombés aux mains de reptiles, assoiffés de prébendes et de gloire, des êtres décharnés au dernier soupir, la peau striée par le venin de leurs prévaricateurs.

Rus d'hier qui ne demandaient qu'à vivre dans la joie, rus asséchés par les limbes de la suffisance et de sa morgue, hissés en pavois par les parvenus du siècle dont les cadavres de l'humanité ruissellent leur perversité, cette soif jamais apaisée couronnant leur atrophie, où la douleur, presque mystique, rugit leur fléau, un rugissement qui a tout de l'humain face à leur dégénérescence, présageant des vents de colère qui ne s'apaiseront que lorsque cessera la servitude, ces chaînes, ces fers qu'ils mettent aux mains et aux pieds des Humains.

À peine nés, déjà lovés dans leurs circonstances, aux mémoires antiques parfums d'une rébellion sans fin, aux rêves du jour, acculturés et nucléarisés, demeures de veulerie pour sacerdoce, clameurs de bêtes qui en redemandent, phagocytées, qui en veulent de nouveau, laminées qui jouissent de leur torture, pauvres hères à qui l'on fait croire n'importe quoi, à qui l'on fait faire n'importe quoi, pauvres hères en déshérence suivant ce fleuve de boue qui ne connaît ni mesure, ni honneur, qui se construit sur le manque à gagner, le profit matériel inépuisable, se dore avec le sang des Peuples dont les mères et pères sont esclaves et dont les enfants servent de litière à des guerres de profits insensés.

Écumes de la nuit voyant revenir en bière des jeunes gens de toute souche, morts pour la fratrie des revenus amers, alors que la conscience ne s'interroge plus, lavée qu'elle est dans la gloire factice d'un sport devenu opium de la létalité du courage comme de l'abnégation, grande fumerie d'opium pharmaceutique où pullulent l'abstraction et ses règnes, afin d'engraisser ces monuments de la fourberie que sont leurs instruments d'asservissement, instruments qui aux mains des politiques sont dérives à propension, mannes inventées aux pandémies fabriquées qui refondent des sociétés battant de l'aile sous le poids d'une crise elle-même fabriquée pour maintenir les peuples dans l'ignorance et tenter de les flouer de la Démocratie.

Humiliation perverse que tout un chacun pressent mais que personne ne s'autorise à dire, la nature même se repliant sous l'hégémonie de la culpabilisation, s'enchantant jusqu'aux délires les plus suprêmes, narguant la science, cette pauvresse anémiée qui pour trouver ses deniers se plie à la contrition commune de la duperie, vent de folie sillonnant le temple des marchands, assignant de pâles horizons, ceux de la suffisance de la déficience, déficience mère de tous maux, les uns les autres se gargarisant dans une monumentale lubrification pour saillir la demeure Humaine et l'inviter à l'oubli de toute réalité.

Pornographie mentale qui en toute action se devise, se consomme, s'oblige, s'invite, magistrale communion du non-être en ses parterres dont les florales démesures sont viviers d'étranges larves dissonantes qui s'érigent sur les marches pied des pouvoirs régaliens, telles des pustules qui se nourrissent de la fiente qu'elles inventent, promesses de l'infinie bestialité qui doit régner pour couronner des nomenklaturas du vide souillant de leurs menstrues la moindre parcelle de l'intelligence Humaine.

Afin de l'avilir, la destituer, car ce monde a créé son propre tribunal, le tribunal de la pensée, un tribunal voyant l'imaginaire tomber dans les basses-fosses du sordide, la culture applaudir l'harmonisation étronique, une pensée glauque, toute fête du mensonge, de la somptuosité de l'ignorance, rabaissant l'Humain, le rendant à la densité de cette larve si facile à exploiter lorsqu'elle n'a plus de racines, plus d'identité, qu'elle est réduite au paupérisme, non seulement physique mais intellectuel, ne parlons pas ici du spirituel totalement oublié sinon par le sectarisme qui ne s'appauvrit mais grandie, les blés mûrs de la bêtise lui fournissant toutes troupes pour alimenter sa dissidence.

Et on voudrait que l'on s'enchante devant ces fresques de la décadence, que l'on s'agenouille devant ses prêtres et prêtresses, ces ignares bellâtres qui sont des pantins animés par la fourberie du vide, eh bien non, la majorité des populations ne se met pas en reptation devant cette cacophonie de l'illusion, elle regarde ailleurs que dans ces ruptures du vivant, et cherche au-delà de ce marasme sans queue ni tête, l'Ordre et la mesure qui lui permettront de survivre à ce gigantesque génocide de l'intelligence Humaine, à cette perversion du réel, à cette désintégration programmée de l'avenir par les faucheurs de la conscience.

Ces illuminés de la terreur, ces mystiques de la culpabilisation, ces décérébrés du matérialisme divinisé, ces tueurs nés de la Vie Humaine, et déjà annonce tout simplement qu'elle ne joue plus ce jeu de la bestialité qui s'autorise, en envoyant un signe fort, le refus du vermifuge politique, et ce premier constat en lui-même est porteur d'une espérance remarquable, le renouveau Humain, qu'il convient de voir organisé pour aller plus avant dans le cadre d'un contre-pouvoir non d'apparence mais d'action, en se servant des institutions fussent-elles nationales ou internationales, afin de gréer ce bouclier de défense des valeurs Humaines face aux dictatures matérialistes et nihilistes.

Qui s'avancent, et qui, ne voyant naître aucune opposition, - ce qui est naturel dans le cadre des politiques de nivellement intellectuel auxquelles on assiste, tirant en cela matière des plans initiés de longue date par l'union des républiques socialistes soviétiques -, formalisent actuellement le tombeau des espérances Humaines, ce mondialisme sans foi ni loi, n'ayant pour vocation que l'asservissement de l'Humain au profit exclusif de la vanité et de ses fidéistes commissaires, gagnants ? L'avenir nous le dira, en attendant restons veilleurs et éveilleurs dans cette chute libre masquée par l'abstraction, à laquelle nous assistons.

Confiance en ce Monde

Ainsi devant ce monde en négation, se livrent des combats aux demeures initiées, de limbes les vertus talismaniques, étiolées et rares, secouant le joug des rives de ce temps, pour hisser les moissons d'un jour neuf en la luminosité des cieux, visitant les courses tragiques des ondes adventices où se perdent les royaumes, se censurent les Peuples, s'opacifient les règnes, ébats et débats de plus vaste décadence, celle de Rome aux clameurs mortifères, hâlant dans ses degrés les arcs de ses cirques où s'entretuent plèbe et noblesse d'un instant, unies dans la mort pour le plaisir grotesque de formes informes n'ayant de pouvoir que celui de la haine.

Une haine dévastatrice, la haine du vivant, conjoint et confluent pernicieux de tous les maux de la terre que l'esprit ténébreux de ses sectateurs veut voir apogée, usant, abusant de sa singularité, qui par l'avortement légalisé, qui par l'euthanasie sanctifiée, qui par l'empoisonnement végétal, qui par la criminalisation pharmaceutique, qui par l'opiacée des drogues les plus dures portant licence des États, à l'image du feu tragique dévorant les rues de Rome et ses enfants, sous le regard de la folie dominante, ce regard de Néron sacrifiant son Peuple, ce regard de Caligula torturant ce même Peuple.

Nous y sommes, dans cet univers de destruction totale des valeurs Humaines, du rejet impérieux de l'équilibre pyramidal, de la haine sacrificielle de l'identité au profit de ce cloaque monstrueux qui resplendit d'une verroterie sanglante, d'une pacotille misérable, charriant des monceaux de cadavres, celui des enfants sacrifiés par des sectes ignobles, celui des jeunes hommes sacrifiés par le mensonge du terrorisme affabulateur, manipulé et conditionné, celui des adultes crucifiés au paupérisme par l'outrance des délocalisations, charniers d'un colonialisme qui ne dit pas son nom, celui des vieillards sacrifiés par les maîtres de la létalité.

Ces philosophes de pacotille, trafiquants d'armes qui glorifient l'euthanasie, valets de loges impropres à consommer, vassales de tout ce qui conjoint la pourriture et ses débats matérialistes, sacrifiant des Peuples au profit exclusif du paraître, de ce non-être qui se gargarise de sa perfidie, de son déshonneur, de sa reptilité fétide qui conflue l'ordonnance de toute réalité dans le prisme d'une virtualité outrecuidante, oriflamme de la reptation, de la servilité, de l'abjection qui se clame par tous les pores de sociétés qui meurent sous le couvert d'une idéologie de passant.

Une idéologie initiée dans la démesure se nourrissant de ses enfants dans un carnage cannibale qui gravite, dont les paradis artificiels sont le principe, principe linéaire accouplé au vide qui enlise et propulse les contingences où l'anomie est équilibre, la norme insondable impéritie, couronnement d'une chute mortelle pour l'espèce Humaine, gangrenée par un sida intellectuel balayant toute demeure, innervant toute clameur, réticule qui se dessine dans l'abstraction, ce vide du sens, ce vide du réel, cet espace sans racines, sans identités, sans respires où la cacophonie devient préambule de toutes dissonances, de toutes affabulations.

Où le mensonge, Roi de carnaval du grotesque, devient caravansérail des utopies les plus médiocres, bacchanales sans mystère de l'abandon des légitimes appartenances au profit d'une prosternation splendide où l'on voit se dissiper dans la fumée des bûchers de la vanité le secret de cette indétermination, voguant tel le vaisseau fantôme sur les mers de l'oisiveté, de la paresse mentale, concordance de l'évasion fatale de l'Humain à sa destinée, se plongeant avide dans les illusions d'une immortalité matérielle qui le vide de toute substance.

Le rendant ainsi aphone, passif, en capacité de toutes les prévarications comme de tous les compromis dès l'instant où il peut se réjouir de la possession, possession d'un bien, d'autrui, toujours à la recherche de cette indéfinité qui lui permettra d'être figurant, butut vide de Conscience, ballottée au gré des vagues, applaudissant quand il faut applaudir, pleurant lorsqu'il faut pleurer, agissant quand il faut agir.

Et quand je pense que la dictature préparait des puces électroniques pour chacun d'entre nous ! Elles n'ont plus besoin d'être, la systémique de la destruction culturelle a produit son œuvre, ici l'on ne rencontre plus qu'un charnier intellectuel lavé par la bêtise singulière, cette pensée unique remarquable qui illumine d'"intelligence" ses pratiquants thuriféraires, bataillons de cette mondialisation qui accoure, espèce nucléarisée de ventres avides qui ne raisonnent plus qu'en fonction de leur instinct, malléable à souhait par la devanture préfabriquée des médias aux ordres de politiques d'enluminures.

Le seul problème c'est que ces enluminures ne tiennent pas sur l'insondable, et que déjà des failles se montrent dans ce brouhaha de la laideur déclarée splendeur, et les évêques de cette litanie, malgré leur bon vouloir, la destruction de la pensée par la mise au tombeau de la critique, la réécriture de l'Histoire par des penseurs sans lendemains, l'acculturation des masses par le laisser faire universel de l'enlisement intellectuel, ces évêques donc ne comprennent pas qu'ils ne parviennent pas à juguler la voix Humaine, cette voix qui en chaque pays résonne, qui en chaque Être Humain se positionne pour poser des questions, s'interroger sur le sens de cette aventure devenue de l'Humanité qui se résorbe dans un cul de basse-fosse.

Dans une dithyrambique malfaçon dont les apôtres confluent des miasmes sans respires, sans devenir, sinon ceux de l'insalubrité publique, un horizon où le néant fait son apparition, accompagné de ses héros, ces masques de linceuls couronnant le plus vaste fait d'arme du mensonge accouplé à l'ignorance, l'écologie politique, vertu de bacchanales en fêtes, de louanges serviles, de fraternelles bucoliques, revisitant le vivant pour l'ordonner dans le chaos originel, ce chaos mortifère et bestial qui en est la raison suprême.

Ordonnance permettant de conjoindre les pouvoirs et l'autorité sur des animaux devenus que seront les non-humains, lorsqu'ils n'auront plus ni raison ni imagination, lorsqu'ils seront ces objets conditionnés par une consommation de lampiste en génuflexion devant les temples de la pacotille, avides de sucer les mamelles de Mammon, comme des gorets le fumier des porcheries fumantes, avides, si avides qu'ils se complairont dans le masochisme le plus purulent, acceptant la domination de tout intrus, sous seule condition qu'il ou elle leur donne le droit de se complaire dans la miette qui leur sera délivrée.

Cette miette de pouvoir d'achat qui leur permettra de regarder quelques centaines des leurs en reptation, d'une obéissance absolue, vivre dans une opulence multipliée à l'infini, sans un regard pour la plèbe vivant dans la fange matérielle, intellectuelle et spirituelle, ces non-être devenus, larves qui seront pressées comme des citrons avant que de rejoindre les usines qui les verront équarrir et servir de repas aux faméliques esclaves qu'ils seront devenus.

Mais ce monde ne semble pas arriver, à la grande colère des maniaques de l'oppression, de ces incapables à vivre, de leurs servants et de leurs féaux qui ne comprennent pas pourquoi l'on se détourne d'eux, alors que le monde subliminal bien agencé est là pour convaincre, dire ce qu'il faut penser, dire ce qu'il faut faire, alors ils en rajoutent afin de faire accroire, avenant des convulsions, des convulsions factices qu'ils inventent et pour lesquelles ils répondent présent, en se prétendant guérisseurs des problèmes, dont hypocrisie souveraine, ne passe pas, de moins en moins, la Vie aurait-elle quelque ressort secret que voyant ses supports s'anéantir dans l'abêtissement, elle redresse la tête ?

Bien entendu, car dans l'équation de l'instauration de la mondialisation non consentie, il manque une seule chose, l'Humain, il a été oublié, il a été totalement oublié, à telle fin qu'aujourd'hui on le culpabilise avec des histoires à dormir debout, afin qu'il n'entrevoie dans l'absurdité de cette parabole qu'un seul destin, celui de sa disparition au profit des ours, des renards, des loups, pauvre Être Humain, culpabilisé, du matin au soir n'entendant que les promesses de la terreur qui s'invoque comme de la peur qui doit nucléariser tout débat, mais comment se fait-il qu'il pense encore,

C'est une absurdité, ne lui prépare-t-on pas un bel avenir, à l'image de l'empire Romain, des jeux, une acculturation précieuse lui permettant de ne pas réfléchir, une disparition par l'euthanasie, une non-vie glorieuse où n'auront droit de travailler et gagner cette miette précisée que celles et ceux qui entreront bien dans le cadre de l'anomie vivante, les autres ma foi disparaissant dans ces camps de concentration qui furent construits pour les dissidents ou pour les terroristes en puissance, magnifiques goulags et camps qu'il sera si facile de remettre en route pour liquider toute la vermine pensante,

Eh bien non, curieusement, se ressoudent les racines que bien des années de destruction n'ont permis d'entamer, se réfléchissent les pensées dans une communication que nul ne peut aujourd'hui contraindre, quelles que soient les lois liberticides de certains pays qui considèrent que la culture doit rester entre les mains d'institutionnels dévoués, un Peuple qui pense, quelle horreur, eh bien oui, il convient de s'en rendre compte, les Peuples pensent, les Êtres Humains pensent, et il ne sera pas si facile de les domestiquer dans ce mondialisme qui ne sera élu par personne, dans ce trône vide et affligeant tel qu'il existe actuellement dans cette « europe » qui se gargarise alors qu'elle n'a pas réuni 51 pour cent de voix pour légiférer.

Certes elle légifère, mais des lois qui demain n'auront aucune autorité, telles que les Lois de ce mondialisme qui, pire encore, ne gouverne avec aucune voix Humaine, sinon celles de ses prétendants, tigres de papiers, dont l'intelligence Humaine dès qu'elle aura retrouvé son aisance, se libérera, comme on se libère d'un fléau non consenti, ni admis, imposé par la force, un système ignorant l'Être Humain et donc la Vie, étant obligatoirement destiné à disparaître, même s'il s'impose.

Le communisme a duré soixante-seize ans, le national-socialisme beaucoup moins, et ce ne sera pas le mondialisme tel qu'il est aujourd'hui qui pourra se prévaloir d'une durée plus vaste sinon que par la contrainte, et alors les Peuples, naturellement, mêmes s'ils sont encadrés, se soulèveront d'eux-mêmes, ceci est une Loi de l'Histoire, avec un H majuscule, Humaine, comme actuellement ils se soulèvent naturellement dans le cadre de la légalité la plus intransigeante, celle de la Liberté de parole accordée par les Constitutions inamovibles.

Ainsi gardons toute confiance malgré la stérilité qui n'est qu'un trompe-l'œil en l'Humanité, elle représente la Vie et la Vie gagne toujours ses combats, sinon aucun Être Humain n'existerait à la surface de notre Terre, ce jour. Ce qui n'est pas le cas, bien au contraire, et plus les Êtres Humains seront nombreux, mieux cela sera, la Terre peut nourrir jusqu'à dix milliards d'habitants, sans aucun problème, contrairement à ce que disent les prêtres de la mort qui n'ont d'autres ambitions que de conserver leurs privilèges.

Il n'y a pas de problème énergétique, le nucléaire peut remplacer les déficits de ressources naturelles, il n'y a pas de problèmes de nourriture, les sols peuvent être cultivés dans l'ensemble des pays quels qu'ils soient, à la condition bien entendu qu'ils ne soient pas contraints par des organismes apatrides qui cherchent uniquement à les voir en jachère pour le profit de quelques nuées d'insectes qui bientôt taxeront la vie, il n'y a pas de problèmes de cultures, les cultures sont sous le linceul de l'acculturation, mais elles sont toujours vivantes et dans les départements et les régions nourrissent des Peuples entiers.

Il n'y a pas de problèmes de paupérisme, il n'y a que des solutions majeures qui sont celles de rendre à César ce qui appartient à César en chaque Pays et de permettre à chaque Pays de disposer de l'essentiel, l'Énergie, en l'occurrence le potentiel nucléaire civil, le reste n'est que contingence, arbitraire et dévoiement.

Ainsi confiance, confiance en l'Être Humain qui ne peut être manipulé indéfiniment, confiance dans les Peuples et leurs racines qui ne peuvent être enlisés indéfiniment, confiance dans les Nations qui sont les creusets de ce Monde, qui ne peuvent être flouées indéfiniment.

Le réveil viendra, dans la légalité absolue, la violence n'étant que le privilège du non-être, résorbant cette période où le sommet de l'arbitraire est atteint, qui à l'image de la courbe de Gauss, entame maintenant sa récession globale.

Espaces et rémanences

Partant du principe que nul ne connaît la vérité, que chacun d'entre nous n'est qu'un rayon dans la sphère et que seule la sphère est adéquation d'une vérité transcendée, on peut se poser à juste raison, la question de savoir si un combat quel qu'il soit ne peut demeurer que vain lorsqu'il se heurte à une dominante dont le statisme frise aujourd'hui l'inénarrable, un consentement virtuel certes mais confondant le réel.

Et au regard de cela, dans ce constat qui fait force de loi aux déclinaisons d'un seuil particulièrement métabolique, qu'est le seuil franchi par le mondialisme arasant toute valeur, on peut aussi se dire que finalement, compte tenu du statisme sidérant des Peuples, il ne participe pas à ce déclin nécessaire afin d'assurer la résurgence de l'Humain ?

Car en fait que représente le mondialisme aujourd'hui sinon une entreprise de nucléarisation des individus et une tentative de concaténation d'une humanité comprise en sa négation, et par ce fait martialement composé, et nous ne pouvons ici qu'être déférents par rapport aux artefacts déployés pour réguler sa détermination, conditionnement, propagande, asservissement, acculturation, viol généralisé des identités, déni démocratique en tout genre, collusion, coercition, etc, qui fondent aujourd'hui cette nature du statisme manichéen auquel on assiste, manichéen en ce sens qu'il porte en lui un degré de culpabilisation jamais atteint, voyant l'humain se prosterner devant ce qui n'est pas sa nature identifiée, la rejetant comme condition de survie dans ce monde de la virtualité.

Ce conditionnement amène à la restriction des libertés individuelles et publiques, passant de degrés en degrés vers une acceptation de l'asservissement qui trouve son paroxysme dans l'édification de législations particulièrement liberticides, des entreprises de délation absolument inimaginable, notamment dans le cadre d'internet tel que le site que vient de mettre en place notre propre gouvernement : http://internet-signalement.gouv.fr, — La Gestapo recevait des milliers de lettres anonymes qui ont fait condamner des milliers d'innocents, la libération a connu la même chose, et contre toute attente ce jour voit se prononcer la même locution, avec ce plus remarquable, que cette fois-ci on invite à la délation, à la dénonciation, à cette putridité existentielle qui est synonyme de la reptation.

Toutes forces naturant l'asservissement consenti et consentant, ne peut qu'accélérer les processus de dénaturation de la pensée s'obligeant d'ores et déjà à suivre le flux d'une pensée unique, médiocre par essence, élevée en statuaire de la "raison". Ce monde sous les auspices conquérants du Mondialisme en est arrivé ici au stade de cette servitude. Mais après tout, compte tenu de l'acceptation globale, motivée par les Politiques de l'absurde, de la connivence, de la reptation, de la féodalité, entraînant la liquéfaction des sociétés, des Identités, des Nations, ne peut-on dire finalement que cet arbitraire créé sa propre dissolution ?

Partant du principe que cette idéologie n'est participe que de quelques rayons dans la sphère, éliminant la Liberté, j'entends celle qui est empreinte du respect d'autrui, de sa pensée, de son déterminisme, de son action, nous pouvons discerner que cette idéologie ne peut survivre à sa propre virtualité, car façonnant un système fermé sur lui-même qui ne pourra se nourrir que de sa propre destruction, ses racines virtuelles ne pouvant féconder un quelconque devenir.

À telles fins que ce jour voit naître une confrontation qui sous le leurre de la passivité est celle de la résonance des Empires, confrontation qui n'a d'ailleurs jamais cessé, – il suffit de relire l'Historien Anglais Arnold Toynbee, qui fait partie des oubliés aujourd'hui — pour se rendre compte que la nature Humaine engendre en sa rémanence collective un essor qui ne peut jamais être détruit par une quelconque dictature, fut-elle imposée de force. Ces rémanences collectives trouvent leur objet dans la conquête économique, religieuse, politique, créant ainsi à travers notre Monde des espaces bio-géo-historiques, qui, même si le mondialisme souhaite leur disparition, ne peuvent être laminés par une quelconque expression de la virtualité.

Ces espaces sont les bases de ce qui créé la multipolarité et l'existence même de la réalité qui ne peut se détruire, sauf à penser que la destruction de l'Humanité soit l'objet d'un quelconque programme de la virtualité. Aux racines de ces espaces se situent les Nations qui en sont la pierre angulaire, et les Nations contrairement à toutes les apparences ne se diluent dans le mondialisme, elles percent sous la dominante des espaces précités, conjointes certes mais distinctes de par leur rémanence propre, qui ce jour voilé ressurgira sans difficulté lorsque le monde multipolaire en Asie se confrontera directement avec le mondialisme totalitaire.

Il y a là un atavisme génétique qui ne pouvait être qu'oublié par le Mondialisme basé sur la virtualité, car ne tenant pas compte de ce que sont l'Être Humain, les Ethnies, les Peuples, les Races, l'Humanité, les Régions, les Nations, et leurs sphères d'influence, les Internations. On n'impose pas à un Peuple, à une Internation, un diktat éternel. Un gouvernement mondial ne peut être imposé durablement.

Si, en tant que défenseur de l'Universalité, je conçois l'existence d'un gouvernement mondial, sans aucun problème, ce gouvernement ne peut être que conjoint en ses multipolarités bio-géo-historiques, en agrément, et non issu d'une unification indifférenciée des invariants de notre Monde, sans agrément. Le non-agrément est cause commune aujourd'hui dans nos espaces civilisateurs, personne ne peut le nier, sauf à se renier lui-même, renier sa rémanence formelle, sa tradition, son devenir, ses valeurs.

Occidental, nous restons occidentaux, malgré le voile qui couvre nos valeurs actuellement, et dans la démarche initiée de reconquête de l'espace qui nous est assurance d'Ordre et de Sécurité, en nos valeurs propres, nous ne pouvons que nous inscrire dans la détermination initiée par les défenseurs de cet espace.

À la dérive, la défense Européenne, aujourd'hui passe par l'OTAN que l'on ne peut renier d'un simple coup de plume, même si nous sommes contre certaines actions engagées au profit d'exigences économiques. Ici même se situe le déterminisme des espaces, le nôtre en étant un parmi les autres, créant ainsi une polarité par la multipolarité existante. Le Mondialisme autoritaire ici ne trouve plus sa place, chacun le comprendra, et ainsi faut-il comprendre que ce Mondialisme, qui n'est qu'un rayon dans le cercle, tant qu'il restera sur ses assises fermées, ne parviendra pas à opérer globalement son asservissement.

Ainsi toute critique à son égard ne relève-t-elle pas du vain combat que l'on voudrait faire accroire dans la dissonance dissolvante de l'égarement intellectuel dans lequel il se complaît. Le Mondialisme, dont il faut remercier ici la création de structures formelles, devra muer obligatoirement s'il ne veut pas disparaître. Et lorsqu'on regarde avec discernement, il ne peut prendre que les chemins de l'Universalité s'il veut perdurer. Ainsi serait-il temps de voir renaître en son sein une sagesse oubliée, qui est celle de voir assurer l'Ordre et la Sécurité dans ce Monde au profit des plus humbles afin d'enrichir ce monde d'une harmonie qui ce jour est au tombeau des vanités.

Statisme total

Le phénomène de masse auquel nous assistons, une inertie majeure des populations face à leur esclavage programmé, est lié à des causes conjointes.

À la mesure de ce phénomène on trouve le syndrome de la culpabilisation, que l'on peut matérialiser par une matrice, qui se décline en fonction des appartenances bio-géo-historiques des individus, toujours en fonction de leurs racines, à commencer par la plus élémentaire : la famille, puis la commune, la région, la Nation, l'Internation, savoir l'individu, le clan, l'ethnie, le peuple, la race, avant de terminer par une contamination généralisée touchant l'Humanité entière, en ses croyances, ses idéaux, qui doivent être broyés au profit d'une létalité intellectuelle sans précédent qui permettra la mise en œuvre d'une dictature globale.

Revenons pas à pas sur ces différents critères. Première carence, l'individu qui doit être acheminé vers un état de non-appropriation mentale, spirituelle, intellectuelle et physique, par une non-identification progressive l'avenant à l'accroire permanent, par mise en œuvre d'une substitution de ses valeurs aux valeurs matricielles permettant l'arasement total de sa personnalité identitaire. Ne se reconnaissant plus dans son identité, l'individu par mimétisme prend l'identité du cœur matriciel, consentant car rassuré il retrouve là les coordonnées affectives de la mère universelle.

Le premier pilier à détruire pour initier ce non-être touche à la famille, pilier naturel de la civilisation, par nucléarisation de ses souches, le père, la mère, n'ayant plus aucune consistance qu'elle soit directrice, par élévation, qu'elle soit morale par socialisation. Ici nulle mesure à la destruction, par aliénation matérielle, acculturation intellectuelle, désensibilisation spirituelle, enfin culpabilisation systémique développant à l'encouragement mimétique du sabordage de ce pilier, et maître mot de cette exacerbation, déperdition globale des fondamentaux de la Vie, par acceptation de l'avortement et de l'euthanasie complémentaires.

Cette détermination destructrice est conjointe au niveau du clan par accentuation des discordances générationnelles attisant non plus l'admiration, mais la haine, une haine farouche des uns et des autres, substituant à la tradition, une anomie paroxystique développant une violence canalisée par la trivialité et ses opérandes, la création de sous langages amorphes, la naissance d'une sous-culture, ramenant le clan à l'image de meutes sans foi ni lois dont les correspondances engendrent la délinquance comme la criminalité les plus opérante, encouragées par une justice d'agrément, et une législation permissive.

L'ethnie en ce sens se retrouve confrontée non plus à un lien social, mais à un lien dissolu dont les composantes attisent l'individualisme forcené, un esprit multiplié de castes initiant, paradoxalement une élite composite, politique, culturelle, spirituelle, dont les valeurs sont exégèses du lieu, la région et son discernement, rattachement aux racines qui ne se confluent mais s'isolent, objet du mépris de l'acculturation comme de l'intelligentsia portant les valeurs de la destruction, parasites sans envergure portés par cette majorité devenue de non-être qui se régissent dans le clinquant, la verroterie et la parade.

Lorsqu'on arrive à la Nation, le verbe ici se justifie de tout ce qui se prévaut du néant, surtout si on s'intéresse globalement à l'éducation normative, à la culture comportementale, et ses bâtis, qui sont la cendre de toute culture qui se respecte. Salmigondis de théorisations à l'emporte-pièce de sous cultures anémiées, renforcée par la pénétration phagocyte d'acculturations hybrides, parfaitement constituées par une législation liberticide, la pensée ici n'a plus qu'une existence sans devenir, sinon celle du clinquant précité, de cette médiocrité latente qui se renforce dans sa dévotion, par mimétisme et corrélation adventice. Ici le firmament de la dissolution atteint son apogée, il n'y a plus rien sinon qu'une acculturation bornée, transhumance d'un matérialisme échevelé dont les épures paraissent, avant que d'être, reprises en faste par une propagande houleuse permettant l'asservissement par l'avilissement et ses contritions coordonnées qui sont saillies du viol psychique des Peuples, un viol majeur qui laisse à la place des sommets intellectuels et spirituels, place donc à cette forme de l'informe qui semble vouloir régir le destin des non-être acculturés et dévots que l'on ne peut plus comparer à un Peuple, mais à une matière indéfinie se lovant dans une matérialisation stupide pour espérer tout simplement ressembler à quelque chose.

L'Internation en ces prismes est conjonction, pré matrice d'un ensemble déraciné s'agglutinant dans une porcherie drainée par la pensée unique et commune née du charnier des Nations en décomposition, figure du vide entretenu par le viol systématique des esprits, issu d'une propagande délétère, opiacée de l'abîme en lequel affluent, sous la poussée meurtrière légalisée pour les Identités, des masses exogènes à qui l'on ne laisse d'autre opportunité que d'être phagocytes, entrisme adulé par les ténors de la destruction qui, apatrides par essence, sont les soldats grotesques initiés en maîtres à penser, qui pleurent lorsqu'un coup de feu éclate, comme cet illustre "philosophe" de la destruction qui dans les Balkans appelait sa mère et qui, porté par le moratoire matriciel de la destruction, s'impose en maître chanteur de la pensée.

Au niveau de notre petit monde, l'intelligence diminuant comme le carré de l'échantillon, vous comprendrez qu'il n'y a peu à espérer, les "pseudos" clivages existentielles, géopolitiques, manipulés et manipulateurs, permettant ce jour de voir avec quelle aisance on peut manipuler sans vergogne des êtres devenus non Humains, sans demeures, sans racines, sans histoires, désormais confinés dans ce vide absolu de la mémoire, éradiquée de l'intelligence, qui permet de faire le constat d'un statisme sans précédent dans l'Histoire Humaine.

Face à cette érosion de la pensée Humaine en ses diversités, me direz-vous, il n'y a plus rien à faire, et vous avez raison, il n'y a rien à faire, sinon que de veiller imperturbablement. La gangrène sociétale est arrivée à un stade tel, qu'il n'est pas nécessaire de combattre pour elle, la faillite de l'intelligence des Peuples en soumission, masochistes benêts de toutes les trivialités, jusqu'à cette taxe carbone inventée par ces illuminés de la mort que sont les écologistes politiques, payés par les multinationales qu'ils agressent, que sont ces faux scientifiques qui sont les rouages de ce mondialisme larvaire, aidant en cela à la culpabilisation des Êtres Humains, permettant la déstructuration du vivant au profit d'un eugénisme choyé et divinisé par l'intelligentsia de la dénaturation la plus exacerbée.

Et s'il fallait ici se porter en faux contre cette description, il faudra nous expliquer comment dans les prémisses de cette crise forgée de toutes pièces, il se fait que le monde politique en premier ressort ne légifère pas pour drainer cette folie dominante qui entache le monde financier comme jamais cela ne s'est encore produit, obéissant en cela à un ordre contre nature qui est celui du matérialisme le plus putride ? Et il faudra aussi nous expliquer pourquoi des Peuples entiers se soumettent sans protester, devant le fléau d'une dette qui n'était pas nécessaire, les prêts aux banques étant un leurre pour préserver leur ambition dévorante de pouvoir qu'elles peuvent, du moins le croient-elles, mettre en œuvre par l'appauvrissement généralisé des Êtres Humains, la mise en route d'un servage forcené par la création d'un chômage pandémique, dû à la spéculation acharnée qu'elles remettent à niveau ce dernier mois avec une vigueur qui pourrait sembler anormale, mais qui est tout à fait logique au regard de cette "éco" taxe infligée sur le seul droit de vivre, qui n'a d'autre ambition que de laminer ce droit par toutes Nations, afin de créer un paupérisme morbide qui sera le socle du mondialisme conquérant, comme le fut le communisme sur les cendres des Ukrainiens destinés à la mort lente par mise en œuvre d'une famine endémique !

Les prêtres de Thanatos sont à l'œuvre, soyez en certains. Rien ne sera fait pour contrarier leur appétit de menteurs, d'hypocrites, de féaux de la duperie, de tueurs nés de l'intelligence Humaine, car l'intelligence disparaît actuellement à une vitesse vertigineuse.

Devant ce constat il est urgent de ne rien faire, car il n'y pas lieu de combattre contre un train sans guide qui inévitablement va s'écraser contre le mur de la réalité, cette réalité suprême qui force à l'étonnement, qui peut se résumer finalement par le fait que le statisme existant deviendra de lui-même le levier qui balaiera le fumier dans lequel s'engloutit l'Humanité en ses diversités car, rappelons-nous que c'est sur le fumier que naissent les plus belles roses, alors on a envie de dire aux prédateurs en tout genre, aux mystiques de la mort et aux embaumeurs de la vie, ces déracinés de la vie, ces écologistes politiques aux ordres d'une partie de la finance devenue folle, continuez, accélérez même le processus, allez beaucoup plus vite que vous n'allez actuellement, faites en sorte que vous resplendissiez du déshonneur d'avoir sabordé l'Humanité en ses diversités, et lorsqu'enfin vous apparaîtrez sans vous cacher derrière les lambris de vos simulacres de réunions gardées par vos chiens de guerre, lorsqu'en plein jour le réel vous apparaîtra, vous verrez que ce que vous souhaitiez n'est pas là.

Cette pandémie de la souffrance acceptée par les Peuples à vos bottes, il n'y aura personne pour vous aider à vous contempler, encore moins pour vous écouter, le statisme total sera la réaction naturelle qui fera s'écrouler votre édifice bâti sur le servage, car la Vie n'est pas servage, elle est construction et non destruction.

Et de ce statisme naîtront d'autres ornements qui ne se préoccuperont de votre létalité caractérisée, n'en doutez un seul instant, car si vous savez réduire l'intelligence des masses, et là rien que de très facile, vous ne pourrez jamais réduire l'intelligence des individus, et face aux masses les individus construiront, en laissant vos ruines se disperser sans jamais s'en inquiéter, car modèles par excellence de la destruction, ce que l'Histoire avec un H majuscule reconnaîtra comme la tentative de génocide envers l'Humanité la plus effrayante qu'aient pu concevoir des non-humains au regard des Êtres Humains.

Le combattant de la Voie

Il n'y a lieu de s'interroger du devenir de ses actions pour le combattant de la Voie, il n'y a amertume à n'être rien dans le décor de la matérialité qui se réjouit, il n'y a désir de se voir applaudi, d'attendre une quelconque reconnaissance, car la Voie de l'esprit n'est pas ce chemin de la facilité auxquels succombent bien des égarés qui ne voient que renommée, la Voie de l'esprit est volition n'attendant des fruits de ses expressions, sinon le seul fruit qui s'instaure naturellement, l'éveil de la perception chez autrui, cette perception du réel autrement plus magnifique que la virtualité comme l'illusion qui sont les maîtres à penser de nos contemporains, éblouis par la vanité et ses décors de verroterie.

La création n'est pas composition mais sacerdoce, elle n'accueille en son sein le "je" mais le "nous", et en cela réduit ses vecteurs qui pour la plupart rejoignent la stérilité des opiacées dominantes dans ce monde pétri de matérialisme.

Ainsi à celles et ceux qui veulent chevaucher le tigre, vaincre le dragon, qu'ils ne cherchent chemin dans le Souffle de la Vie, s'ils veulent voir briller leur "je", dans les impérities de la vacuité et l'ordinaire samsa, ici, en ce lieu il n'y a de place pour les lâches et les reptiles, les fourbes et les hypocrites, il n'y a de place pour l'atrophie et la mutilation des esprits, il n'y a de place que pour celles et ceux qui ont pour but la connaissance, qui sont tout à la fois l'arc et la flèche, et qui armés de cette force enseignent afin de tétaniser l'ignorance et la voir refluer sur son chemin de poussière.

Sacerdoce ce chemin l'est plus que d'autres, car il est Voie du silence de soi comme oubli de soi, il est don et ne

217

s'ordonne ni ne se conjugue, il est au-delà de la somme des parties, catharsis du réel, et son témoignage ne peut que remplir de peur celle où celui qui recherche prébende, gloire, notoriété. Il n'y a rien ici de tout cela, il n'y a qu'action pure, ne recherchant ni prestige, ni glorification, une action qui n'a besoin de s'autoriser pour illuminer, une action ne recherchant ni profit, ni congratulation, son autorité naturelle se suffisant à elle-même.

Pierre angulaire de cette action, on l'aura compris se tient ici le don, non pas l'aumône, mais le don total de son énergie à la destination de la Voie qui veut l'élévation et non la reptation, qui veut l'ascension et non la dégénérescence de la Vie. Ainsi se révèle le combattant de la Voie, chevalier des temps, samouraï inscrivant sur la page vierge le devenir, perception et préhension, concaténation et navigation, non par vanité mais pour éveiller, éveiller seulement, permettre à l'Être Humain de sortir des ornières de la Voie inversée, cette mythologie de la décadence qui le précipite vers le néant, aréopage du burlesque, du mensonge, de l'ignorance, servi par des pseudos philosophes, des pseudos scientifiques, des pseudos artistes dédiés à l'illuminisme, dévot de Thanatos.

Ainsi le combattant de la Voie, Vajra de la Tradition, qui se tient debout dans ce monde couché afin d'en signifier le sens et en obérer les miasmes pour restituer à la Voie sa densité et son ascension. En conscience il n'est atteint du samsa et de ses perversions, imperméable aux sinueuses imperfections, insensible aux reptations, debout sous la pluie, sous l'orage, sous le feu solaire, sous la violence des vents, sous les astreintes des terres, sous les cris de haine ou d'adulation, imperturbable il fixe l'horizon du devenir Vivant et participe à son équilibre dans le sens de la Voie Ouranienne et Solaire, et dans l'Ordre de l'égrégore qui est parturition des mondes, initie cette Voie vouée à l'élévation Humaine par toutes faces de la Vie.

Qu'ici l'impétrant se pose la question de sa participation, cette question est déjà errance, car il n'est de lieu, de temps, dans l'accomplissement et il n'est nécessaire de se connaître où de se réunir pour accomplir, la Voie de l'Esprit se suffisant pour se coordonner et évoluer. Liberté ici est force maîtresse, et cela n'est un hasard mais une pure nécessité, ainsi s'il arrive qu'une branche fût coupée, rien de l'action engendrée par cette disparition ne grève l'action elle-même, ses ramifications s'étendant à l'infini, inidentifiables, car parties de l'ensemble des systèmes existants, inexistants car agissant dans la solitude même qui sied aux Vajra, impénétrables, car transcendance d'une identité Humaine et non d'un ensemble d'Êtres Humains. Ainsi dans la multiplicité des temps se meut le combattant de la Voie.

Le syndrome de Copenhague

L'affabulation, le mensonge, la tromperie, la duperie, la forfaiture, sont les piliers de nos civilisations. Le simple bon sens permet de mettre en évidence le souci manipulateur qui les prédestine : soit l'appât du gain, soit l'appât du pouvoir, et lorsque se rejoignent ces deux tendances, nous nous trouvons alors dans le fléau de l'aberration, tel celui qui inonde notre planète de ses scories que l'on nomme l'"écologie politique".

In fine sur quoi se base cette fumeuse théorie du "réchauffement planétaire", son fer de lance ? Sur le produit du mensonge allié à la bêtise, décuplée par l'ignorance, sevré par cet appât tant du gain que du pouvoir précité. Il n'y a pas un scientifique sérieux pour cautionner la thèse d'un réchauffement climatique dû à l'activité humaine, les analyses scientifiques sérieuses contredisent en tout point les données manipulées par de pseudos scientifiques aux ordres de l'ONU, qui elle-même n'est que vassale de donneurs d'ordre qui n'auront de cesse de s'instituer gouvernance mondiale. Au même titre que le football, cette nouvelle religion, basée sur le trucage et l'argent, participe à la tentative d'un rassemblement des populations sur un thème commun qui doit porter au pouvoir le mondialisme en marche.

Ne nous leurrons pas, ses exécutants de basses œuvres, succédanés de rouages grassement payés, que l'on voit s'agiter fébrilement à Copenhague, disparaîtront lorsqu'ils auront bien servi leurs maîtres, car ne vous y fiez, ce millénarisme de pacotille, trompe-l'œil majeur, ne peut que faire rire les impétrants au pouvoir mondial, et en cela ils ont bien raison. La stupidité des individus et des Peuples au regard de ce phénomène accentué par les dérives médiatiques aux ordres est participe de cette dérision.

Il n'y a de jour, d'heure, de minute, de seconde sans que la propagande ne cesse, qui par les ondes, qui par l'image, sur ce sujet hautement distinctif de la culpabilisation ordonnée, et tout un chacun de gémir, et tout un chacun de pleurer, et tout un chacun en génuflexion devant cette nouvelle religion institutionnalisée. Au regard de cette contrition, nous pouvons discerner que les lendemains ne chanteront pas : nous allons nous trouver en face d'un monde à deux vitesses, un monde technico bâtisseur, et un monde d'esclaves statiques, en involution.

Car n'en déplaise aux bestiaires de l'ours et du loup, les progrès scientifiques ne s'arrêteront pas pour leur plaisir, et notamment dans les domaines de l'énergie, qui verront se manifester à moyen terme dans des applications civiles des porteurs gravitationnels, ainsi que des centrales gravitationnelles qui réduiront à leur plus simple expression les "centrales éoliennes", cette pollution visuelle, dont le seuil de rendement est nul, les centrales "solaires" dont le rendement ne peut satisfaire aux demandes énergétiques tant de l'industrie que des agglomérations urbaines, les centrales au "gaz" et au "charbon" qui ressembleront à des objets de musée.

Ce monde à deux vitesses qu'il aurait été possible d'atténuer dans le cadre du respect inconditionnel de la Vie Humaine déclarée ici coupable par l'acharnement de l'incapacité à vivre, cette atrophie mentale tirant ses participes de la pandémie du sida mental en laquelle nous baignons, n'aura de cesse de prendre une ampleur sans précédent dans les décennies à venir, et nous pouvons penser fort justement que le malthusianisme des corps s'il n'a réussi, réussira fort opportunément dans le cadre des esprits, réduisant ainsi la majorité de nos concitoyens à cet état d'inconscience larvaire, accentué par la propagande médiatique, leur permettant d'accepter un servage indifférencié dont les prémisses se configurent actuellement dans le cadre de cette "religion" de l'autodestruction.

En face de cette autodérision se tiendront les faces actives et réservées de la science et du pouvoir, alliés irréductiblement au profit de castes monopolistiques qui feront le devenir des souches larvaires précitées qui leur seront dévouées, politiciens de tous ordres chargés de cette non-humanité acculturée et demeurée, que l'on nous prépare activement, sans que la moindre révolte ne saille des acteurs de ce génocide intellectuel auquel nous assistons.

Face à ce fléau, il convient de rester éveillé et ne pas perdre son esprit critique, œuvrer par contre-pouvoir au rétablissement de la vérité sur l'ordre naturel qui a existé, existe, et existera par-devers les "philosophies" chtoniennes qui veulent enliser le réel dans la virtualité, confondre le mensonge et la duplicité en invitant les scientifiques et notamment les climatologues à parler de leur domaine sans peur de voir couper leurs subsides par un pouvoir politique ignorant qui voit avec aubaine se dessiner les taxes carbone qui vont servir à renflouer ses caisses vides.

Le terrain ne doit pas être abandonné aux humanicides en tout genre qui veulent spolier l'Humanité de son devenir qui n'est pas de se voir rongée par ce ver infect de la culpabilité, mais bien au contraire s'élever vers sa condition bien naturelle qui est celle de la conquête et de sa densité géographique, et de son espace. Le courage des scientifiques, et ils sont nombreux à s'être exprimés est de s'unir contre cette gabegie de l'intelligence et renverser ce monopole "institutionnalisée" de l'organisme privilégié de l'ONU qui contrefait la réalité pour satisfaire à la voie inversée empruntée par ses tribuns et doctrinaires.

Le récent piratage de quelques archives de cet organisme, que chacun a pu lire sur Internet laisse pantois quant à la rectitude "scientifique" qu'il déploie ! Au regard de cette errance qui veut dicter le devenir, il est temps de créer une contre-organisation permettant de restituer au réel ses fondements et non son endoctrinement. La voie d'internet semble la plus appropriée dans un premier temps, et j'engage ici tout scientifique sincère a y faire acte de volition pour écraser l'infamie et la duplicité chronique.

Erreur magistrale

Erreur magistrale que celle commise par le président des États-Unis ! Erreur monumentale à inscrire au tableau de la régression de l'Humanité. Les programmes de la NASA sont stoppés au motif de cette pseudo-crise économique qui ravage ce petit monde. Il n'y a de crise que là où on veut bien la voir. À telle fin que les budgets militaires sont aujourd'hui multipliés pour livrer des guerres aveugles, au détriment de ce qui représente l'avenir de l'Humanité, la conquête spatiale !

Comment peut-on ignorer ce développement naturel de l'humain ? C'est faire fi des lois naturelles ou bien initier la désintégration de l'humain au motif inventé de cette "crise" qui n'est vécue que par le fait d'un sous-système économique contre nature qui préserve sa paresse sous des intérêts virtuels qui desservent l'avenir de l'Humanité. Que chaque Etat reprenne son droit naturel à battre monnaie, et cette hérésie disparaîtra comme feu de paille ! Et alors, le destin de l'Humanité ne sera plus contrarié par les dévots de l'argent qui vivent de l'usure et du sang des Peuples !

Il suffit de l'outrance ! Il suffit de cet esclavagisme à la parure du factice, et qu'un Président des États-Unis baissent les bras sur le destin Humain pour le remiser à l'encan, au motif de cette flétrissure de la dignité Humaine, cela est invraisemblable. Le politique ne doit pas être soumis à l'économique ! Nous avons là, la mesure de la vassalité qui grée notre monde, et cela ne peut plus durer ! Qu'y a-t-il de plus important : assurer la conquête spatiale qui déterminera le destin de l'Humanité où engraisser par des intérêts indus toute une ribambelle de parasites au nombre fini qui ne se réjouissent que par le spectacle du servage des êtres Humains et de leurs États ?

C'est la question qui se pose aujourd'hui, et je n'ai qu'un souhait d'y voir répondre les hommes politiques qui se respectent ! Fort heureusement toutes les Nations n'ont pas baissé les bras, la Russie et la Chine poursuivent leur programme Spatial ! La pseudo-crise existe aussi dans ces deux pays, alors, on peut se poser la question de ce que sous-tend la démission de leur programme spatial par les États-Unis. La Chine les finance, on pourrait penser que ce financement a une contrepartie. Si cette suggestion se révélait exacte, cela serait consternant, mais on a tellement vu de choses délirantes ces derniers temps !

Il conviendrait pour les représentants des États-Unis de circonvenir à cette décision, qui remet en cause le développement même de leur Nation, et non seulement leur seul développement, pour un bénéfice immédiat qui, dans le système économique actuel, se révélera une goutte d'eau dans le gouffre de l'endettement actualisé. S'il n'y a pas d'autres issues, ce que je ne pense absolument pas, le développement du programme spatial peut s'envisager de manière différente, en coopération globale entre les différents pays qui y ont commis des avancées remarquables.
De là à tout stopper, cela relève, je le redis de l'invraisemblable, et plus que cela d'une démission qui doit être contrariée par un vote massif des représentants du Peuple Américain contre ladite démission.

Science-fiction

La réalité parfois dépasse la fiction. Imaginez-vous sur un autre monde où coexistent dix Races, vivant dans deux cents Pays constitués biologiquement-historiquement-géographiquement.

Imaginez que chacun de ces pays ait un gouvernement constitué dûment mandaté par leur Peuple. Imaginez-vous que ce petit monde vive naturellement sans les contraintes de guerres locales ou mondiales. Imaginez que certains de ces Pays se réunissent dans des organismes internationaux pour s'entraider les uns les autres, jusque-là aucun problème, tout va pour le mieux. Maintenant imaginez que naisse dans un esprit malade et atrophié l'idée suprême de régner sur tous ces Pays libres et indépendants qui vivent en harmonie. Comment ferait-il pour y parvenir ?

Tout simplement en créant un conseil invisible qui n'aurait de cesse de recruter les tenants des gouvernances, en leur faisant miroiter des lendemains qui chantent uniquement pour leur petite personne, et pour ceux qui ne le veulent pas en leur faisant commettre des crimes de sang au nom d'une pseudo-initiation inexistante, et pour d'autres en leur faisant commettre des crimes économiques, ce qui permettrait de tenir chacun dans son avilissement et sa décrépitude.

À partir de là, tout devient possible pour ce conseil invisible, lui-même tenu par des intérêts qui peuvent être économiques, financiers, et peut être bien plus, exogènes à cette petite planète.

Dès lors tout s'enchaînera dans un tourbillon que rien ne semble devoir arrêter. Dans un premier temps on diligente des guerres pour détruire la matrice intellectuelle des Nations, ensuite on acculture et soumet les Peuples par un viol dantesque de leur capital biologique, on les affame en prenant en main les économies, on les détruit en détruisant leurs armées, puis on s'invente des "ennemis des Peuples", le terrorisme pour mieux intervenir militairement en tous Pays, pour mieux instaurer un régime policier carcéral.

Alors, tenant les gouvernances par leurs vices, on décrète petit à petit des communautés de Peuples sans leur demander leur avis, on les jugule par un enchaînement de lois liberticides qui ne leur permettent plus de s'exprimer, on supplante les pouvoirs "politiques" par des pouvoirs qui ne disent pas leur nom et entraînent irréversiblement par la propagande la plus dithyrambique qui soit, les habitants de cette petite planète à accroire, à justifier l'ignorance, à se confondre dans la reptation, dans la culpabilisation, culpabilisation dont ils quémandent la fréquence, tant ils sont soumis à la dictature d'une pensée unique.

Dès lors, ils sont prêts alors à succomber, on leur invente de nouvelles sources de culpabilisation pour qu'ils tombent comme des fruits mûrs, de pseudos sciences, écologie, psychologie, astrophysique et anthropologie, qui n'ont d'autres buts que de les égarer quant à leur origine comme leur devenir, ils sont prêts, et acceptants et demandant, les voilà désormais comme se reconnaissant sans origine, sans lendemain, esclaves bruts permettant désormais d'inscrire une dictature mondiale sur le cadavre de leur intelligence.

Dictature qui ne s'avance pas sans l'économie de la destruction totale de tout ce qui peut lui nuire, en déléguant à des armées noires l'assassinat de celles et de ceux qui ne se convertissent, en préparant les camps de concentration qui permettront de faire disparaître toute opposition, en instaurant des lois d'exception acceptées au nom d'un pseudo-terrorisme, liquidation individuelle et massive, opérandes de ce conseil invisible qui désormais peut se dévoiler au grand jour après avoir semé la terreur, se présenter en sauveur, comme virginité de la seule composante politique possible pour les habitants de ce monde violés dans leur intégrité psychique, intellectuelle, physique, spirituelle, qui ne sont plus rien désormais, qui n'ont plus racines, ni histoire, ni même un lendemain pour s'épanouir, la concentration des moyens économiques étant réalisée par ce conseil désormais gouvernance de ce monde.

Impitoyable, n'ayant d'autres buts que l'asservissement pour ses petits besoins personnels, s'autorisant le meurtre de populations entières, par l'avortement, l'euthanasie, la vaccination létale, s'autorisant l'horreur par le sacrifice des Êtres de cette planète, et notamment des enfants, la vente de leurs organes, encourageant la bestialité la plus répugnante pour mieux asservir cette fange devenue des habitants de cette planète, désormais circonscrite au bon vouloir de l'atrophie régnante.

Dictature de fer au profit de qui, de quoi, de quelle ingérence étrangère, de quelle face exogène, de quelle mutation infecte ?

Mais bien entendu tout cela n'est que science-fiction, notre petite Terre ne connaît et ne connaîtra jamais cette descente aux enfers. Mais que me dit-on ? Il y a des réunions de conseils pour que les Pays abandonnent leur souveraineté Nationale, qui vont se tenir en Irlande et en Espagne, au profit d'une gouvernance mondiale ?

Cela évidemment n'a rien à voir avec ce qui est décrit ci-dessus, bien que... Mais non, bien entendu, cela n'est que fantasme d'une "conspiration" ou d'un "complot". Mais... Ici il n'y a pas de conspiration ni complot, il y a des faits et des actes, tiens, tiens, il serait peut-être bon de s'y intéresser avant que la science-fiction ne devienne réalité ? N'est-ce pas ?

L'Humanité

L'Humanité est composite de ses multiples Identités, c'est ce qui fait sa grandeur. Démultipliées ces Identités façonnent l'avenir, engagent le devenir dans le sens d'une évolution formelle et sans limite. De la diversité des Races, des Peuples, des Ethnies, naît le principe de la viduité, de son élan imprescriptible, de son autorité souveraine. L'Humanité en ce regard est champ de floralies aux compositions infinies.

Ainsi lorsqu'on entend parler de mondialisme, on s'immerge dans un cauchemar, les tenants de ce mondialisme s'efforçant à la disparition comme à la désintégration de toute la symphonie Humaine, pour jouer une cacophonie sans nom, au nom de l'aberration intellectuelle à laquelle ils sont soumis : l'atrophie de la personnalité Humaine au nom de l'hypertrophie matérialiste, une hypertrophie nauséeuse dont la crise que nous connaissons aujourd'hui n'est qu'un pâle reflet, car touchant tout ce qui fait partie de l'héritage Humain, à commencer par ses Cultures.

Il n'y a ici plus aucune lisibilité Humaine, mais un carcan monstrueux niant l'Être Humain qui doit devenir non-être en reptation devant la médiocrité, cette médiocrité qui parade devant la destruction qu'elle commet, jouant les apprentis sorciers avec le sang des Peuples, conjuguant la terreur et la peur pour affaiblir les consciences, avilir l'Être Humain. Ici se situe le dénie de la Vie, l'involution totale au nom de principes édictés par la folie de l'apparence, un monde inique basé sur la reptilienne arrogance de ses mentors, adventices du pourrissement intellectuel, nés de la bassesse avec Freud, nés du mensonge avec Darwin, nés du pillage avec Einstein, pseudos sciences du néant avançant vers le néant, adventices de la perversion la plus ignoble, celle du sur moi purement matérialiste conjuguant l'abstraction et la destruction de tout ce qui n'est pas lui, corporatisme douteux aux dents carnassières qui s'imagine "élite" alors qu'il n'est que nanisme de la réalité Humaine.

Cette dénature ce jour persifle, impose, détermine, avec cette morgue consternante qui l'institut, cette croyance, combien ridicule, de détenir la vérité suprême et par là même d'être le lieu de cette vérité suprême. Mystification qui enfin apparaît au grand jour après des décennies obscures de "réflexions" "intellectuelles" dans des loges devenues insipides, dans des sociétés de "pensées" devenues inhumaines, dans des "cénacles" devenus des mouroirs pour l'Humain, viviers de féaux en tout genre corruptibles à souhait par l'argent, le sexe, le meurtre, qui aujourd'hui s'empressent de complaire à leurs maîtres.

Pauvres non-humains qui s'imaginent "initiés" alors qu'ils rentrent dans l'obscurité larvaire de la décomposition la plus totale ! Pantins publics et anonymes qui complaisent au sordide pour apaiser leur soif de fortune, de sexe, où pire encore de meurtre rituel, qui sont tenus en laisse et qui accomplissent ce dessein ridicule de voir disparaître l'Humanité au profit d'une non-humanité, de voir disparaître l'Être Humain au profit du non-être, de voir disparaître les Nations au profit d'une tour de Babel vouée à la destruction.

Ce jour se tient le lieu de leur dominance apatride qui n'a ni passé, ni présent, ni avenir, qui se veut gouvernance en la perversion de cette perversion. Et de ce cloaque nous viennent jusqu'en nos Nations les porteurs présentés comme des modèles à des foules aveugles, qui ne le seront plus longtemps tant affligeant leur motif se révèle journellement au public, des porteurs de morale qui affament les Peuples au nom du veau d'or devant lequel ils se prosternent, moralisateurs de dupe pour les dupes, escrocs intellectuels qui bâtissent la décrépitude et organisent le larbinage, voies de précipices qui voient les acquis sociaux disparaître, l'Histoire ensevelie par le mensonge, la médiocrité régner, la bêtise s'immortaliser sous le vent de flux migratoires confinant au viol des Peuples afin qu'ils disparaissent, au nom de leur étrange perversion, celle de l'apatride qui s'autocouronne et voudrait voir chacune et chacun s'immoler dans un métissage acculturé et négatif de tout ce qui est Humain pour mieux régner sur un seul troupeau d'esclave.

Voilà ce que nous apportent ces féaux du mondialisme, la disparition de l'Être Humain en ses variétés, pour donner naissance à ce golem ridicule acclamant son esclavage forcené, n'ayant d'autre avenir que celui du service de nantis, belle "élite" en vérité qui se nourrit comme les vampires du sang, de la sueur et des larmes des Humains, kapos de ce camp de concentration mondial qu'ils cherchent à créer, et réussiront à créer si les Êtres Humains ne se réveillent pas de la léthargie provoquée qui les défait de leur vitalité existentielle.

Après les camps communistes, les camps nationaux socialistes, le camp mondialiste où les troupeaux devront bêler ensemble, une porcherie nouvelle à voir où l'on détruira à souhait, sous le regard des troupes d'assauts payées par le mondialisme, prêtes à tuer dans l'œuf toute contestation.

Voici le devenir contre lequel tout un chacun doit résister afin de faire naître l'avenir, un avenir où chacun en sa réalité sera reconnu et respecté, en son identité, sa Race, son Peuple, son Ethnie, frère et sœur d'une Humanité debout et non couchée, en son existant, sa commune, son département, sa Nation, son Internation, frère et sœur de ce Monde délivré de ses chaînes par la Liberté, un Monde de sécurité et d'ordre, nettoyé de ses parasites, relevant le défi de la Vie, la conquête de l'espace et de ses milliards d'étoiles, où la Vie sera respectée et multipliée, un Monde majeur où l'Être Humain sera équilibre en ses actions comme en son rayonnement, et non plus soumis à l'atrophie et ses exactions.

Il n'y a ici mesure de rêve mais bien ordonnance du réel, par reprise en main globale du système, aujourd'hui enrayé par la bestialité, reconquête de chaque bastion conquis par le mondialisme et ses féaux, à commencer par les Institutions Internationales, Onu, Fmi, Oms, etc, les organisations inclusives, telle que l'"europe", les organisations Départementales, Régionales, Nationales, dans tous les domaines de l'activité Humaine, qu'elle soit ouverte où discrète.

Face à l'adversité il convient de créer le contre-pouvoir officiant, en chaque Pays de notre Monde, car aujourd'hui nous n'en sommes plus au stade de la défense d'une Nation, mais bien de l'ensemble des Nations, de la défense d'un Peuple, mais bien de l'ensemble des Peuples, et il convient à l'image d'internet où se combattent les idéologies, de mettre en œuvre ce mouvement universel qui balaiera le carcan du mondialisme.

Maintenant les Peuples auront-ils le courage de cette résistance ? Toute la question est là. Si l'on observe l'acceptation de la Grèce à sa mise en esclavage, au motif principal du renflouement des banques Françaises et Allemandes, on peut douter de la capacité des Peuples à s'insurger contre leurs bourreaux. La situation économique totalement manipulée par les prétentions des organes moteurs du mondialisme, l'acculturation totale où quasiment totale des individus, qui ce jour, raisonnent en fonction de leurs besoins primaires, ceci étant, pour leur défense, manœuvré par des médias aux ordres, des ministères équivoques, qui ne sont là que pour mettre en œuvre la paupérisation culturelle et intellectuelle, la manifestation de la bestialité et ses outrances, la perversion et l'arrogance de la perversion, il ne faut pas se faire la moindre illusion sur le devenir, je ne parle pas ici d'avenir, ce cycle d'involution étant nécessairement destiné à son autodestruction.

Il ne reste donc ici aux femmes et hommes de bonne volonté que trois choix possible : la résistance active, l'inertie totale, où alors la motricité destructive.

L'un et l'autre de ces choix sont complémentaires et permettront l'éradication de cette involution : la résistance active permettra la création d'un contre-pouvoir, l'inertie totale stoppera l'avance de l'involution, la motricité destructive, théorie du judoka appliquée à la psycho sociologie politique, accélérera le processus de l'auto destruction de l'involution.

À chacun sa Voie, sachant que chacune se retrouvera dans l'apogée de la chute qui vient, la résistance active dans le pouvoir de renaître la Vie, l'inertie totale dans le pouvoir de porter la Vie, la motricité destructive dans le pouvoir de détruire l'involution et permettre la résurgence de la Vie. Ainsi alors que la pandémie sidaïque du mondialisme amorce la pompe de sa propre destruction qu'il convient d'accélérer, la "gouvernance" mondiale, pâle figure de ce qu'elle aurait pu être et de ce qu'elle sera une fois la Terre lavée de l'infamie que prédestine son sort.

Éclair des urnes

Éclair de la pluie d'ivoire aux isthmes de l'Histoire perdue des mondes éternels, des fruits d'hiver aux passementeries exondes, le lieu nous indique et se perpétue dans la féconde majesté du signe qui ne renonce, de l'acte qui engage, de l'œuvre qui détermine, car il ne suffit de l'outrance et du parjure, de la forfaiture et de la vassalité, pour qu'un Peuple s'effeuille en la tombe de la boue qui cherche à l'enliser dans ces pénombres sans nombres, sans destin, sans racines, qui tels des vols de sauterelles, s'installent, gravitent, ordonnent, imposent, là, leurs primitives démesures, ici, leurs tribales arborescences, plus loin, leurs croyances soumises, et surtout investissent chaque face de nos terres, réclamant des droits, encore plus de droits et jamais le moindre devoir.

S'initiant les uns les autres à la prébende au nom des lois iniques qui régissent la destruction des Nations, encouragées par le creuset de l'indifférencié, cette organisation des nations unies la couronnant dans cet abus du "droit" du sol voyant se répandre des masses humaines ayant perdu toute dignité d'Être pour devenir de futurs esclaves qui l'ignorent encore, afin de profiter de chaque règle du système qui les parfond jusqu'à la lie au nom de l'usurpation qui les manipule comme des girouettes, nous sommes en ce fléau qui ne touche que l'Occident.

Un fléau régicide organisé par la démence de l'atrophie qui guide les pas de l'Humanité vers la tombe, un fléau dilapidant la beauté pour qu'elle devienne informe, respire de bandes assoiffées de prébendes, tueurs nés de nos civilisations qui se dissolvent dans la légitimité de l'ignorance, fête de "l'homme" dieu, cet esclave amorphe et sado masochiste qui renie jusqu'à son droit de vivre pour goûter les miettes d'une luxure sans fin dont les bulles éclatent les unes derrière les autres et que l'on masque par des guerres sans nom, en créant les prétextes et les mobiles de leur emphase, pseudos attentats manipulés, "délits" d'opinion inventés, mises en scènes déployées, toutes permissivités engluées dans la lâcheté divine qui sied au non-être en règne.

Ce butut vide de conscience dont nous rencontrons chaque jour les visages dans chaque espace de nos Histoires, de nos terres colonisées, de nos identités dévoyées, de nos religions bafouées, de nos cœurs insultés, qu'il convient de traiter avec la plus grande indifférence, le mépris étant trop fort pour cette espèce en voie d'autodestruction, qu'il convient d'évacuer de son champ de vision afin de défendre ce qui mérite d'être défendu, le devenir, l'avenir, en combattant par les urnes tous les suppôts de la déréliction qui se veut règne, ces fourriers de la lie, ces dévoyés des lits de fortunes, toute cette plèbe atrophiée qui cherche à régir, alors qu'elle est elle-même régie par les fossoyeurs qui se pressent en chaque gouvernement, en chaque Institution.

Œuvre de longue haleine, sans mystères dans la conquête du pouvoir qui permettra d'évacuer les "lois" mortelles pour nos Peuples, nos Nations, notre espace menacé de disparition par la grotesque et hilarante attitude de leurs fossoyeurs, dictateurs en puissance qui veulent notre devenir associé à la décrépitude de nos valeurs millénaires, dont se relèveront nos chants Humains qui disparaîtront le couronnement de leur lie, leur faillite intellectuelle consumée par le sida génétique, leur boue outrancière et ses armées de non-humains qui jouissent du pourrissement et de la dépravation, lorsque se lèveront nos armées dans la fierté couronnée du renouveau de nos racines pour mettre un terme à ce cancer qui ronge nos Nations, nos Identités, notre Histoire universelle qui n'a aucun compte à rendre à la bassesse, l'ignominie, la torpeur, la désintégration.

Cette folie endémique qui baigne notre avenir dans le lac noir de la soumission, dans ce singulier hommage que rendent les esclaves à leurs maîtres devenus en leur donnant à qui mieux mieux agapes de leurs maux, remplissant les gouffres financiers de leurs velléités, endettant à jamais nos arrières arrière-petits-enfants pour le bon plaisir de leurs nocturnes opiacées qui vident de sa substance tout avenir dans un grotesque siècle de paraître, tribal de l'atrophie qui règne, grotesque parade dont les bubons explosent les uns après les autres en se heurtant à la réalité, cette réalité qui ne se laisse transcender ni acheter par aucune verroterie, cette force impérieuse qui ne se laisse entacher par aucune aperception, par aucune contingence, car inscrite au plus profond du code génétique Humain.

Force dont la faculté naît cette Liberté que rien ni personne ne peut détruire, car intrinsèque à la Vie, cette Vie nuptiale qui saura rétablir l'équilibre et l'Harmonie en destituant la moisissure qui voudrait s'installer pour l'éternité, alors que l'éternité veille à ce que la volition s'ordonne dans l'élévation et non le conditionnement, le prisme de la vérité et non celui du mensonge, le savoir et non l'ignorance, loin de tous les maux que portent en rupture de son chant, les inaptes à vivre, les pleutres et les lâches, privilégiés de l'infection qu'ils affectionnent, qui se réfugient dans une pensée unique qui s'inscrit dans la moisissure extrême afin de conserver leurs privilèges souillés par le sang des Peuples, et notamment cette écologie putride voulant taxer la Vie.

Infâme monstruosité née de la couardise et du déni de vivre dont tous les apologistes ne sont que de ridicules pantins qu'agitent les affairistes en tout genre, dictateurs de ce monde, guignols aux sermons, vides d'intelligence, incapables de regarder la réalité, que l'harmonie renverra à leurs odes primitives dans une proximité qui leur fera comprendre que s'ils n'agissent ils seront obérés de ce règne qu'ils renient, le règne Humain, ce règne qu'ils délitent au nom du non-humain qu'ils représentent, larves en soumission à la prédation de leurs maîtres qui les agitent sous le nez des Peuples afin de masquer l'horreur qu'ils préparent, une sous-civilisation au service de la bestialité qui se dévorera elle-même comme elle le fait avec tant d'insolence ce jour.

Ainsi alors que se profile le combat des urnes, dont aucune voix ne doit couronner les apôtres de la destruction, qu'ils soient de "droite", de "gauche", "écologiste", "trotskiste", tous liés par le pacte de la destruction de notre Identité, de notre Peuple, de notre Nation, de notre Humanité, qui doivent laisser place aux voix des Nations, aux voix des Peuples, aux voix des Identités souveraines afin que soir restitué à la Vie son cycle élévateur et que disparaisse à jamais leur cycle de mort, couronnement de leur incapacité à vivre !

Systémique

Aux incarnations de l'Histoire qui se prononcent, se tiennent ces personnages qui ont façonné le monde, prenant à pleines mains le destin de leur Peuple pour leur assurer un avenir. Nos jours sont disettes de ces héros qui ont façonné ce monde, il n'y a plus dans la perception la moindre typologie qui peut ne serait-ce que rappeler leur envergure, leur talent, leur droiture, leur don total non pas à l'illusion mais à la réalité motrice de l'univers, la Vie.

L'Histoire avec un H majuscule, et non l'histoire réécrite par les nains ridicules qui défendent "une pensée unique", montre l'exemplarité en chaque Pays ayant fondé ce monde, de personnalités habitées par le principe de la loyauté à leurs racines, leur Peuple, leur Identité. Et ce même lorsqu'ils créèrent des Empires, de quelque lieu, de quelque souche qu'ils viennent. On vous dira que leur mobile prioritaire était la conquête économique.

L'économie était bien là le cadet de leur souci. Dans le cadre des Empires ce qu'ils recherchaient avant tout c'est la sécurité de leur Nation par la conquête de nouvelles frontières leur permettant de les défendre au maximum des dangers que pourraient lui faire supporter les Peuples voisins. Là était le fondement rationnel de la détermination à la conquête, facteur d'intégration et de civilisation pour les Peuples, car lieu d'échange culturel, et non seulement économique.

Si nous observons les grands Empires, et notamment celui créé par Alexandre dont la motivation n'avait rien d'économique mais bien celle d'assurer la survie de la Grèce en ses pléiades de royautés, nous touchons ici la réalité de ce qui est précité, et cet exemple peut être multiplié à travers l'Histoire universelle. La désagrégation de cette idée de conquête aux fins d'assurer la sécurité d'une Nation a commencé par l'exploitation économique la plus pernicieuse dont le représentant le plus prestigieux reste l'Angleterre, initiant un empire purement économique et en aucun cas politique, sinon la politique de la force à travers ce monde.

Ce fléau intellectuel que ce pays a initié perdure jusqu'en nos jours. Il est le label de la destruction des Nations, des Peuples et des Identités, et ne peut être considéré comme un modèle pour celui qui veut construire, à tels fins que ses "colonies" se sont révoltées les unes après les autres pour s'émanciper de sa tutelle atavique, à commencer par ce qui deviendra les États-Unis d'Amérique.

Au regard de cette démonstration nous voyons que ce jour voit cette démarche intellectuelle priorité du langage politique, aux raisons de son infatuation à cette idéologie destructive, l'économique ayant pris le pas depuis l'ébauche des conquêtes Anglaises sur le Politique, avec un P majuscule, qui est avant tout Art de diriger et non pas désintégration de cet Art au profit de la barbarie naturelle des prétendants économiques. Nous avons mesure ici à une réflexion pertinente sur la Voie qui peut être objectivée dans un mouvement ascensionnel ou bien un mouvement descendant, où tout simplement statique.

Les strates de cette canalisation s'organisent dans le cadre des civilisations qui se créent en ces moteurs, déclinant puissance soumission et impuissance à la construction. Il n'y a pas besoin d'être grand clerc pour comprendre l'orientation civilisatrice qui en découle : en régression on trouve deux types de civilisations — matérialiste, spirituelle, en statique on trouve la civilisation primitive, en ascension la civilisation universaliste, cette dernière ne pouvant éclore que par agrégation des précédentes ou par leur autodestruction ou désintégration.

Lorsque je parle de désintégration je ne parle pas d'action violente initiée par les tenants de la civilisation universaliste je parle de l'auto désintégration des typologies évoquées, ce à quoi nous assistons ce jour. Cette autodésintégration est une nécessité au sens de la Voie portant la Vie qui ne peut inscrire un facteur d'involution dans le cadre de son devenir, devenir qui est action, devenir qui est génération, devenir qui est maîtrise. La Voie ne peut traîner les boulets quelconques d'une involution de la Vie, cette Vie qui façonne les lendemains à naître et prospérer.

Nous ne dirons jamais assez tel qu'ici que l'avenir est tracé, n'en déplaise aux tenants du matérialisme comme du spiritualisme le plus profond, avec cette particularité que le libre arbitre demeure irrévocable, et qu'il est volition de l'évolution qualitative où déséquilibrée, suivant la rémanence induite en l'Être Humain, qui naît de la conjonction de l'action individuée et des actions individuées permettant aux souches diverses et multiples de la Vie d'éclore où bien de disparaître.

N'oublions pas encore une fois que le corps social est comme le corps biologique, unité parfaitement identifiée, dont la rémanence individuelle est le capital génétique, cet ADN, qui transposée à la Société est racine culturelle, indépendante, contrairement à ce que la "pensée" unique voudrait faire accroire. Au regard de cette préhension naturelle on se rend compte ici que les abstractions du mondialisme vont de dérives en dérives et échoueront obligatoirement avant de se désintégrer, son idéologie nationale socialiste communiste ne prenant en compte pour son "essor" que les facteurs économiques et l'osmose pour inspiration.

Matrice d'une involution phénoménale dont nous croisons tous les jours les dégâts induits : une subversion totale des Institutions internationales, ONU, FMI, OMS, etc., l'assise sur des fondations sablières de structures supra nationales telle cette "europe" qui se révèle désintégration par excellence des Identités comme des Nations, laboratoire d'une osmose biologique systémique organisée.

Face à ces déshérences, métastases conditionnelles, la réalité induit une réaction, une réaction constructive, naissant un Contre-pouvoir se forgeant à la vitesse de la lumière qui englue toutes sources irrationnelles et déséquilibrées de ce monde où la sub culture semble vouloir l'emporter alors qu'elle s'autodétruit en permanence devant les fléaux qu'elle révèle et qui sont démonstrations des contre-pouvoirs initiés par les anticorps du réel, et ce non pas, comme on serait enclin à le croire, dans quelques Nations, mais bien dans toutes les Nations du Monde, dont les Peuples sont attachés à leurs racines, à leur Identité, à leur Nation.

Cette réaction naturelle à l'enfermement dans un système matriciel, inopérant au sens de la Vie, subit tout ce que l'usurpation osmotique peut gréer afin d'asseoir ses limites qui sont concentrationnaires par excellence, ce qui prouve déjà, par son fait défensif, que ce système involutif amorce son déclin, et, la Vie ici, comme nous l'avons dit plus haut, sursaut rationnel, assiste à sa désintégration, sans même y participer.

En effet, cette désintégration s'initie d'elle-même, par restriction des Libertés, asservissement de la pensée, conditionnement de l'intelligence, réécriture composite de l'Histoire, annihilation et culpabilisation des Identités, asservissement au métissage osmotique, biologique, culturelle, spirituel, créant ainsi et par ces faits une multiplication naturelle des anticorps, qui désormais se révèlent majorité dans les Peuples, qui se retrouvent maintenant en face d'un agrégat de phasmes représentant un pourcentage infime des Peuples, détenteurs par prévarications des "pouvoirs" économiques et par induction par vassalisation, des "pouvoirs" politiques.

Nous sommes actuellement demeure de ce lieu, de ce face-à-face prédestinant à l'implosion globale du système créé par l'involution, implosion qui n'aura pas lieu à moyen terme mais bien à court terme. L'auto défense de l'empreinte phasmatique l'a bien compris et c'est pour cela que pour asseoir sa puissance elle persiste dans sa désintégration, sans qu'elle s'en rende compte, en initiant tout ce qui pourrait sauver son système involutif sur le déclin, et notamment par l'intermédiaire de leurres destinés à perturber la communauté Humaine, savoir l'existence d'un pseudo-terrorisme, de crises

240

économiques, totalement manipulées, et demain, ne nous y trompons pas par la mise en œuvre d'une troisième guerre mondiale qui permettrait de surseoir à la faillite de son système économique.

Lorsque nous en arriverons là, et cela n'est pas si loin, les tentatives d'eugénisme par ses organes internationaux de tutelle, soit par la psychosociologie en exacerbant une culpabilité inexistante de l'Être Humain devant les phénomènes naturels de réchauffement climatique, soit par la force en obligeant les Êtres Humains à se faire vacciner par un vaccin avarié, pire que le mal, pour combattre un pseudovirus créé de toutes pièces par les laboratoires pharmaceutiques, la confrontation publique aura lieu, non dans la violence ni dans le virtuel, mais bien sûr la place publique par les Peuples réveillés de leur torpeur qui demanderont compte à l'intrigue, à la forfaiture, au mensonge, à l'invariance de la propagande, non par un vote mais par l'organisation de tribunaux nationaux et internationaux chargés de juger celles et ceux, vassaux et féaux, qui ont couronné cette involution, en faisant fi de l'Être Humain comme de l'Humanité en ses représentations diversifiées et nécessaires.

Six milliards d'Êtres Humains monteront au créneau pour infirmer cette troisième guerre mondiale, la rejeter, et que pourront donc faire cent millions de non-être contre cette quantité incontrôlable ? Rien, sinon que de vouloir la laminer, provoquant le plus grand génocide que la Terre ait connu, en instituant la terreur, qui sera catalyse d'une résistance innée qui quoi qu'il en soit vaincra obligatoirement, car l'Histoire avec un H majuscule prouve que de tout temps, et c'est bien pour cela que l'Histoire Universelle n'est plus enseignée, qu'un Peuple et à tout le moins l'Humanité en sa diversité ne saurait être soumise à une quelconque dictature.

Les exemples récents ne font que confirmer cette faille dans le système économique implanté à ce jour, tous les Pays qui ont lutté pour leur Liberté ont toujours gagné cette Liberté. Les échéances approchent, et convient-il en chaque Peuple que s'unifient les forces qui veulent faire respecter la Démocratie qui ce jour est pratiquement totalement usurpée, et que chaque force par Pays s'unisse afin de restituer à la Démocratie sa détermination née de la Liberté, en orientant le devenir par une action Politique majeure restituant à la Politique sa vocation, qui est l'Art de diriger la cité, et non l'art de l'inféodation, de la dissimulation, de la forfaiture, par utilisation de la Capacité et non de la médiocrité, ce qui permettra de destituer définitivement le système "politique" basé sur l'"économique", qui n'est rien rappelons-le encore une fois sans la force de travail des Êtres Humains qui ne sont pas nés pour être esclaves, qui ne sont pas nés pour être des non-être soumis à la dictature d'une "élite" économique quelconque, mais bien nés pour évoluer, prospérer et conquérir dans tous les domaines de la Vie, et en aucun cas nés pour servir de chair à canon à des systèmes désuets et sans lendemains qui ne survivent que grâce à la terreur et la manipulation de la terreur.

Rappelons encore une fois que nous sommes plus de six milliards d'Êtres Humains sur cette planète, et que cette planète n'appartient en aucun cas aux régimes dictatoriaux quels qu'ils soient ! Cette diversité et cette quantité fabuleuses permettront je le pense de circonvenir la tentative de destruction par l'asservissement de l'Humanité, des Peuples, des Nations, des Identités, à laquelle nous assistons actuellement, point de non-retour d'un système à l'agonie, contre lequel nous devons nous garder les uns les autres afin de faire naître la réalité symbiotique, seule dimension permettant à chacun de s'épanouir dans la Liberté.

Principes contre révolutionnaire

Devant la consécration du vide par les illusions et ses artefacts, la seule voie initiable est celle de la volition. Apparente, inapparente, elle doit être circonstance de chaque instant, de chaque seconde. Attention, elle doit ne jamais se perdre dans les méandres distillés par la propagande d'un système involutif dont les errances conduisent aux fluctuations agréées de pensées nocives et nauséeuses.

Nous le savons, dans cette lutte sans merci entre l'involution et l'évolution, il n'y a rien à attendre de quoi que ce soit, de qui que ce soit, sinon que la variance immédiate d'un équilibre entre leur antagonisme et leurs avatars. Les lois de fer qui s'abattent sans répit aux fins de briser les libertés ne sont que des feux de paille vers lesquels l'attention doit être retenue sans être monopolisée, puisque, contrairement aux apparences initiées par la propagande qui les veut acceptation de l'esclavagisme le plus atterrant qui soit, elles seront remises en question par une action externe tendant à leur annihilation.

Une action dont il faut bien comprendre qu'elle ne peut revêtir le caractère d'une violence égale à celle du viol psychique et physique déclenchée par leur système qui sous le masque de la duplicité couronne son obséquieuse déréliction. La violence n'est pas une solution, elle crée des martyrs indus et n'amène qu'une solution transitoire.

Ainsi, nonobstant la reconnaissance de l'action externe, il est plus judicieux d'exprimer l'action à l'intérieur de l'armature, aux fins de faire exploser de l'intérieur ses arcanes, le cœur même de son agitation ubuesque et dérisoire.

Regardons le tel qu'il s'incarne, le croyez-vous donc si fort qu'il ne puisse céder devant une volition ordonnée, une volition dont l'individu serait coordonné, et chaque individu fer de lance ?

Toute structure en apparence est perméable et toute construction destructible, ainsi de ce système qui s'imagine catalyse. De quoi avons-nous besoin pour enrayer, contrôler cette pieuvre, tout simplement d'y entrer, d'y faire son nid, et tel l'antivirus naturel de phagocyter les virus qui la font vivre, prospérer, se développer.

L'Action ici trouve l'objet de sa quintessence, car elle se portera non en surface mais au cœur de la plaie qui ronge les Institutions, dont l'aveuglement ne conduira qu'à un génocide, mais bien plus au cœur même de sa caricature. Ce n'est qu'à ce prix que nous ferons tomber ce colosse aux pieds d'argiles, en insinuant chaque faille de son système, en développant en son sein un cancer qui se généralisera par multiplication de vecteurs, association, entrisme, corporatisme, permettant une prise de pouvoir conditionnelle grâce à un coup d'état permanent, allant de la plus humble association, aux édifices les plus prestigieux, car il ne faut pas l'oublier les Institutions ne reflètent que ce que le pouvoir y reflète.

Ici se révèle la théorie du judoka. Chaque système est faillible du fait de sa propre porosité, ainsi l'insinuation, l'entrisme doivent se faire sous le couvert de l'acceptation la plus mesurée, ce n'est qu'une fois en place que le combat peut véritablement commencer. Pourront défiler, afin de canaliser leur énergie, des millions d'Êtres humains pour faire renaître la Liberté, que leur manifestation ne servira de rien, car personne dans les tables gigognes du pouvoir ne les entendra, alors que si une seule personne à un poste clé préside à ce renouveau, cela permettra de faire vaciller le château de cartes dressé par le système.

Ici est le lieu, ici est le temps pour que chacun devienne insinuant, lentement étoffe la multiplicité de ses talents, pour qui investir les mouvements associatifs, qui les mouvements politiques - qui pourraient être terrassés par une entrée massive, supérieure au nombre de leurs adhérents -, qui les Institutions, et plus particulièrement les Armées, la Police, les services spéciaux, et qui les fondamentaux de l'État, l'éducation, la santé, etc., et dans le domaine privé, les banques, les institutions financières, les entreprises, les syndicats, afin d'œuvrer par une action conjointe la désintégration du mode viral qui y règne.

Il faut bien comprendre que le coup d'État mondialiste que nous observons, ne s'est pas fait de l'extérieur mais bien à l'intérieur du système statique précédent sa naissance, et qu'en conséquence il convient d'agir de la même manière si nous voulons nettoyer les écuries institutionnelles de la lèpre qui y règne.

Chacun se doit donc d'agir de la même manière, usant habilement de l'hypocrisie, de la duplicité, de la forfaiture afin que les cercles du système que nous subissons se brisent devant le flot incessant qui y rentre. L'art de la Guerre trouve ici sa pleine et entière application. Subterfuge, camouflage, phasmes seront les directives que chacun doit adopter. Cette offensive doit se mener sur tous les fronts quels qu'ils soient, tant au niveau des Communes que des Régions, des Régions que des Nations, des Nations que des "internations", que de ce monde en ses représentations : FMI, ONU, OMS, etc, et bien entendu dans le cadre des sociétés dites discrètes, franc-maçonnerie, institut de relations internationales, clubs de pensées, etc.

Rien ne doit être épargné, tout doit être insinué et ce en permanence. Là se trouve l'action précise qui déterminera la chute définitive de la dictature qui se déploie. De la même manière que les antivirus agissent dans le corps humain les antivirus naturels doivent agir dans le corps social, et bien au-delà en tout espace inscrit de l'humain, qu'il soit institutionnel ou voilé. Ce n'est qu'à ce prix que le drapeau de la liberté sera reconquis.

Bien d'entre vous me dirons qu'il faut organiser cette rupture, mais je leur répondrai bien au contraire qu'il ne faut qu'en aucun cas existe une organisation pour signifier cette action. La force de l'antivirus c'est d'être unique et participe, il n'a besoin d'autres supports que la logique de l'action initiée.

La source de l'action est principalement culturelle et n'a pas besoin de lieu ou de coordonnée pour initier. Le système de combat gère de lui-même l'opacité nécessaire à la victoire : des unités individuées en symbiose d'une action générée conditionnée par leur interaction. Ici se situe le combat métapolitique par excellence, libérant du factice, de ces "gauches" comme de ces "droites" qui ne sont que des leurres pour tromper aisément des Peuples en voie d'asservissement. Il doit être de tout instant, en chaque espace de la création comme de la pensée Humaine, il doit être global au sens culturel, et non cultuel tel qu'on le voit actuellement.

Il n'a besoin de réunion pour se circonscrire, il n'a besoin de lieu pour catalyse, car il est permanence dans la nature Humaine même. Cheval de Troie par excellence, ou antivirus par raisonnement biologique, il est la puissance, car que l'on détruise un antivirus, cent mille naissent derrière lui, à visage découvert, n'appartenant à rien et ne pouvant rien dévoiler que ce qui est Humain et restera Humain par-delà les tentatives d'éradication de l'Humain que nous subissons.

Voilà le lieu, voilà la force souveraine, qui au-delà des grands guignols des manifestations sporadiques, par insinuation peut renverser l'antisystème qui se dessine dans son autorité machiavélique. À cette doctrine révolutionnaire, issue de tous les manifestes communistes, marxistes, trotskistes, gramcistes, dont on connaît les méfaits, ces centaines de millions de morts auxquels s'associe le national-socialisme, socialiste par essence, il convient d'appliquer la doctrine contre révolutionnaire la plus efficace, et la plus efficace est celle de l'insinuation, en toutes branches, en tous partis, en toutes natures de la pensée Humaine, afin d'officier ce combat magistral qui est celui de l'évolution contre l'involution, qui est le combat de la Liberté contre la servitude.

Pour reprendre l'exemple cité, si demain un million de personnes investissent le parti qui se dit dominant, ce parti ne peut plus bouger, les règles démocratiques ne lui permettant plus son faire-valoir. Car en vérité, créer des partis aujourd'hui ne sert à rien, il est préférable de les phagocyter et d'obtenir en leur sein le pouvoir absolu afin d'en éradiquer la servitude. Et il ne s'agit d'investir uniquement le parti dominant, mais bien son image gigogne, l'un et l'autre n'étant que leurres comme déjà dit, ce qui permettrait d'obtenir le pouvoir total, prémisse au pouvoir politique.

Imaginez cela maintenant en coordonnée dans l'ensemble des moteurs industriels, banquiers, et financiers de ce monde, vous voyez que tout est possible dès l'instant où la volition Humaine se met en marche. Bêler ne sert à rien, agir est tout. Lorsque le système aux commandes accepte de voir se déverser des milliards de bonus dans des systèmes bancaires sauvés par l'endettement des États, comble de la duperie, et que nos arrière-petits-enfants seront contraints de rembourser une dette colossale qui n'est pas de leur fait, il serait peut-être temps que la volition individuelle se détermine.

Lorsque des procès dignes des régimes communistes ou nationaux socialistes ont lieu dans notre Pays voyant leurs acteurs blanchis de crimes qu'ils n'ont pas commis, et que l'État va à l'encontre de ce jugement, il serait temps que la volition s'ordonne en chaque Être Humain. Lorsque les Pays vont à la dérive en fonction des injonctions mondialistes, ou euromondialistes, il serait temps que ces Pays se réveillent et sortent de leur léthargie, et que leur Peuple cesse de se soumettre à ces dérives.

Et nous pourrions trouver de multiples exemples où la volition doit s'initier afin de restituer à la Liberté son Droit le plus élémentaire, le Droit de Vivre en n'étant pas pressuré par le mensonge, dame ignorance et ses cohortes, la bêtise et la flagellation, l'outrance, la duperie, et la forfaiture, la vassalité et la domesticité.

Il n'est pas trop tard pour nos générations contrairement à ce que semble penser la litière sous-culturelle qui saillit nos écrans, nos radios, nos médias, il n'est jamais trop tard pour combattre pour la Liberté, ce d'autant plus que le combat contre révolutionnaire évoqué n'exprime aucune violence, ce qui va devenir un casse-tête chinois pour tous les tenants de ce système qui ne pourront plus rien contrôler, sinon que compter leurs éléments dans les flots quantitatifs qui investiront leurs argumentations, leurs pensées, leurs négations, leurs reptations, leurs porosités intellectuelles, afin d'initier en tous lieux, en tout temps, l'Esprit de la Liberté inexpugnable, qui est le propre de l'Être Humain qui se respecte et respecte autrui.

Le recyclage

Ivoire d'histoire nouvelle aux mondes qui nous entourent et qui nous insèrent, lorsque pour certains ils ne les engloutissent. Local le troupeau se meut, sortant du réseau interurbain, le pas cadencé, pesant sous l'effort des tâches à venir, pour les unes répétitives, pour les autres fixées dans les limites spartiates de pouvoirs régulés. Ici toutes les configurations de la société se présentent, brebis et moutons incapables de vivre sans les béquilles du journal gratuit qui jour après jour les conditionne, où les oreilles vrillées par des écouteurs pour écouter les inepties musicales de ce temps charriant ses mélodies et ses chansons culpabilisantes, destructrices, emberlificotées dans des larmeries de ce que l'on appelle aujourd'hui l'amour, la masturbation du caoutchouc.
Vêture, tout un chacun est expression, ici pas de talent, pas d'individualité, le costume et la cravate, la robe et quelques émois dans des coupes de cheveux sorties des mains d'un coiffeur atteint de démence précoce. Les races se mêlent, usines à gaz d'un mondialisme enlevé à pas forcé pour complaire à la mode de l'impermanence, du futile, de cette poudre aux yeux dont la clientèle perçoit le drame, illisibilité des mails, des courriers, gratuité sans vergogne de langues parlées sur le vocabulaire ignoré, la grammaire obviée.

Qu'importe tout cela, l'important est de voir à quel stade est rendue cette léthargie devenue des employés qui se dirigent vers la société qui les emploie. Le spectateur regarde tout ce microcosme du peuple qui s'avance, ce pourrait être hilarant, cela ne l'est pas, les films "les temps modernes" ou bien "métropolis" sont d'une actualité brûlante. Les visages ici n'expriment plus rien, les corps sont liés à ce pavlovisme extrême qui les porte vers les plateaux du bonheur où chacun dans sa case œuvrera, souris en main, droite ou gauche, l'œil rivé sur un écran, un dossier ou un courrier devant soi, sous le regard de hiérarchies dont la vulnérabilité amplifie la démesure cacochyme.

Règne de ce microcosme la télésurveillance est présente partout, reconnaissance implicite de la suprématie du pouvoir, qui, alliée au contrôle d'accès, marginalise encore plus l'individu, qui désormais tel le rat de laboratoire, n'a plus qu'à suivre son trajet afin de travailler, se restaurer et quitter l'environnement dans lequel s'écoule sa journée. On peut très bien ne pas disconvenir de télémesures nécessaires à la mise en sécurité d'un site, toutefois il conviendrait qu'elles soient plus discrètes afin de ne pas créer un climat de surveillance à perpétuité.

Ici, son acceptation devient coordonnée commune à l'armée qui se dirige vers son poste d'élection, norme consentie, applaudie, voyant les individualités qui, après avoir été atonisées par les nouvelles gratuites de la propagande d'état pendant leur trajet, se fondre dans la dépersonnalisation la plus perverse. Et c'est à qui se prostituera le plus pour complaire, l'honneur n'ayant ici pas sa place, seules les grimaces de l'ignorance et de l'acquiescement étant les bienvenues. Cela renforce les pouvoirs des petits chefs qui, plus ils sont petits, sont méprisants, arrogants, hypocrites.

Que voilà une belle masse prête à tout dans sa dépendance ! Car que personne ne se leurre, rentrant chez elle, elle s'inscrit dans la médiocrité télévisuelle, des actualités rédigées pour les idiots congénitaux, un mélange de propagande national socialiste et de propagande communiste dont la destinée est de faire accroire, de faire peur, de réduire à la terreur afin que pas un cheveu ne vole au vent, que le gruau une fois après s'être délecté des émissions toujours devisées en dessous de la ceinture, s'endorme sur l'inanité, le désuet, la débilité.

Alors se pose la question judicieuse pour tout un chacun cherchant à rentabiliser cette débilité ? Pourquoi donc se priver de le lobotomiser plus encore afin de n'avoir en face de soi que des esclaves soumis ? En essayant de s'approprier ce qui reste de son énergie au profit de la matrice le faisant travailler, lui permettant de se nourrir, de se vêtir ! L'idée souveraine de lui inclure, post-dermique, une puce électronique n'est pas neuve, guère agréée, mais un casque, des écouteurs ! Les beaux écouteurs qui synthétisent la crasse universelle, le pourrissement du cerveau, l'atonie triomphante par les ondes nocives qu'ils émettent !

Oui, il faut les remplacer par les écouteurs de la matrice et plus encore par une télévision matricielle qui permettra à tout le personnel de travailler bien plus que des horaires normaux mais bien vingt-quatre heures sur vingt-quatre heures ! Hum ! C'est décidé, et là se distribuent ces écouteurs, marqués au nom de l'individu aux portes matricielles, distribués par de jeunes gens souriant de races mêlées, le jeu l'emporte sur la raison, et tout un chacun désormais de porter ces écouteurs, vingt-quatre heures sur vingt-quatre pour complaire !

Nous y voici, 1984 est totalement obsolète ! La matrice a dépassé tout ce que les gouvernements pouvaient imaginer. Regardez donc cet employé modèle, qui désormais écoute la bonne parole et regarde la bonne image, regardez le fond de son regard vide, épousant un logo comme un rat un fromage. N'est-il pas désormais en sécurité ? N'est-il pas maintenant inscrit dans la roue du profit de l'actionnariat, écoutant mots d'ordre, suivant les bonnes maximes, regardant les projections de l'avenir flamboyant ? N'y a-t-il pas là l'image du bonheur accompli, voyant l'être se dissoudre dans le magma, prêt désormais à accepter récompenses et coups de fouet afin de se parfaire dans le limon qui ordonne, chien bien dressé qui applaudit quand il faut applaudir, se tait lorsqu'il faut se taire, minuscule homoncule, sous-humain devenu qui dans l'échelle du singe est considérablement en dessous du niveau du dit singe qui lui est libre de se mouvoir et de penser.

Cela ne peut suffire et certains désormais pensent qu'il faut aller plus loin, le traiter comme une denrée économique qui ayant bien servi doit être recyclée ! Les chantres de cette apothéose sont là à imaginer sa destinée. Écoutez-les : "une seule impulsion et hop ! L'euthanasie garantie ! N'est-ce pas là le meilleur modèle économique, plus de retraites ! Mais encore en cas de maladies chroniques, plus de malades ! Des disparitions bien saines à mettre sur le compte de la santé d'autrui ! La culpabilisation, voici l'arme absolue ! Et bien entendu en cas de baisse de productivité, des électrochocs gradués !

Et pour finaliser le recyclage de l'individu, de ses organes, de son sang, avec un beau marché en perspective ! Oui, je vous le dis, le casque, ce sera l'arme majeure de nos économies ! Et nous pourrions bien entendu étendre cela dès le berceau, quel paradis !". Que croyez-vous qu'il fut fait ? Bien entendu, par législation appropriée, le pire qui se fut dit.

Voilà ce que nous entendîmes un soir d'hiver alors que la neige tombait et que l'on commençait à nous distribuer des casques, prémisses à l'ordonnance de notre asservissement total, sans que quiconque n'élève la voix, sans que personne ne dise quoi que ce soit, si tellement déjà demandeur de sa nécrose, de sa déshumanisation, de sa stérilité mentale, pour le profit de la sainte matrice providentielle.

Tiens nous sommes allés à la cantine et là on nous a servi un nouveau plat, il s'appelait Mathilde ou Pierre, des anciens collègues dont l'un était malade et l'autre proche de la retraite, je crois, et toutes et tous de se servir, sachant que demain elles et ils n'auraient pas à se soucier de leur vieillesse. Le recyclage, vous dis-je...

Translation

Les mondes s'entrecroisent, s'ignorent, se méprisent, s'idolâtrent, toujours se conjoignent pour apparaître. Il y a là les respires qui s'initient religieux, spiritualité larvaire d'une soumission, non à un Dieu, mais à l'opinion, l'opinion du drame toujours en quête d'une image, d'un décor, dans l'invariance misérabiliste et orgueilleuse d'une reptation, d'une dysfonction voyant le temporel demeure du spirituel et inversement, mélange agressif — et habile — des genres qui s'officient, s'opacifient, délivrant dans une sorte de miroir le sommeil pandémique de la foi dévoyée.

Car la foi n'est pas service des masses, elle n'est qu'individuelle et le restera à jamais, et si ce n'est le cas, devient caricature, légende, blasphème, divination, cartomancie d'une pléiade d'arguties qui ne sont que les mensonges imposés par les prédateurs d'un conformisme noyé dans l'imposture, confondant la virtualité et la réalité afin d'imposer un "ordre" qui n'est jamais que reflet de la déficience accompagnant l'indicible corrélation entre le mensonge et l'outrance.

Ces jours sont comptes de cette dérision qui s'efforce, limbe des litanies amères présentant des mystères une mystification qui se conjoint dans l'absurdité, la conquête frénétique, la soumission reptilienne, alors que se taisent les forces qui ont fait les terres en voies de conquêtes, ce jour désert d'une lumière, chevauchée par la boue et ses lamentables orientations ostentatoires, scandées par les maniaco-dépressifs de la litanie qui vit de cette errance car de l'errance elle-même l'impétrant servile.

Ainsi en la foi, l'invariabilité de la nuisance et du parasitisme éclosent les graduations asymétriques qui gouvernent les faces insondables des respires qui gravitent, jeu de mascarades olympiennes qui tiennent de la prestidigitation la plus éhontée, voilant le réel dans les dissonances d'un accroire dont la stérilité n'est plus à démontrer.

Ici naviguent deux rives hypocrites établies sur le même fleuve, hâlant de mystiques épanchements, devises de ce Ying et de ce yang composants, la droite virile, la gauche féminine, toutes deux unies dans la recherche d'un apogée céleste contant l'univers pour étoffe. Mais de quel univers parlons-nous ? Et comment initier un tel univers au regard des partis alliés en présence qui ne sont que le reflet de la matérialité la plus sèche, cette matérialité n'ayant pour horizon que le dessein de voir régner dans un cas une caste de la médiocrité, dans l'autre cas une caste de la quantité atrophiée ?

L'irréalisme de ces perversions se glose, s'image, s'adresse et se dresse, fardeaux de l'humain devenu porte faix de leur dénature inscrite dans le rituel ordonné de la complaisance à ce qui devient sacre, temple, temple où la théurgie se résume à des chiffres, des valeurs stupides, car ne prenant nullement en compte l'intelligence humaine, sinon que comme mesure infinitésimale, ce trop déjà qui devient horreur limitrophe de toutes les sangsues qui se nourrissent de la sueur comme du sang humain.

Vivier impérissable, vivier de moines en haillons, de prédateurs en smoking, de larves consentantes abreuvées d'injures et d'immondices qui se roulent dans la fange avec le souci d'épargner leurs maîtres fouetteurs, ces politiciens de tous bords qui se lavent dans le mensonge, hourdissent l'horreur et ne sont heureux que lorsque la populace se tient silencieuse. Ici l'infection ronge chaque chapitre construit comme la vermine souille les cadavres, et cette décomposition où surnagent les atavismes de la perfidie comme du déshonneur, s'avance inexorablement.

Pandémie le corps social se meurt sous les coups de l'ignominie et du parjure : on vend les terres, on vend les régions, on vend les nations, dans les cercles tronqués de la voie inversée, on liquide le passif pour naître sablier les florilèges d'une défécation sans fin, ameutant des troupeaux avides, ces troupeaux de la déshérence conjuguée qui font la fortune des marchands d'esclaves, chair humaine vouée au travail, à la licence, à la prostitution, à cette écume de l'infamie qui ruisselle du sang des innocents pour complaire à la litanie des veules de ce monde.

Insuffisance des marques, réclame des œuvres, le corpuscule de cette horreur ne se suffit, l'esprit est trop occupé, il faut le vider de toutes substances, lui faire peur et le faire gémir, et là se dressent les invariants de ce proxénétisme de haute voltige, subventionné par les États en voie de désintégration, apparaissent leurs scories, les bonimenteurs et les menteurs, les philosophes de l'étron et leurs porcheries, convoitises des artistes du néant et des solidaires de l'abjection, princes des nuits et des jours où se brûlent les ailes d'une jeunesse acculturée, sans repères, sinon ceux du gain le plus féroce, vitriol de casemates et de villes fortifiées défiant l'État de droit pour assouvir les plaisirs débiles d'une "élite" droguée et perverses.

Il n'y a rien à attendre de cette médiocrité se croyant puissance, les narines ourlées de cocaïne, pièges de toute mesure cimentée par un pouvoir fantasmagorique qui ne lutte contre ses méfaits mais bien au contraire en récupère les délits pour fortifier la terreur dans les yeux des Peuples éhontés. La "société" est là, paresse en ses bubons, croulant sous une ovipare destinée où la bestialité est règne. Primitive, elle redevient dans l'ornementation de ses fresques pourrissantes, voyant se dresser ses mantisses, des pouvoirs cadavériques.

Mesure de la féodalité à droite, mesure de l'aliénation à gauche, l'une et l'autre convergeant dans la débauche d'une pensée unique et veule, bestiaire de l'incongruité voyant en exemple le reniement de la Vie pour parabole exclusive, le reniement du Peuple, de l'Identité, de la Nation, de la Culture, de l'Éducation, de la Solidarité, pour naître la larve officiante : ce non-être acculturé, sans racines, inférieur au Singe, qui déambule en applaudissant au pourrissoir dans lequel il devient une unité économique tout juste bonne à se reproduire, s'alimenter et déféquer, un sous-animal qui n'a plus que pour avenir la fange, distribuée, acclamée et statufiée par l'horreur politicienne, la bassesse médiatique, la médiocrité argentée, la bêtise glorifiée.

Ici l'inversion de la Voie est à son comble dans le cadre de la manipulation, axée sur la culpabilisation, sur la dénaturation, sur l'idiotie nationalisée, permettant toutes destructions de l'Humain, dont le sous-humain devenu se glorifie de sa propre destruction, par l'avortement, par l'euthanasie, sous animal qui peut être désormais pressuré à souhait, à qui l'on donne des jeux pour satisfaire ses velléités libertaires, du football principalement propulsant sur le devant de la scène des gladiateurs qui demain s'entre-tueront dans l'arène organisée par les pouvoirs afin de rassasier la démence des foules qui ne peuvent plus catalyser leur énergie dans l'avenir, et ont besoin de défouler leur agressivité cantonnée et interdite, carpette en livrée de la moisissure ambiante et forcenée enchantée par les "sages" de cette déréliction que l'on nomme le pouvoir "politique", féal du veau d'or et de ses outrances.

Ainsi ce monde qui part à vau l'eau, ainsi cette dégénérescence nécessaire, car elle est aujourd'hui nécessitée, la Vie ne pouvant évoluer avec ce sous-substrat qui se vide de sa légitimité pour adorer la pourriture et le pourrissement. Ainsi alors que s'apprêtent de nouveaux conflits pour apeurer les larves devenues, ces sous-êtres qui sont l'accomplissement de l'atrophie dominante. Mais que l'on se rassure, ce bubon se dévorera de lui-même et disparaîtra dans les nuées comme un feu de paille, l'Être Humain, debout au milieu des ruines, tel l'aigle impassible, attendant son heure afin de renouveler la Vie sur les cendres de cette désintégration cacophonique à laquelle nous assistons...

Regard

Sapience des âges de la nuit, d'ivoire aux azurs florilèges, qu'irisent le sort et ses diurnes opiacées qui rêvent, ce monde se grée d'infortune, de talismaniques errances, de fauves délétères, et de ces jeux sans lendemains qui se veulent d'amour les correspondances, intimes convictions effarouchées au vol des oiseaux lyres qui parlent aux vivants, et ne répondent aux errements qui se stigmatisent, s'embellissent, s'enhardissent, mais toujours échouent sur le calvaire des méprises, de ces stances sans vêtures qui crient leur indolence, s'enrobent dans d'ignares servitudes et se congratulent dans l'absence, mièvreries des adages qui s'avortent, s'enrubannent de satisfactions sans espoirs, nervures d'espèces en voie de disparition qui se contemplent, s'abreuvent, s'épanouissent puis disparaissent dans les nuées abyssales d'une consommation tardive.

Ainsi ces routes où l'ombre perle la paresse, l'empreinte du néant et ses gloires additives, des fêtes sans semis, sans ordonnances, poisons des jours en écueil, dessinant aux limbes éthérés ces miasmes qui s'enfantent, ces couronnements de la déréliction qui se veulent triomphes, tout faste de l'introversion qui farandole aux écumes des pouvoirs, en services commandés pour attrouper le médiocre et l'inconscient, des théurgies de l'ignorance les troupeaux qui officient, pauvres errants aux atrophies conditionnées qui se parodient à l'infini d'une trivialité moribonde qui se parle sans répond, sinon celui des larves agenouillées.

Ici on se prendrait au mépris si le mépris lui-même n'était un signe de faiblesse, et la question qui vient : "comment sortir ces êtres de leur néant ?", y a-t-il seulement un espoir de les voir se relever de cette dysfonction qui les fait traire par l'absurdité, l'affliction, l'indétermination ? Comment réveiller leur aptitude créative ? Le sens ici trouve sa légitimité, car il serait facile de les laisser croupir dans les immondices qui les entraînent, et de se dire qu'ici il n'y a plus rien à faire, que cette partie de l'humanité, non-humanité par excellence, se réjouissant de ses propres déjections, doit être laissée pour compte.

Cette facilité là reste sans intérêt face à la renaissance qui se doit, et qui ne doit laisser pour compte un seul représentant de l'humanité en dehors du vivant, car fut-il éteint en ses semis que veille la flamme originelle en son sein, qu'il suffit de raviver pour qu'elle éclaire à nouveau l'avenir et ses horizons limpides. Ici le lieu, ici le temps, et dans ce lieu et dans ce temps chacun d'entre nous se doit de révéler l'autre à sa densité, à cette préciosité lumineuse qui ne se perd dans les litanies de l'absence, mais bien au contraire, mûrie, développe la portée de toute préhension comme de toute compréhension, loin des subterfuges qui s'idolâtrent, loin des ramures équinoxiales qui cachent la réalité sous des bûchers de vanité, loin de la stérilité et de ces ivoires dénaturés qui comblent d'abstractions les univers décomposés de la déchéance, loin de l'incongruité et de ses rives démasquées, loin de ces funèbres processions qui s'alimentent d'indicibles torpeurs où la mort ricane.

Ainsi alors que les troupeaux s'émeuvent des phasmes qui les autorisent, que grouillent en palinodies les éructations provocatrices de la lie et de ses féaux, ces parasites décervelés qui s'imaginent nourriciers d'un quelconque avenir.

Ainsi alors que les alarmes vocifèrent dans ce monde devenu babélien, où plus rien n'est rien, sinon qu'une rustine qui sert à colmater la débauche gargouillant du parasitisme institutionnalisé, celui d'étrons galopants qui viennent traire les avoirs des Peuples en gémissant, celui de quelques-uns qui au nom d'un système économique en faillite implorent les impôts des esclaves de demain, apatrides sans racines mues par le rien faire, le profit des autres, ces autres qu'ils méprisent, ces autres qui les enrichissent soit dans la pauvreté factice soit dans la richesse infinie, opium des foules martelées par les mots d'ordre de cette saturation de la liquéfaction, cette bestialité accouplée à un seul but, celui de paraître, d'apparaître et dans l'illusion du pouvoir, qui se mérite, de diriger ce monde à son image, un monde de néant, bubonique par excellence où la pourriture se glorifie, où la vermine grouille, où l'infect est le ruissellement théurgique de lois iniques, toutes dévouées à la mort.

Celle de l'Être physique par avortement, euthanasie, celle de l'Être pensant, par défiguration et réécriture de l'Histoire avec un H majuscule, celle de l'Être Spirituel qui doit de compromission en compromission se noyer dans la soumission la plus ignoble qui soit, celles de l'Être Humain, qui doit disparaître au profit du non-humain, sous animal enchanté, sous animal adulé, sous animal proclamé qui acclame son esclavage avec jouissance.

Ici se situe le combat à naître, celui de la renaissance à l'Humain, actuellement sous animal conditionné, qui n'a plus racines ni Histoire et qui se perd dans les lamentations délétères de sa propre défiguration afin de s'accorder à la répugnance qui se veut dominante mais dont l'arrogance la perdra définitivement dans l'abîme de sa propre violence outrageante tant pour les Êtres Humains que pour l'Humanité !

Les tueurs sont parmi nous

L'inversion de la voie est modélisation actuellement et se retrouve aux plus hauts niveaux. Les sociétés discrètes perverties par l'illuminisme ne sont pas les seules à initier la désintégration de ce monde. Renforcées par des rites défiant l'imagination, dont le mentor absolu reste Crowley, elles ont donné naissance à des sectes particulièrement dangereuses, qui, manipulées par les services spéciaux des États, où des groupes d'influences, (afin que leurs membres soient soumis à une autorité de pouvoir), représentent aujourd'hui le symbole même de la perversion totale de l'Être Humain, qui se retrouve dans leur dénature, la pédophilie, et nonobstant la pédophilie le meurtre rituel.

Ce crime contre l'Humanité n'est pas seulement exercice de quelques dégénérés isolés, qui sont montrés au public comme on agite un os à des chiens, mais bien plus répugnant est œuvre de réseaux sordides minutieusement mis en place qui pourrissent toutes les strates de la société, plus particulièrement politique, artistique, dont la corruption permet l'inféodation absolue. Cette typologie permet l'avance rapide de cette désagrégation des valeurs à laquelle nous sommes confrontés journellement. Il convient très rapidement de faire la lumière sur ce sordide qui subordonne les pas des pouvoirs, rétablir la peine de mort pour cette typologie effarante dont la non-philosophie trouve ses origines dans ces esprits atrophiés ayant donné naissance à ce que l'on nomme "le satanisme", qui n'est rien qu'un écran de fumée qui masque la pourriture qui le véhicule, l'instinct de la destruction totale, cet instinct que la Vie doit détruire. On retrouvera trace sur Internet d'un ensemble de documents qui vous permettront de voir à quel point le système est perverti et vous permettra de comprendre pourquoi on ne poursuit pas les pseudos "politiques" ou "pseudos" artistes" qui pour certains compris dans ces réseaux du sordide s'autoprotègent mutuellement.

Vous comprendrez aussi que les pourvoyeurs ne sont que des fusibles de ces réseaux monstrueux qu'il convient d'éradiquer pour que nos enfants, nos petits enfants vivent dans la sécurité et leur intégrité. Les citoyennes et les Citoyens doivent ici créer leur propre système de veille afin de se défendre contre cette pourriture.

Des sites existent en relation avec Interpol, mais il conviendrait d'aller beaucoup plus loin afin de faire exploser cette vérité qui n'est pas innocente dans le fléau dictatorial qui s'avance. Aller plus loin cela veut dire unir globalement les sites anti pédophiles à travers le monde et s'entourer de juristes qui pousseront dans leurs limites les carcans inféodés, milieux politiques, policiers, judiciaires, de manière à ce qu'aboutissent toutes les enquêtes relatives à ces crimes contre l'Humanité que subissent les enfants à travers le monde.

Ce n'est qu'à ce prix que s'autodétruiront ces piliers de la monstruosité et que sera détruite leur bestialité. Il convient que chaque citoyenne comme chaque citoyen réclament en chaque Pays que soit remise en vigueur la peine de mort pour ces crimes atroces, ainsi d'ailleurs que pour le trafic d'organes, horreurs liées ne nous leurrons pas. Conjointement il convient que chacun cible cette répugnance, qui ose par l'intermédiaire de certains hommes "politiques" ou "artistiques" demander la dépénalisation de cette abjection, fasse en sorte de boycotter par ses voix où ses achats ces admirateurs et admiratrices de cette dépravation.

Enfin il convient de veiller sur ses enfants, ses petits-enfants, afin qu'ils ne soient pas les proies de ces non-humains, en tous lieux, école, lycée, collège, université, en toutes strates de cette société déliquescente qui baigne dans le pourrissement et ses fossoyeurs abjects.

Remarques

Il y en a pour penser qu'il est temps pour les Peuples d'abandonner leur souveraineté Nationale, de se diluer dans un bloc régional, avant de disparaître dans un gestalt mondial dirigé par l'ONU. Le Bilderberg dans sa réunion prochaine, après avoir commis ce "président" d'une "union" européenne qui n'existe que dans le virtuel s'apprête à donner ces mots d'ordre pour ladite constitution de ce "gouvernement" mondial.

On me parlera ici de théorie du complot, termes employés par le virtuel pour mieux cacher au public ses opérandes. Que non, nous ne sommes pas dans la théorie du complot mais bien dans le réel, - et, ici remercions encore le représentant de notre Pays qui a si bien fait apparaître qu'il n'y avait aucune distinction entre droite et gauche, et si bien fait comprendre qu'il n'était qu'un rouage dans la machinerie de guerre du mondialisme, dans l'établissement de ce "nouvel ordre mondial" nazi communiste dont l'idéologie dont il fait état est une injure à l'intelligence Humaine.

Au cœur de l'Europe sa société de pensée motrice, n'a pu échapper au sommet de l'arrogance, qui est le privilège de ces dernières années, le paraître, et dès 2009 et 2010, s'est révélée au commun des citoyens qui s'est aperçu avec stupeur qu'il était trompé de bout en bout depuis sa naissance par son coup d'état permanent initié par quelques personnes composant à la fois ce groupe discret, un parmi tant d'autres, et les membres des partis politiques à sa solde, pour implanter quoi ? Une dictature, menée par l'atrophie promouvant la voie inverse.

Cette monstruosité mènera à la chute de l'Humanité donnant naissance à une sous-humanité bestiale où ne régneront que des non-humains, atrophies résiduelles au barbarisme triomphant, à l'image de leurs créations,

262

Staline, Hitler, Mao, sans compter toutes ces figurines de la dictature rouge qui perdurent encore, et dont la gloire, ce qui ravit les eugénistes, est d'avoir fait commettre en leur nom plus de cent cinquante millions de morts.

Les citoyennes comme les citoyens de ce monde doivent bien comprendre que s'ils veulent faire respecter leur Identité, leur Peuple, leur Nation, il va désormais leur falloir agir rapidement pour mettre fin à ce règne qui s'instaure sans leur consentement.

Face à cette dérive barbare, il convient de revenir au corpus de la Démocratie la plus pure, en n'élisant que la capacité et non la virtualité, une capacité n'ayant d'autres ambitions que celles de la préservation de l'intégrité des Nations, des Peuples et des Identités, n'ayant d'autres ambitions que le bien général et non l'inféodation, la forfaiture, la trahison, au profit de particuliers et notamment de cette secte régissant dans la dictature le devenir Humain.

Cela n'exclut en aucun cas la fédération entre États, bien au contraire, dans le cadre de blocs bio-géo-historiques, qui auront le mérite d'être composés et non violés par des afflux massifs d'exogènes, tremplins de la destruction de toute réalité officiante diligentés par le communautarisme sectaire précité.

Face à ce déni d'existence de l'humain promut par les sectes mondialistes, deux visions du monde vont désormais s'affronter, la vision de l'Universalité qui élève l'Être Humain, et la vision mondialiste qui rabaisse l'Être Humain au rang de non-humain, esclave conditionné au service de la virtualité.

Chacun doit ici se déployer en son âme et conscience, soit dans l'azur, soit dans l'abîme. Pour celles et ceux qui penseraient que plus rien n'est possible, il convient qu'ils réalisent que les traités non validés par les Peuples ne sont que des chiffons de papiers, et qu'ils disparaîtront, tout comme les lois liberticides relatives à la liberté de penser défendues par la gestapo apatride qui s'imagine dominante, alors qu'elle n'est qu'un feu de paille qui sera dissipé lorsque le Pouvoir reviendra aux Peuples.

Mesure pour mesure ce redéploiement viendra plus vite que n'escomptent ces sectes qui se veulent couronnées. Le Pouvoir par le Peuple et pour le Peuple redeviendra naturellement. N'oubliez jamais qu'aucun gouvernement ne peut fonctionner sans l'appui du Peuple, et ce jour voit la plupart des gouvernements ne plus avoir cet appui. La majorité réelle se retrouve donc au cœur des Peuples, délaissant la traîtrise des partis tant de droite que de gauche, bonnet blanc et blanc bonnet.

Le temps est compté à ce "nouvel ordre mondial" et c'est bien pour cela qu'il veut s'autoféconder le plus rapidement possible avant que les Esprits Humains discernent sa nébuleuse et la destitue à jamais, ce qui arrivera inévitablement, car elle ne participe d'aucune légitimité, sinon la légitimité qu'elle se donne, d'aucune légitimité en provenance des Peuples.

À force d'accroire, cette typologie se détruira elle-même, les Peuples la résorbant dans ce qu'elle est, savoir une dictature fomentée par des quarterons de privilégiés qui veulent conserver leur "pouvoir" économique. Le vrai pouvoir ce n'est pas le pouvoir économique mais le pouvoir politique, et ce pouvoir ce "nouvel ordre mondial" ne l'a pas et ne l'aura jamais, qu'il ne se fasse aucune illusion, car il n'a aucun assentiment des Peuples, bien au contraire. Il n'y a qu'à regarder cette "europe" euromondialiste qui tourne à vide, se mord la queue avec ces millions de décrets et de lois qui passeront à la poubelle de l'histoire, tant ils sont l'inconvenance même, l'irrationalité même.

Il ne suffit de dire pour gouverner, je veux gouverner, mais prendre la mesure de ce qui doit être gouverné, des Êtres Humains, et non des larves. La Vie a ceci de particulier c'est qu'elle inscrit dans le code génétique de l'Être Humain une rémanence que rien ne peut détruire, le sentiment de Liberté et plus encore le sentiment d'appartenance.

Détruire la famille, détruire la Nation, détruire l'Identité, détruire par de pseudos sciences issues d'atrophies mentales la réalité, ne change rien à ce phénomène, car il est inné et non esclave de cet acquis aujourd'hui réduit à la bassesse et à la bestialité accomplies, où l'on voit la pédophilie triomphante s'autoprotéger. Rien, ni personne, n'empêchera l'Être Humain de penser et de se réveiller de cette putridité en laquelle on l'enlise de force, les chaînes de la parole seront brisées partout dans le monde et ce qui arrivera devra arriver, une reconquête totale de l'Humanité par l'Humanité pour l'Humanité. Les divisions : sept milliards d'Êtres Humains, leurs divisions : deux millions peut être trois millions d'individus qui au nom de l'illuminisme le plus pervers s'imaginent prendre en main la destinée Humaine.

Voilà la réalité, la réalité la plus pure et déterminante qui fait que ce "nouvel ordre mondial" disparaîtra aussi rapidement qu'il est venu. Et ce ne sera la guerre qu'il nous prépare en Iran, et ce ne sera la force brutale de ses chiens de guerre, l'assassinat au nom d'un "terrorisme"" fabriqué de toutes pièces qui y changeront quelque chose. Ce "nouvel ordre mondial" est mort avant même de naître.

Aux États-Unis on s'interroge sur les turbulences du Peuple qui s'unit petit à petit contre cette dérive sectaire, dans tous les Pays d'Europe le désintérêt va croissant pour les partis contrôlés par le mondialisme. Partout le Nationalisme, le vrai Nationalisme qui n'est pas celui du repli sur soi-même, mais de l'ouverture au monde, renaît avec vigueur, et ce ne seront les assassinats politiques diligentés par x ou y qui y changeront quelque chose. La résistance s'avance, les sondages montrent avec pertinence que les moteurs du mondialisme, partis ou individualités sont en déclin.

Et ce n'est pas terminé. L'unification de ces mouvements se fera inéluctablement, car personne, je dis bien personne, ne peut mentir indéfiniment aux Peuples de cette petite Terre, mensonge sur le réchauffement climatique, mensonge sur l'économie, mensonge sur l'Histoire, mensonge sur la Science, mensonge sur la Philosophie, mensonge sur l'Art, mensonges conjoints et répétés inlassablement qui désormais font rire les Peuples, dont le bon sens ne sera jamais atteint.

Il serait temps aux "mondialistes" de comprendre qu'ils ne sont qu'un rayon dans le cercle et non le cercle lui-même et encore moins la sphère, et que personne, je dis bien personne, n'est dupe sur leurs intentions malveillantes à l'égard de la Vie (avortement euthanasie, viol des identités, eugénisme, génocide programmé par des vaccinations létales, par des soins inadaptés tels ceux concernant la myopathie qui peut être stoppée dès la naissance par application d'œstrogène, tels ceux concernant le cancer, la maladie de Parkinson, la sclérose en plaque, qui peuvent se guérir par des traitements à moindre coût - tout cela pour nourrir des parasites -), personne n'est dupe sur leurs intentions à l'égard de l'Être Humain qui doit devenir la larve interchangeable qu'ils recherchent, pur produit esclave de "sages" (de quelle sagesse parlons-nous ici !) qui n'aura d'autre devenir que l'acculturation et la bestialité, personne n'est dupe sur leurs intentions à l'égard de l'Humanité qui devra devenir une sous-humanité destinée à les servir jusqu'à la mort, personne n'est dupe sur leurs intentions à l'égard de l'environnement où les sous-humains seront parqués comme des bestiaux dans des camps de concentration tandis que ces personnages se vautreront dans leurs plaisirs ubuesques, personne n'est dupe sur leurs intentions à l'égard du devenir qui sera celui de la terreur accouplée à la destruction.

Destruction de toute résistance, destruction de toute tentative de libération, destruction des esprits et des corps, à l'image reptilienne de leurs grands frères, Hitler, Mao, Staline (ce n'est pas un hasard si des camps de concentration existent aux États Unis, ce n'est pas non plus un hasard si les casernes ont été vidées de l'Armée du Peuple).

Cette duperie n'a que trop durée. Il est temps que les Peuples demandent des comptes dans le cadre de la Démocratie, à ces tenanciers fourriers du mondialisme le plus purulent qui soit en leur posant les questions les plus simples : qu'ont-ils fait pour leur Pays, pour leur

266

Nation, pour le bien-être de leur Peuple, ont-ils préservé un seul instant son intégrité, son Identité ?

En aucun cas, au contraire, l'entreprise de destruction continue à être alimentée par de pseudos philosophes de basse-cour, d'"experts" sortis de nulle part qui ne comprennent rien à leur sujet, et se poursuit sans tenir compte de la réalité ! Et si vous leur posez ces questions, eh bien vous vous apercevrez que lobotomisés comme ils sont, ils ne vous répondront qu'en fonction de leur errance mondialiste. Tristes sires aux tristes figures bien plus dangereux qu'Hitler, Mao et Staline réunis, que l'on doit renvoyer à leurs chères études par un vote définitif avant que ce monde ne devienne un charnier. Les Pays recouvrant leur Liberté pourront alors se fédérer pour s'accomplir dans l'ordre mondial naturel et non virtuel !

Quel est donc ce monde ?

Quel est donc ce monde où la domesticité devient règne ? Quel est donc ce monde où les Nations se prostituent à l'argent roi ? Quel est donc ce monde où l'on envoie se faire tuer des soldats pour défendre les récoltes de pavots et la moisson pétrolifère ? Quel est donc ce monde où l'inconscience est privilégiée sur la conscience ? Quel est donc ce monde où l'on tue la Liberté en dévitalisant l'Humain de ses racines ? Quel est donc ce monde bâti sur le racisme unilatéral de la médiocrité par rapport à la capacité ? Quel est donc ce monde où l'Être Humain est devenu une marchandise que l'on jette après usage ?

Quel est donc ce monde où le virtuel remplace le réel ? Quel est donc ce monde où l'eugénisme devient loi, avortement, euthanasie, vaccination létale ? Quel est donc ce monde où les enfants sont objets de meurtres rituels, de trafics d'organes, de prostitution ? Quel est donc ce monde où la vie humaine n'a pas plus d'importance qu'une goutte de pluie ? Quel est donc ce monde où l'apologie de la pitié se retrouve toujours dans le camp des assassins et en aucun cas dans le camp des victimes ? Quel est donc ce monde où les politiques sont devenus les féaux de l'argent et mentent plus que de raison à des Peuples dont ils autorisent le viol physique, culturel et spirituel ?

Quel est donc ce monde où ces féaux se prennent pour des rois alors qu'ils ne sont que des nains ? Quel est donc ce monde où disparaissent toutes identités, toutes cultures, toutes spiritualités au profit d'une boue glauque ? Quel est donc ce monde qui défend la perversité contre la droiture, l'exemple et le courage ? Quel est donc ce monde qui falsifie l'Histoire pour mieux commettre des exactions sans noms ? Quel est donc ce monde où l'on irradie à l'uranium appauvri des Peuples entiers ? Quel est donc ce monde où l'on occasionne des génocides infernaux, Irak, Darfour, sans que le moindre petit doigt ne soit levé pour juger les criminels de guerre par les "organisations» "internationales» ?

Quel est donc ce monde où l'on exploite les enfants au nom de l'"économie» ? Quel est donc ce monde où les fourriers de l'illuminisme commettent un coup d'État mondialiste sans que la moindre réticence ne leur soit opposée ? Quel est donc ce monde où se subliment des valeurs d'argent au détriment des valeurs de l'intelligence humaine ? Quel est donc ce monde où on porte en avant le mensonge culpabilisateur par de pseudos philosophes, de pseudos scientifiques ? Quel est donc ce monde où s'enhardit la dénature, la pédophilie et ses défenseurs ?

Quel est donc ce monde où l'on trait le travail sans aucune humanité ? Quel est donc ce monde où déambulent des zombis atrophiés qui n'ont plus que le mot consommation à la bouche ? Quel est donc ce monde où on laisse pourrir le troisième âge dans des hospices sans pitié ? Quel est donc ce monde où l'on détruit la vie pour nourrir des laboratoires pharmaceutiques qui inventent le crime pour en "soigner" la déraison ? Quel est donc ce monde où se nantissent les prostitués aux marchands, qu'ils soient politiques, artistes, scientifiques, philosophes ?

Quel est donc ce monde où la trivialité, la bassesse, la forfaiture, la trahison, sont les commandements d'une pensée unique ? Quel est donc ce monde en bestiaire de la bestialité qui dicte sa volonté d'atrophie par tout pays ? Quel est donc ce monde où les cénacles nocturnes disposent et ordonnent contre la volonté des Peuples ? Quel est donc ce monde où l'usure est devenue déesse de toutes les aberrations ? Quel est donc ce monde dominé par l'atrophie mentale ?

Quel est donc ce monde où la science pour percevoir des deniers s'infantilise ? Quel est donc ce monde où la philosophie se défigure pour conserver une "luminosité" qui n'existe plus ? Quel est donc ce monde où l'Art est devenu culte des étrons ? Quel est donc ce monde se roulant dans la fange et l'immondice de non-cultures médiatisées ? Quel est donc ce monde aux médias terroristes qui acculturent ? Quel est donc ce monde sans énergie, sans vitalité, qui exprime la noirceur des composantes de sa déréliction et de son entropie ?

Quel est donc ce monde au bourbier infect qui ne voit plus d'espérance dans le regard humain, sinon celui de naître maître ou esclave ? Quel est donc ce monde, encadré par la dictature du néant, qui recule ? Quel est donc ce monde qui ruisselle du sang des innocents, des larmes des mères dont on tue les enfants, de la sueur des pères dont on liquéfie l'intelligence pour produire l'imprédictible comme l'inutile ? Quel est donc ce monde où s'enseigne la barbarie et se légitime la barbarie ? Quel est donc ce monde sans avenir qui au nom de l'usure se reptilise afin d'honorer les vampires des civilisations qui se veulent autorité ?

Quel est donc ce monde dont l'intelligence sidaïque se développe à la vitesse de la lumière ? Quel est donc ce monde où la torture devient légitimité, où le droit de mort devient augure, au nom d'une idéologie destructrice, qui n'a pour but que la désintégration de l'humanité, au profit de reptiles iniques ? Quel est donc ce monde où la beauté, la volonté, le devoir, l'honneur, le courage l'abnégation, l'empathie, l'altruisme, ont fait place à la couardise, la lâcheté, le déshonneur, la reptation, la servilité, l'égoïsme, la peur, la terreur, l'ignominie ? Quel est donc ce monde d'esclaves qui se prosternent et redemandent le fouet ? Quel est donc ce monde où les barbares sont dominants, tueurs nés de toutes vies à leur profit de mort ?

Ce monde est le nôtre, et serait-il temps avant que la Liberté en disparaisse que les Êtres Humains s'en rendent compte, s'unissent et en bannissent les outrages, les exactions, les moisissures, la peste qui envahit et pourrit toute vie, afin de rendre à la Vie sa légitimité, son honneur, sa grandeur, son devenir comme son avenir !

Des rives de ce temps

Aux rives de ce temps, dans l'errance ornementale de l'infatuation couronnée, se dresse le bilan de la délétère morbidité qui règne. Un monde à l'agonie, où l'Humain n'est plus qu'un point infinitésimal, même pas une intrigue, mais un complexe biologique qui est trait de la naissance à la mort par l'euthanasie mentale des aréopages spongieux de la déréliction. Un parasitisme dont les Humains n'ont su se défaire, orientant leur propre destruction, instrument brutal de la désintégration qui veille, se statufiant en usant du limon du sang et de la sueur, du limon de la sueur et des larmes des esclaves en reptation devant son désir de magnificence.

Magnificence de la monstruosité, et comment pourrait-il en être autrement ? La hideur étant le sommet de son orientation, la dénature son écrin, la trivialité sa nef consommée. Ici le sujet lui-même s'échappe pour se désigner, libre étron dont le fumet en décomposition grouille de ces vers qui le maintiennent encore pour mieux s'en nourrir. Là sont les vaniteux, les prévaricateurs, les faces illuminées de l'ombre qui roucoulent sur les charniers, toutes plèbes en rite de la pourriture gréée déesse qui singe dans l'apparence son indéfectible gravité, celle de la chute, la chute des âmes, la chute des esprits, la chute des corps, la chute de l'origine comme de l'avenir Humain.

Car ici, n'attendez de volition, n'attendez de déploiement, n'attendez de grandeur ! L'aristocratie naturelle n'y existe, remplacée par le nanisme d'une bourgeoisie d'apparat qui ne sait toujours pas prononcer une voyelle et encore moins une consonne. Et cette vêture de la plèbe la plus insultante pavane, institue sa morale, légifère sa déification. Née de la putridité, du vol, de la bassesse, de

271

l'outrage, du pillage, de la forfaiture, de la lâcheté, elle s'achète une pureté qui n'existe que dans son imagination, mais ne fait illusion devant les vivants qui honorent leurs morts, ces milliards de femmes et d'hommes sacrifiés par ces phasmes qui n'ont d'obsession que celle du gain, par ventes interposées afin de ne pas salir leurs mains, leurs mains couvertes de sang, leurs mains répugnantes à souhait de tout ce qui constitue l'infamie, la barbarie !

Ne vous y fiez, leur regard torve et mielleux, leur sourire hypocrite et libidineux, leur grotesque assurance, ne sont là que pour vous appâter, que pour mieux vous dévorer. Il n'y a en leur lieu que ramifications de tout ce que le bubon peut inspirer, qu'il soit chancre ou métastase, toujours purulents leurs effluves sont nausées de soumissions et de reptations, confluents des arborescences du vide qui se réjouissent de leurs marques ataviques qui se réfléchissent par l'ignorance réglementée.

Car n'attendez ici d'intelligence, disparue au long cours des marchés, des cours des monnaies, des valeurs abruptes de l'abstraction qui rive ses domaines dans les pulsions, les impulsions et les convulsions ordonnées, celles de la destruction d'un Peuple, comme de l'anéantissement d'une firme, ou bien encore son addiction, cette bonne fortune qui mêle l'imaginaire et le réel, contrefaçon promouvant l'étonnant verbiage de la nullité offerte aux regards Comme beaux-arts. Il n'y a ici d'affliction plus totale en cette délétère perversion qu'enchantent les prestidigitateurs de ce système voué au harcèlement, à la putréfaction, à l'abîme.

Et les chantres de ces remous oiseux prolifèrent en discours pour déterminer une compassion, une direction, une orientation, reprise en chœur par le larbinage médiatique, noblesse de l'affairisme, promiscuité de l'humiliation la plus profonde où la raison n'existe que pour applaudir à la dérision de l'aubade gérée par la manipulation pandémique, ce ruisseau abscons où la frivolité mesure le degré de pertinence du viol des esprits, de ceux qui restent, car il y a belle lurette que l'esprit n'existe plus, consumé par la dénaturation.

Ainsi dans ce terreau de l'immondice acclamé, les applaudissements, les génuflexions, les congratulations fusent, synonymes d'une prostitution de bon aloi qui se gouverne par l'or et ses semblants. Ici se retrouvent toute la faune du nuisible, les maquereaux du vide, les péripatéticiennes et péripatéticiens de la monnaie somptueuse, où les corps à corps sont de dantesques fantaisies de la monstruosité, accouplements féroces de tout ce qui représente l'or avec l'ordure sa création.

La stérilité fort heureusement engendre la stérilité, et ces fins de races comme des gargouilles le savent, ainsi leurs fumerolles gravitées ne sont plus que de lointains appels pour les Peuples qui se lèvent, pour les Peuples, debout, qui ne sommeillent dans leur gruau de l'inconscience, et qui, avec une patiente infinie attendent leur heure, l'heure salutaire où la Terre lavera cette parodie, cette infection qui la couvre de ses injures, de ses crachats, de ses besoins immondes.

Car la Nature toujours renaît à l'équilibre, et ce jour qui vient, qui n'est pas si loin, ce jour naturel resplendira de leur disparition, dans la désintégration qu'ils auront eux-mêmes conjuguée, l'horizon enfin couleur de feu pourra reprendre sa course et l'Humanité l'enfantement de son avenir, ainsi et pour l'éternité.

Lobotomie

En dehors de la drogue sauvage, il existe une drogue bien plus puissante : celle de ce football indigne qui n'est plus aujourd'hui qu'un jeu de roulette à l'image des composantes économiques qui n'ont pour but que de détruire les Nations. Cet opium des Peuples arrive aujourd'hui à son paroxysme dans le cadre de ce "mondial" inféodé à la lobotomie des intelligences. On n'y voit ici non plus des Êtres Humains épris de raison, mais des troupeaux passionnés n'ayant d'autre objectif que de faire-valoir des milliardaires qui défendraient leur "couleur".

Dans ce délitement de la pensée le plus total, les politiques mondialistes établissent à la va-vite, sans l'accord des Peuples lobotomisés par l'opium universel, une gouvernance économique européenne, une réforme arbitraire des retraites, une mise en coupe réglée des économies, permettant de payer les dettes occasionnées par une aide massive à des banques défaillantes : le viol de l'intelligence est ici consommé. Il n'y a aucun risque, les énergies sont déployées dans le vide de l'opium, et ne viendront affronter des décisions arbitraires à la ressemblance de ce coup d'État représentant la pire forfaiture que la France et les pays de l'Europe n'aient jamais connue !

Et ce coup d'État fomenté par les apatrides s'autocouronne, levier de la plus vaste falsification de l'histoire humaine. Après le pseudo-bug informatique de l'an 2000, le pseudo-réchauffement planétaire, la pseudo-grippe H1N1, voici la pseudo "crise" économique manipulée et manipulatrice qui s'ouvre sur toutes les trahisons, toutes les domestications possibles et imaginables. Car de crise il n'existe que si les institutions fantoches continuent à exister, ces institutions européennes ubuesques qui ne servent qu'à garantir cette perversité qui se veut dominante, le mondialisme.

Car de crise il n'existe plus si chaque Pays reprend son droit légitime de battre monnaie ! Mais cela, il est bien évident que les apatrides qui gouvernent n'en veulent pas afin de conserver leur pouvoir virtuel, qui est leur marque de fabrique au même titre que ce "mondial", qui n'est que l'image perverse de leur domesticité et qui sportivement ne représente rien, rien sinon celle du pourrissement du sport par l'idéologie dominante, l'économie virtuelle.

Une économie assoiffée qui atteint maintenant dans le cadre de la réforme des retraites les couches des plus démunies, celles qui font la valeur ajoutée des entreprises, avec leur sueur et avec leur sang, pour nourrir le parasitisme, le bling bling, la décadence bourgeoise, la médiocrité des politiques qu'ils soient de droite ou de gauche, qui sont à genoux devant des "marchés" qui leur dictent leur conduite au mépris de leur devoir envers les Peuples, incapables qu'ils sont de figer cette gangrène du réel et de ses litanies.

Regardons les choses en face, cette gangrène se nourrit désormais du corps social sans la moindre équivoque, ne se cachant même plus des politiques qui hissent leurs voix hypocrites au sommet de ses artefacts, en vampirisant sueur et sang de l'Être Humain qui ces jours s'accomplit dans l'asservissement au football, sans même se rendre compte que son esclavage est désormais maître à penser de son devenir. La ruine de l'intelligence est ici inscrite dans le marbre, mais ce serait sans compter sur cette réalité qui fait que l'Être Humain ne peut être aveugle éternellement.

L'aveuglement d'un instant n'est pas l'aveuglement de toujours. L'Histoire avec un H majuscule, et non l'histoire réécrite par les idéologies, le prouve naturellement. Tout n'est qu'une question d'énergie. Si l'énergie dépensée dans cette aberration que l'on nomme le football aujourd'hui était utilisée par les Peuples pour remettre de l'ordre dans leurs Pays, mettre à plat les contingences du virtuel et les exposer à leur disparition naturelle, il est bien évident que nous n'en serions pas là. Ce temps de cristallisation viendra obligatoirement, il ne peut en être autrement, car tout est cycle et le cycle de la tromperie, de la fourberie, de l'illusionnisme est en train de prendre fin.

Le vrai visage de l'esclavagisme est en train de se montrer dans tout ce qu'il a de perfide, d'ignoble : la désintégration des valeurs Humaines, de la valeur Humaine réduite à un centre de profit, matérialisation du matérialisme le plus exacerbé, celui de l'avortement et de l'euthanasie enchantés par les prêtres de Thanatos qui dirigent l'Humanité vers son déclin absolu. N'oublions jamais que cette réforme fait peser pour plus de 80 % le remboursement des dettes uniquement par les salariés, qui bien entendu sont présentés comme les responsables de cette crise de la répugnance que nous vivons !

Renouveau

Rythmes antiques aux perceptions divines, des fastes des empires aux marches du septentrion, nous sont venues ces armées indéfectibles, des légions en rives de vertus nuptiales, leurs gréements, capitaines au long cours, l'armature invincible, voyant des fresques ivoirines, le métal de temples en écho, de hautes plaines, aguerries, leurs marches volontaires, affines de cette novation initiée aux parlements des scènes politiques, en déploiement civilisateur par les contrées barbares, aux mille écheveaux brisant dans la tourmente comme l'insolence l'avenir de l'Humain.

Ici, là, plus loin, et, au cœur même du royaume, en leurs apprêts distincts, leurs coutumes étranges, leurs mœurs dépravées, leurs faiseurs d'ambitions, et par-dessus tout leur goût dantesque pour les émaux, les pierreries, cavalerie d'insectes et de nains, forgeant leur tombe dans le dédale de l'insanité, de la cruauté, de cette incapacité à regarder la Vie pour ce qu'elle est, navigation, autorité, au profit de la déshérence et ses souffles dénaturés, dénature pour les autres, dénature en eau profonde marquant la chute des plus belles civilisations, vendues pour le caprice de la miroiterie, de la pacotille.

Dévorées par l'usure, ce fléau inventé par l'aporie de la médiocrité afin de se cacher le réel, n'y pas participer sinon que pour le détruire, afin, que tel le parasite se nourrit du vivant, inscrire son atrophie dans le flot de la Vie, l'accaparer et le réduire au néant, ce néant qui brille de la désertification, de l'aberration, de l'outrage, de l'indignité, en toute raison de la faiblesse, cette faiblesse maladroite qui initie les plus grands drames, cette faiblesse endémique liée à la dénature de la mutilation initiant une recherche d'équilibre qui ne se reflète que dans le déséquilibre, l'infatuation, la permanence de l'accroire, l'impermanence temporelle, l'anarchie outrancière à l'ego démonstratif de sa perte irrémédiable de la vertu affine.

Celle qui fait la grandeur, consume la forfaiture, agit dans l'honneur, sanctifie la splendeur, toutes voies dans et par la Voie, inconnues de ces strates étranges qui s'autocouronnent sur le néant, par leur néant qui n'est pas celui des Humains, de ces Humains accomplis, dessillés des dysharmonies, qui comblent le vide de leurs légions pour initier l'autorité naturelle sur l'autorité virtuelle, enfantement du chant, initiation sacrée du vivant à la Vie, délaissant aux basses-fosses des ténèbres les rides amères de la destruction et leurs féaux.

Pour les rives de la construction, construction du chant Vivant, qui, tel un vent de gloire fracasse à tout jamais dans l'azur l'impermanence, ses nuées d'insectes parasites, désormais sans repères, incapables de trouver prise en ce mouvement vertigineux qui n'associe ni lâcheté ni déficience, mais bien au contraire advient la vertu et par la vertu dominante le pouvoir, le pouvoir d'Être, ce pouvoir souverain que le nanisme en atrophie ne peut percevoir, car raison de l'harmonie des sources de la Vie, aux symbiotiques éléments de l'équilibre souverain, correspondance intime de toute volition, de toute ordonnance comme de tout accomplissement.

Vecteur de ces mille flots qui balaient l'immensité pour lui restituer sa fidélité loin des ornementations grotesques et gargantuesques des pléiades de courtisans de la bestialité et ses mentors, ces tueurs nés de l'intelligence, du courage, de la volonté, de l'abnégation, du don, qui se gobergent de leur inanité, où politiques, philosophes, scientifiques, artistes, s'empressent de prendre rang pour défendre l'indéfendable, la couardise, la défécation mentale, l'arbitraire du néant, constellations de la putridité, de la moisissure, de la boue qui noient les plus belles civilisations.

Ce jour dans l'autorité du verbe, restituées à leur parousie, le néant sublimé, néant sanctifiant la libération du vivant de leur fiel et de leur poison, libération de la Vie de leurs chancres et de leurs bubons de pestilences qui pullulaient en son sein comme autant de vermine sur le corps sans soin des civilisations, libération souveraine voyant les appariteurs, les escrocs intellectuels, les dépravés mentaux, enfin travailler pour se nourrir et non plus dans l'errance voler pour subsister, là dans les champs, plantant leur nourriture, là dans les fermes, soignant les animaux, labourant et sarclant, retrouvant enfin le réel dans et par ce devoir de se nourrir et de n'être une charge pour les Peuples, comme ils le furent pendant des milliers d'années en masquant leur perfidie sous l'image d'une martyrologie initiée.

Ainsi alors que des fronts lointains les Peuples en libération de leurs boulets inénarrables avancent vers cet horizon de la plénitude qui sied à l'Humain debout, horizon renouvelé, éclair de la Vie sans naufrage exaltant ses promesses d'une aube purifiée, enfantée, glorifiée, annihilant tous les miroirs en conjugaison de la perfidie, de la reptation, de la féodalité, de la compromission, de la forfaiture, toutes vagues achevées en ce cycle de renouveau, faste en règnes d'hyperborée, marches septentrionales des écumes adventices, par les nefs couronnées parcourant la gravitation céleste, et des émaux en lyres constellées, l'univers accompli fixant leurs rimes aux rives étincelantes.

Rivages mordorés des cieux flamboyants, voyant les équipages en chant, gardiens des flancs de l'avenir, des cargaisons affines de schistes et de marbre, agapes des temples à midi que les Peuples transcenderont, hâlant des souffles que l'ivoire resplendira, que les lourds portiques de bronze embelliront, vastes caducées des hyperboles de l'axe, initiant des ambres lys les parfums des roseraies, des jardins et des fontaines aux signes adventices, ainsi, alors que les circaètes, nos aigles de mer, plongent dans le cil des Océans pour déployer nos armées, là, ici, plus loin afin de terrasser la barbarie, ses races ignobles et cannibales infestant les îles du ponant, insignes en demeures qui jonchent nos sols par la permissivité du vide qui fut, qui ce jour dans les cendres disparaît au vent mauvais.

Ainsi dans la lumière qui saillie ce monde renouvelé à la beauté, à la pure incandescence, nettoyé de ses parasites, de cette infection rongeant le corps à vif de notre chant, nos Peuples et nos hymnes, retrouvés dans l'ardeur de la composition qui se doit, celle de la désinence universelle au-delà de la boue glauque de l'indifférencié, de l'atrophie du métissage culturel, cette bêtise incarnée de l'incapacité à Vivre des félons et des traîtres, de ces forfaits du vivant n'ayant pour adoration que Thanatos, disparus de nos regards en la condition du verbe qui irradie l'universelle grandeur, celle de la Vie dans sa multiplicité et non dans son délitement.

Ainsi alors que la pluie sombre l'obséquieux, la perversion de l'accroire d'une quelconque supériorité par l'infériorité intellectuelle, la bêtise et ses ornements, le mensonge allié à l'ignorance, toutes maladies éradiquées de notre monde, bestiaire d'hier croupissant des immondices exogènes qui se gaussaient de traire les Peuples de leur vitalité, et qui ce jour ont disparu de nos mémoires, ainsi alors que le feu salutaire brise par Cassiopée les derniers élans de la vermine qui y campe, cette illusion de portuaires et délébiles conjonctions funèbres qu'il nous faudra anéantir pour vivre, libérer la terre de ses scories bestiales, ainsi en l'aube qui nous annonce une victoire inextinguible et partagée, pour la Vie, en la Vie et par la Vie...

L'idolâtrie

Le ridicule ne tue pas, fort heureusement, autrement les millionnaires qui défendent nos couleurs en Afrique du Sud seraient déjà morts. Soyons clairs, pour défendre des couleurs il faut aimer le Pays s'en revêtant, avoir la foi en son destin, et surtout faim d'une victoire. Ici, rien de ces écrins familiers, sur le terrain, on marmonne la Marseillaise, pendant le match, on pense aux cinq millions d'euros à se partager, enfin se dépasser, à quoi bon puisque le salaire mensuel est de 330 000 euros !

Lorsqu'on parle de sport aujourd'hui, on parle d'argent à l'image du système économique envahie par la piraterie, et on trouve ici des acteurs qui n'ont d'autres désirs que celui de leur petite personne, comme en politique, et en aucun cas l'intérêt général. Comment en vouloir à cet assemblage disparate qui dans la galaxie de l'argent cherche son petit profit, masquant sous une pseudo-révolution, qu'un journaliste hystérique a comparée au serment du jeu de paume - quelle monstrueuse aberration - leur insuffisance, et non seulement leur insuffisance mais leur incapacité à se dépasser, tant physiquement que malheureusement intellectuellement.

Tout un chacun tire à boulet rouge sur l'entraîneur de cette "équipe", bien à tort, car on ne peut obtenir de meilleur que ce qu'on a sous la main, et si ce qu'on a sous la main n'est plus que décorum, factice, bling bling, on n'en obtient rien, à l'image de la mondialisation qui court et rattrape les acteurs consommés et consommables qui y sévissent. Nous sommes aux antipodes des blacks, blancs, beurs d'une illustre année, le mondialisme est passé par là, la tempête de l'ignorance comme de la dépendance aussi, la nucléarisation des motivations aussi, l'insipide, la désintégration sont devenus des principes, et le jeu n'est plus ici qu'une question de rapport.

Les "bleus" n'existent que dans le fantasme claironné par des politiques et des journalistes apatrides, voulant résorber les problèmes de société dans ce vide mamellaire que représente le jeu, poudre aux yeux pour les orphelins de la raison, voile sur le regard de l'intelligence en voie de disparition, mime de l'accroire enchaînant les pulsions de ce qui n'est plus que sous-anima et certainement pas Vie, enchantement grotesque destiné aux larves qui ce jour ne voient plus rien et donc ne vivent plus qu'en fonction de cet opium qui les rassure sur leur médiocrité.

Silence donc sur l'organisation d'un gouvernement économique européen, suite à l'accord du représentant de notre Pays, voyant ce dernier devenir féal de l'Allemagne, (quelle honte et quel mépris pour les combattants d'hier !), silence sur la réforme des retraites faisant peser à 85 pour cent le poids de la crise initiée par le vol organisé, sur les épaules des salariés, (quelle honte pour ce gouvernement réduisant en charpie les acquis de générations de Françaises et de Français dont nombreux ont été des martyrs), silence sur la mise en place des flottes guerrières sur la mer rouge après un passage du canal de Suez, digne du diktat, qui a vu son blocage pour laisser passer ces hordes.

Alors que nous sommes à quelques mois de la terreur recommandée par cet ONU larvaire de la Lucy Trust, une guerre arbitraire, on enchante ce qu'il reste d'Êtres Humains avec les fanfaronnades ubuesques de ce football cristallisant les émotions. Personne ne voit rien, personne n'entend rien, tout le monde se complaît dans le silence secoué par les "vuvuzela". Cela est affligeant, et en dernier ressort on pourrait croire qu'il n'y a lieu de combattre pour éveiller, le sommeil profond semblant devoir être la panacée universelle, un sommeil si profond, si délirant, si désœuvré, qu'il emporte à ne plus s'intéresser à ce qui ne s'intéresse plus à rien.

Mais cela même n'a pas d'intérêt, et dans le cœur de ce jeu des idéologies, des stratégies, il convient de ne pas baisser les bras et se laisser porter par la cacophonie ambiante qui sur l'échelle du singe, *notre soi-disant cousin*, gradué de 1 à cent, où le singe lui-même est à cinquante, représente sensiblement dix. On ne rappellera jamais assez que l'intelligence diminue comme le carré de l'échantillon considéré, alors dans le cadre du "mondial", je vous laisse deviner ce qu'il en reste.

D'où l'intérêt de cet opium, un intérêt majeur afin que nul en conscience ne puisse exprimer un contre-ordre à celles et ceux qui participent à l'anéantissement des Nations, par l'imposition de la famine, du paupérisme, par la gradation de bouleversements économiques manipulés qui tendent à leur éradication, par la mise en œuvre de cette guerre totale qui exacerbera encore plus les passions et ainsi permettra le génocide Humain envisagé par la vaccination H1N1.

Dans cette débâcle de l'intelligence, la démocratie n'existe plus que comme un reflet, la dictature de la médiocrité s'éblouit, il n'y a pas là effectivement de quoi se réjouir et pour certains de se battre encore, à l'image de ce journaliste Américain ayant jeté son gant. Cependant tant que brillera la flamme de la Liberté en chacun d'entre nous, il convient de poursuivre inexorablement afin de ne laisser prise à ce maelström qui semble devoir engloutir toute notre terre, tel Ouroboros dévorant ses enfants. Et à celles et ceux qui semblent se dire que comme Don Quichotte, rien ne sert de se battre contre des moulins à vent, je leur répondrai qu'il n'est de moulin qui ne puisse s'effondrer ce d'autant plus que ces moulins sont construits sur du sable, telle cette économie à laquelle nous devrions être assujettis, faute de femmes et d'hommes politiques responsables, qui lorsqu'ils sont responsables n'ont d'autres ambitions que d'élever leur Peuple et non l'abaisser, comme c'est le cas aujourd'hui, où un Peuple doit être noté par des organismes de notation qui devraient s'occuper un peu plus de la réalité économique des entreprises que celles des États qui ne se résument en aucun cas à l'économique !

Mais cela reste compliqué de comprendre que l'Être Humain n'est pas seulement un consommateur, malgré tout le soin que la sous-intelligentsia met en œuvre pour le faire accroire, cette sous-élite qui s'imagine maîtresse de ce monde, qui inévitablement se réveillera pour la confondre. À trop tirer sur la corde, la corde casse, et on le voit dans l'expression de cette équipe de football qui n'a plus la vertu du sport mais bien celle de son portefeuille, trop rempli par le vide, comme l'est l'économie mondiale qui aspire vers ce vide tout ce qu'elle touche. Cette équipe n'en est pas une, elle se consolide sur le miroir des deniers mais en aucun cas sur le don à la compétition, ce don que plus personne ne reconnaît comme valeur dans cette mondialisation infecte qui pourrit tout individu qui n'a plus en son sein que des envies et en aucun cas des buts, (sans jeu de mots), qui se nourrit de l'absurde, de l'illusion, du fantasme, de la bêtise accouplée à l'ignorance.

La courbe de Gauss ici est en sa déclinaison finale, et nous ne pouvons qu'en féliciter ses acteurs, dont ces joueurs cacochymes font partie, car lorsqu'elle sera parvenue son point de destination inéluctable, voyant ce monde se relever avec peine du conflit mondial qui se met en marche sous les yeux aveugles d'une Humanité égarée par le passionnel et ses délires dont le football est partie intégrante et nerf moteur, alors pourra commencer un cycle de réveil de la conscience Humaine, qui balaiera les interférences qu'hier conjuguait pour attraire en la virtualité les composantes de la réalité universelle. Mais cela est un autre sujet, en attendant ne restez figés par l'opium universel tendant à annihiler votre perception de la réalité, soyez vigilants, et surveillez attentivement les "prouesses" politiques accentuant la désintégration de vos Identités, de vos Nations, masquées par l'idolâtrie de la médiocrité.

Beauté de ce monde

Beauté de ce monde, où les mafias règnent en maîtres. Les Peuples sous leur joug doivent s'incliner, se taire et surtout ne pas médire. Le plus bel exemple de ce pourrissement des valeurs humaines reste "l'europe", modèle du genre dans la reptation, la forfaiture, l'hypocrisie, sommet de cette dictature qui se prononce avec cet entregent familier à la caste des parvenus qui ne sont que panaches de leur forfanterie. Les GX se succèdent avec la même quadrature du cercle, celle de l'impéritie, de l'incapacité, de la duperie, là sous la houlette du FMI, outrecuidant dont le représentant aurait le culot de vouloir se présenter aux élections présidentielles sous une casquette socialiste qui ne correspond en rien à ses actes. Mais dans ce monde de m'as-tu vu, tout est possible, surtout lorsque le motif est décoré par un monde médiatique agenouillé devant la sainte trinité du parasitisme : la vanité, l'incapacité, l'ambition personnelle.

La France subie, dans une patience infinie les mots d'ordre qui désormais sont fixés en Allemagne, au nom d'un torchon de papier entériné sans le consentement du Peuple de France. Et elle doit désormais s'accommoder de voir ses projets diligentés par quelques-uns qui confondent leur intérêt personnel, avec l'intérêt général. Auraient-ils tort de se gêner, défendus qu'ils sont par le panel des loges atrophiés, leurs commettants assoiffés de cordonite, tout un monde insinué de miasmes désormais contre lesquels, vaille que vaille, quelques purs combattent. Mais il est trop tard, la moisissure a fait son effet, le festin sur la sueur et le sang des citoyens, que péjorativement on nomme "ordinaires", prévaut sur l'idéal quel qu'il soit. Il n'y a rien à espérer ni d'un côté ni de l'autre, sinon qu'à contempler et accélérer la chute de cet "empire" basé sur l'asservissement et le culte de la médiocrité.

Rome mourut dans le chaos, et la renaissance vint naturellement, et ce n'est cette guerre mondiale qui se prépare, la vitrification de l'Iran et autres pays qui y changeront quelque chose. Lorsque la poussière envahit le salon, tout un chacun y fait le ménage. Comme la poussière le nid des vautours s'est construit dans l'arbitraire en oubliant qu'invisible il pouvait faire accroire, qu'en pleine lumière, il ne trompe personne et surtout pas les Peuples qui viendront à bout de la gangrène qu'il leur inflige.

Il ne suffit pas de vouloir rayer la nature pour que la nature ne reprenne pas ses droits, il ne suffit pas de réécrire l'Histoire pour que l'Histoire disparaisse, il y a des signaux bien plus importants qui ne peuvent être commués dans la monstruosité de la civilisation de la mort qui veut conditionner les Peuples, les forces de l'inné, ce capital génétique que nul ne peut altérer et qui invariablement remettra de l'ordre dans le chaos conditionné dans lequel on veut faire vivre l'Humain.

Et il y en a encore pour s'étonner du peu d'intérêt porté par les Peuples pour la "politique". La politique d'aujourd'hui est un phasme du virtuel, ordonnée qu'elle est par les prébendes institutionnalisées. Il n'y a dans ce marais que des courtisans qui ont besoin de soigner leur ego, de s'ouvrir des portes et surtout de remplir leurs portefeuilles, qu'importe l'honneur, qu'importe la droiture, qu'importe l'exemple !

Du moment que tombe dans l'escarcelle cette petite place de potentat de laquelle on regarde le monde avec morgue. Balzac et sa comédie Humaine sont invariables dans le temps présent, on retrouve ici tous ses personnages qui sont caricatures, perversités, déclins de l'aristocratie usurpée par une bourgeoisie de parvenus qui n'ont pas hésité à trahir les Peuples pour le nourrir de leur infection comme de leur abjection atavique, celles qui naissent de la jalousie qui se farde sous le voile de l'innocence et pire encore de la duplicité. Mais qui lit Balzac aujourd'hui ?

On préfère lire le dix millième roman de basse police rédigé dans un verlan de couardise, plutôt que de lire dans le texte un Auteur qui s'exprime en Français.

La destruction de l'esprit critique, par une éducation "nationale" aux ordres de l'acculturation a rempli son office, et c'est bien pour cela que le totalitarisme de la médiocrité ne sera inquiété sur ses projets de réforme. Car aujourd'hui l'individu applaudit à sa mise au tombeau, à la destruction du lien social, national, identitaire, dans l'incapacité caractéristique qu'il est de construire, ne l'oublions jamais, c'est bien pour cela que le modèle politique comme économique que nous vivons est appelé tout simplement à disparaître.

Ce dont nous devons nous réjouir, car de spectateur l'Humain enfin deviendra acteur afin de résorber la faillite intellectuelle et rendre à césar ce qui appartient aux césarions qui s'imaginent triomphants, alors qu'ils scient la branche sur laquelle ils sont assis à une vitesse vertigineuse. Le cancer suit une courbe exponentielle, et sa finalité est irréversible. Attendons donc qu'il ait fait son œuvre, et que l'on se rassure, les Institutions sont prêtes qui prendront la suite de cette chute en enfer, car il n'est d'institution que ce qu'en font les Êtres Humains, ce jour aux mains de non-humains, demain aux mains des Êtres Humains, ce qui ne sera tarder, devant la mise en œuvre de la dictature mondiale qui dispose sans le moindre consentement des Peuples.

Des nécessités

Des sites éperviers nous viennent des aires nouvelles à voir, aux opiacées de ce monde, de grands cris de guerres qui témoignent, combats de jours et de nuits, combats terribles par les dissonances de ce temps, où les fauves s'anéantissent, où les Peuples se lavent du frisson de leurs errances, où se terrent la peur et la terreur accouplées aux artifices du factice, apogée d'un ruissellement de verroterie et de quincaillerie qui s'opacifie puis disparaît devant l'essentiel, la Vie, la survie aux venins des rives qui s'épandent, dans le fracas du métal, le bruit assourdissant des bombardements et des avions de chasse pilonnant l'irréversible, les demeures et les souffles, dans une pluie de chair et de feu.

Dans cet assourdissant langage de la destruction, cet opium de l'incapacité qui frémit encore des invectives de dictateurs aux pieds d'argiles, tigres de papier qui se trémoussent sur le sang des Peuples, hères sans fin ni finalité qui errent le long des trottoirs médiatiques pour s'accroire encore alors que déjà le sang parle au sang, dans un hymne terrible qui semble nécessité de ce monde, alors que tant de choses eurent pu être circonscrites, mais que faire d'autre contre le sadisme prédateur ? Se coucher, ramper, aduler, se prosterner ?

Mais l'Humain ne serait pas ce qu'il est, s'il devait en passer par cette reptation ! Que le sous-humain se conditionne, cela est son droit servile, mais que l'Humain épouse son rang, cela ressort de l'abandon de toute Vie à la dévotion de la désincarnation reptilienne ! Mais l'Humain en ses gènes veille et toujours sait renaître la fertilité devant la frigide arrogance, ce leitmotiv de la faiblesse qui a besoin de ses prétoriens pour vivre, se cacher et espérer ne pas tomber, indécence n'appartenant pas à l'humanité.

Car du reptile le louvoiement, le parasitisme et la déité incroyables de se croire élection, élection du néant, de l'aberration, de cette stupidité de la suffisance qui marque de son empreinte destructrice l'inconscience qu'elle nivelle par ces temps. À l'impitoyable arrogance devenue nous menant en ce champ où les guerres font rage, guerres sans silence, guerres déterminantes lavant l'affront du parjure, de la traîtrise envers l'Humain par cette sous-humanité qui se voulait dominante, de larves infectes de la domesticité du néant.

Et ces guerres sont là, du Nord au Sud, de l'Est à l'Ouest, écumes bouillonnantes de tragiques effervescences, voyant s'opacifier le règne d'un mondialisme d'errants par la résistance universelle des Peuples alliés pour détruire sa bubonique léthargie, cette déficience tribale et ordonnée. Et ces guerres sont vitales pour la survie des Espèces, ces Races Humaines traînées dans la boue par les scories de ce monde, la survie de l'Histoire Humaine stipendiée par l'ignorance et ses légions, la survie de la Vie dévoyée par l'inanité de l'avortement et de l'euthanasie conjugués.
Guerres effrayantes et souveraines, guerres formatées et supérieures levant les oriflammes de la Liberté sur toutes les oisivetés de l'indifférencié, sur toutes les délétères opiacées de ce monde qui ruisselle, tragique, des mémoires antiques, combat toujours renaissant contre la barbarie, en chaque lieu, en chaque fief, par toute génération humiliée, par toute génération outragée, rappel de Sparte combattant l'abîme de la Perse, rappel d'Alexandre allant au-delà des déserts porter le fer, rappel de tous les héros de l'Occident brisant chaque flot du parasitisme.

Rappel de l'essor du Vivant prônant la Vie sur la mort et ses prêtres, rappel puissant vibrant dans les gènes de tout Humain normalement constitué qui est né pour être libre et non asservi, ainsi dans le cri de ses morts, ainsi dans l'honneur qui ne se corrompt, déferlant la puissance contre l'impuissance, élevant la grandeur contre la reptation, couronnant ce cycle d'une victoire totale contre les scories qui prétendaient le guider à la tombe.

Ainsi à l'aube du renouveau qui vient alors que les légions nettoient les territoires des sangsues qui les dévorent encore, que les bûchers crépitent vers les cieux des dernières insolences des pleutres et des couards qui festoyaient sur l'inconscience Humaine, que les champs verdoient et que le soleil en majesté éclaire la terre lavée de l'entreprise de la déficience et ses Hérauts.

Demain sera un autre jour neuf où vivront dans la sécurité et l'ordre les êtres Humains, en fierté de leurs racines, de leur ethnie, de leur Peuple, de leur Nation, de leur Race, de leur Humanité, mais cela est une autre histoire...

Réflexion sur la Franc-Maçonnerie

Bien souvent on entend hurler après ceci, après cela, après les sectes, les clubs, les partis et notamment, ce qui revient en général d'une manière courante dans les conversations, les Francs-Maçons. Bigre ! Et les uns les autres de raconter à la fois des niaiseries, des imbécillités, des anachronismes, toute une ribambelle de termes hétéroclites relevant des éternelles passions humaines, la jalousie, l'envie.

La Franc-Maçonnerie régulière n'est pas un problème en soit, au contraire, elle peut permettre d'éveiller l'individu aux valeurs éternelles, et dans le cadre de l'initiation qu'elle enfante restituer le vivant dans des caractéristiques nobles, ouvertes sur le monde, elle a sa place comme toute Institution humaine ayant pour but la conciliation des facteurs Humains dans ce monde. Mais comme toute Institution Humaine elle est d'une fragilité redoutable, et plus encore du fait de sa discrétion naturelle qui la met à la merci de tout aventurisme, désintégration, action pernicieuse.

Si on observe son histoire et son développement on voit avec précision les éléments qui ont été sources de prévarication à son égard, et par-là même qui lui ont porté préjudice et continuent aujourd'hui à lui porter préjudice. L'exemple le plus célèbre est son insinuation globale par les illuminés de Bavière, communistes par essence essayant par son intermédiaire de renverser religions et trônes au profit d'un déjà "maoïsme" triomphant.

Cette insinuation est toujours vivante en son sein. Mais ce n'est pas la seule, et dans la multiplicité des obédiences, on peut trouver tout ce que comporte aujourd'hui notre monde contemporain de brassage d'idéologies, des plus naïves aux plus pernicieuses, et notamment celles relatives aux arcanes du mondialisme omniprésent, apothéose de l'illuminisme pré cité. La force de la Maçonnerie se trouve ici diminuée, car elle ne devient dans les luttes de pouvoir intestines des groupes initiés plus qu'un navire vide de tout contenu, ballotté par les vagues frénétiques de pouvoirs profanes qui n'ont rien à y faire.

À celles et à ceux qui désirent s'embarquer dans ce navire, nulle opposition ne doit leur être mentionnée, bien au contraire, si elles et ils ont conscience de l'état de la Franc-Maçonnerie ce jour, qui n'est pas celui de l'idéal majeur qu'elle a incarné antérieurement, bien qu'en son sein luttent la moralité et la probité.

Il n'est question ici de juger sur cette Institution qui participe à l'œuvre collective en permettant à certains individus de réaliser leur unité intérieure, mais bien de poser les jalons qui permettront de restituer la mission de la Franc Maçonnerie, son but n'étant pas celui d'asseoir un pouvoir politique quelconque mais d'éveiller. Lutte de pouvoirs, lutte de conditionnements, lutte de prétendants, les loges n'ont pas à être les vestibules et le couronnement des affairistes tant économiques que politiques, encore moins les cénacles d'un mondialisme inféodé au nazi communisme, qui est l'apothéose de l'illuminisme en notre temps.

Ainsi en connaissance les impétrants doivent-ils y pénétrer, non pas dans une croyance romantique mais avec un regard pragmatique. Les obédiences sont et restent à l'image du sociétal, et dans la mesure du possible convient-il de les rejoindre avec pour seul objectif de leur rendre leur nature intemporelle, et non cette nature déliquescente portée par des insinués propagandistes de toutes les causes révolutionnaires, destructrices de l'ordre naturel, alliant la subversion à l'équation d'intérêts privés qui sans apparences dirigent indirectement leur destinée.

Les obédiences comme toutes Institutions ne sont pas à dénigrer, bien au contraire il faut les insinuer afin de leur rendre leur fonction opérationnelle, en destituant la subversion dont elles sont atteintes. Maintenant croire que les obédiences sont le pouvoir, c'est accroire car les obédiences ne sont pas le pouvoir et ne concourent même pas au pouvoir. À l'heure actuelle elles ne sont que des viviers, d'où l'intérêt de les restituer dans leur mission avant qu'elles ne deviennent au même titre que les Agences nationales pour l'emploi les fourriers de toutes les crédulités qu'elles soient politique, scientifique ou artistique.

Les francs-maçons purs et durs, à qui nous rendons honneur ici, savent ce qu'il en est de se battre contre ces hérésies qui s'incrustent, se fabriquent, et à l'image du monde réel consomment dans le subterfuge leur réalité primordiale. Aux loges de combattre l'opportunisme, l'entrisme, l'opiacé des cordons - des grades -, et notamment les dérives qui s'associent en leur nom, le satanisme prioritairement qui en prévarication se façonne allégrement en masque dans leur Institution.

Si l'on observe en contraintes la multiplicité des rites dérivés, la foison d'équilibristes qui au nom d'une symbolique, bien souvent dénaturée, s'entretiennent en son courant, et la destination des actes qui en découlent voyant de véritables travestissements devenir des lois pour des impétrants qui s'associent presque en tribus afin de phagocyter des métiers et des charges entières pour le seul bénéfice de leurs petits intérêts, il est bien temps de nettoyer les écuries d'Augias en son milieu.

Le problème n'est pas né comme je l'ai dit précédemment aujourd'hui, il est renouvelé, anticipé, conditionné, ce qui peut laisser perplexe le néophyte sur la réalité initiatique de la Franc Maçonnerie ce jour. Des opérations curatives ont été dessinées suivies de certains effets, mais comme toujours ces opérations ne sont pas de véritables opérations d'assainissement qui pourraient contraindre au reflux de l'impermanence qui y végète.

Il y a là un travail considérable à mettre en œuvre qui par l'insinuation recommandée le sera inévitablement, cette Institution ne pouvant continuer à être l'infatuation de l'impermanence et ses réseaux, au détriment de celles et de ceux qui cherchent à se construire et à construire dans ce milieu.

En résumé, école de pensée, la Franc-Maçonnerie mérite d'être restituée à elle-même, afin de faire cesser tous les fantasmes inscrits en son nom qu'elle ne mérite pas de supporter. En défense j'avais commis un ouvrage en son temps Rescrits à Thanatos qui pourrait peut-être aider à la compréhension de la mission de la Franc-Maçonnerie, et permettre aux impétrants de naître à un regard plus juste sur sa qualité intrinsèque. En attendant ne vous laissez influencer ni en bien ni en mal sur les sujets touchant à cette Institution qui à l'image des écoles de pensée a toute sa place dans nos sociétés.

L'État de Droit

Ce qu'il y a de remarquable dans notre monde c'est que l'insolence prime sur le mérite, et que celle ou celui qui n'aboutit sa tâche se pose en victime et demande des excuses à celle ou celui qui constate son incapacité. Ce monde tourne à l'envers, l'immoralité est panacée, il faut être immoral pour être bien vu, ce paraître des premières et secondes zones qui n'ont rien à s'envier, tant la laideur est leur repère sociétal. De là à ce que les assassins soient plus importants, se posent en victimes, sans un regret pour leurs véritables victimes, de là à ce que l'exogène soit le héros d'une société décadente et qu'il se pose lui-même en victime, le pas a été allégrement franchi par la complicité, la ductilité, la perversité et l'outrance des masochistes qui n'ont qu'un but : la désintégration de nos valeurs.

En ce sérail de l'anéantissement on retrouve toute une clique de déracinés qui implantent les sous philosophies de la larmichette au profit de tout ce qui ne représente pas nos valeurs, les benêts de la braguette, les perroquets de la Licence, les sous chanteuses et chanteurs sans voix qui crachent sur la beauté, les itinérants de la pauvreté intellectuelle qui dans un rythme sans devenir, à telles fins que taper sur une casserole ressemble enfin à quelque chose, exhalent leur haine de tout ce qui n'est pas eux.

Cloaque de la stérilité sans avenir qui se trémousse en s'imaginant révolutionnaire alors qu'il n'est que le sous-produit d'une sous-culture immonde qui cherche à gangrener, ce en quoi elle n'y parviendra jamais, la Culture avec un C majuscule, remplacée momentanément par cette culture avec un c minuscule qui représente l'aboutissement de toutes déficiences chroniques de l'aberration mentale qui se veut guide de l'avenir Humain.

Il faudra au moins trois générations pour se sortir de ce vide cosmique où le nanisme intellectuel domine, fourrier de tous les laxismes, de toutes les "compréhensions", de toutes les lâchetés comme de toutes les barbaries. Lorsqu'on voit comment sont traités les Peuples qui devant les mesures économiques dictées par la barbarie ne bougent pas un cil, on comprendra bien que c'est de trois générations minimum qu'il faudra pour se sortir de cette légumière représentée parce que l'on appelle encore Peuple.

Lorsqu'on voit que désormais dans notre propre pays, on menace de mort nos policiers qui doivent être déplacés, on voit qui se veut maître et de la rue et de la pensée, une barbarie de reptile dont les intérêts sont conjoints dans tout ce que comporte l'ignominie, le trafic de drogue, le trafic d'enfants et de femmes, le trafic d'organes humains, le trafic de valeurs monétaires. La gangrène a atteint les Nations et au lieu de déployer tout ce qui est nécessaire pour l'éliminer, on écoute religieusement les directives "humanitaires", fourriers de la déliquescence, encenser tout ce qui est putrescible, qui doit apparaître imputrescible.

Car ne nous y trompons pas, l'"humanitaire" aujourd'hui ne travaille en aucun cas pour élever l'humain mais le mettre à niveau de tous les remugles et les basses-fosses de la société. Hors la Croix Rouge, les restaurants du cœur il n'existe aujourd'hui sur notre territoire que des ONG, grassement payées par nos impôts, n'ayant pour but que de détruire la civilité, détruire les racines de notre Nation, accouplées qu'elles sont avec l'idéologie de la barbarie, le mondialisme et ses sangsues. Que faire face à cette gabegie de l'intelligence, cette arrogance de la dérision, cette bestialité composite de tout ce qui emporte ruine de nos valeurs ?

Rien si l'on est démission de son honneur, l'honneur de son Peuple comme de son Identité, tout si l'on veut seulement survivre à l'invasion de la médiocrité, source de cette affligeante perversion voyant naître l'adoration pour la criminalité et ses caciques. Un tout mesuré et intelligent permettant de ne plus élire l'incapacité mais tout simplement la capacité, capacité de dire non à cette soumission à la barbarie, capacité d'instaurer une tolérance zéro à l'égard de la criminalité, capacité de faire respecter l'État de Droit sur chaque parcelle de notre territoire, fut-ce au prix d'une répression globale.

On ne peut continuer ainsi de suivre les chemins de l'ombre, il faut que les citoyens se manifestent pour déliter la lie qui submerge notre Société, l'empêche de s'ordonner et de vivre. Cette manifestation comme je l'ai dit précédemment doit se faire dans les urnes en votant pour des citoyennes et des citoyens qui défendent les valeurs multimillénaires de notre Nation, qui a su résister à toutes les barbaries quelles qu'elles soient, d'où qu'elles viennent, qui auront pour tâche prioritaire de rétablir notre État de Droit.

En impliquant aux Devoirs les multiples couches de la Société qui vivent en parasites et se veulent gouvernantes, au même titre que les seigneurs de la guerre, de portions de notre territoire qui ne seront jamais des zones de non droit. Conjointement cette manifestation doit être directive près de nos Députés aujourd'hui élus afin qu'ils portent devant la chambre ce problème majeur auquel nous sommes confrontés, pré cité, afin que notre Gouvernement prenne des mesures inflexibles pour restituer à l'État son autorité sur toutes faces de notre territoire.

De la multipolarité

Un monde multipolaire devra régir les comportements internationaux, politiques, économiques, scientifiques. Nous sommes très loin de cet état naturel de l'universalité qui aspire à la création d'Existants basés sur les réalité bio histo géographiques des réalités Humaines dont se rapprochera toutefois le monde multipolaire qui s'esquisse. Pourquoi cette affirmation dont l'enjeu a pour but l'épanouissement Humain ne trouve-t-elle qu'une pâle résonance dans les milieux actifs qui pourraient naître cette concertation ?

On peut effectivement s'interroger indéfiniment sur les freins qui font que l'on ne perçoit aucune unité basée sur les Identités bio histo géographiques, de par cette petite sphère, laquelle inévitablement entamera sa marche vers une intégration dans un gouvernement, je parle de gouvernement et en aucun cas de gouvernance, terme impropre bâti sur des modèles économiques désuets, donc un gouvernement mondial.

Le principal frein à cette génération est constitué par cette voie inversée que l'on nomme à tort le mondialisme, car ce mondialisme est purement économique et en aucun cas politique, il gère des flux économiques, des ressources, des biens, des services mais en aucun cas les Êtres Humains considérés comme un simple facteur de production et de consommation, mais certainement pas comme des Êtres vivants, que l'on soit dans un Pays où dans l'autre.

L'erreur stratégique du mondialisme, en cela porté par sa dialectique matérialiste, est d'accroire à sa pérennité, pérennité totalement obérée par les crises systémiques qu'il engendre volontairement, pour accroître une puissance factice qui ne lui est d'aucun secours, puisque basée sur des bulles spéculatives qui ne valent que le néant duquel elles sont tirées. Malgré l'obscurcissement atavique de cette demeure, chimère d'un ensemble auto élu qui s'autocouronne sur sa spéculation spirituelle, on voit se dessiner les prémisses de ce qui forgera l'universalité de demain.

Amérique du Sud un conglomérat de Nations indépendantes réunies dans le cadre d'échanges multiples, Asie une association regroupant la Chine, la Russie et divers États Nations producteurs d'énergie, Moyen Orient une association d'États Nations, Turquie, Iran, Syrie, statuaires d'échanges bilatéraux, auxquels se joindront inévitablement les ☐États Nations de confession islamiste, Europe États-Unis, une invariance basée sur l'arbitraire qui inévitablement s'effondrera car ne tenant pas compte des réalités bio histo géographique de chacune de leurs Nations composantes.

Que voyons-nous d'autre dans le cadre de ces prémisses, faisant face au mondialisme ? Une croissance rapide des idées au niveau des organismes internationaux, qui va permettre une reprise en mains à voix égales de ces Institutions, voix du Brésil, de l'Inde, des Pays émergeant, qui vont désormais statuer sur les orientations générales là où auparavant ces orientations étaient dictées par une nomenklatura désignée. Ceci est encourageant pour le devenir, ce qui l'est moins dans notre espace personnel, c'est de voir que l'Occident par faute de suivre des courants mondialistes atrophiés, issus de l'opium satellite d'une pseudo-élection spirituelle, va venir à la remorque de l'avenir, alors qu'il aurait dû en être le fer de lance.

À force d'ignorer les réalités géopolitiques, de s'accroire dominance de ce monde, de jouer au petit soldat pour imposer ses artefacts spirituels, de mépriser la Démocratie pour implanter une dictature aveugle sous l'égide de parasites économiques, eux-mêmes sous le joug d'aréopages autoproclamés par l'hérésie coutumière de celles et de ceux qui s'imaginent supériorité, complexe cachant un sentiment d'infériorité atavique, notre espace pourrait finalement totalement disparaître dans le cadre de l'universalité qui s'annonce.

Ne nous leurrons pas sur les capacités de se sortir de cette impasse des aficionados dévoués au parasitisme qui gangrène nos États. Il convient d'en expurger les racines si nous voulons encore exister au vingt-deuxième siècle, par la résurgence de la Démocratie, le vote de la capacité sur l'incapacité et la féodalité. Cela ne se fera pas en un seul jour tellement la corruption mine nos États Nations. Mais c'est la condition sine qua non si l'on veut préserver notre espace vital.

Il convient de créer les États-Unis d'Europe et non continuer à faire prospérer cette dictature répondant au nom de communauté européenne qui ignore l'Être Humain, les Peuples et les Nations pour appliquer l'idéologie du mondialisme économique, lui-même sous l'autorité de l'illuminisme spirituel dénaturé. Face à cette "europe" il faut mettre en place une Europe respectueuse des Identités, des Nations, et de leur diversité où seront éligibles la capacité et la probité, non pas dans le creuset de cercles omnipotents, mais démocratiquement.

Alors pourra se créer l'Internation États-Unis-Canada-Europe qui pourra prendre son rang dans le concert multipolaire des Nations associées. L'idéal serait de voir la Russie rejoindre cette Internation, ses racines bio histo géographique n'étant pas distinctes des nôtres, bien au contraire. Je ne reviendrai pas sur les modalités de mise en place d'un tel Existant, parfaitement exposées dans la Théorie Générale de l'Universalité.

Reste à voir maintenant comment la manifestation multipolaire qui se dessine s'ouvrira sur ses objectifs et transcendera notamment les Institutions internationales en en évacuant la domesticité économique, et spirituelle, cette dernière arcade de la Voie inversée se pliant à la dictature d'une autorité usurpée par le mensonge et dans le mensonge, en premier lieu l'ONU, inféodé au new âge et ses caricatures dont le satanisme est le tremplin, puis prioritairement le FMI totalement inféodé au parasitisme ambiant, qui devra être nettoyé de fond en comble pour lui restituer sa fonction qui est celle d'aider les Pays en voie de développement et non de contribuer à leur destruction en faisant le jeu de banques privées elles-mêmes aux ordres de pouvoirs qui s'autocouronnent sur la base factice d'une idéologie d'emprunt n'ayant d'autres demeures que la reptation atavique, l'OMS, dont la tentative d'éradication d'une partie de l'Humanité par son vaccin H1N1 n'est pas passée inaperçue, qui devra être rétablie dans sa fonction qui n'est pas celle, en accord avec les laboratoires pharmaceutiques, de laisser inoculer des maladies créées de toutes pièces par ces derniers, puis d'apporter des solutions létales pour circonscrire les maux engendrés, au nom d'un malthusianisme d'emprunt totalement dédié à une pseudo race supérieure, qui s'imagine déjà autorité, l'OMC, qui devra rétablir les frontières douanières afin d'équilibrer les échanges commerciaux etc.

Reste aussi à savoir si dans la folie de l'impermanence le parasitisme ne fera pas tout pour initier une troisième guerre mondiale, suicidaire, telle qu'on la sent se préparer envers l'Iran, la Corée qui n'est que le masque de la Chine, l'Amérique du Sud, où des Pays sont investis sans le consentement des Peuples.

Nous vivons ici des heures extraordinaires dont les enjeux sont ceux de la Liberté contre l'asservissement, de la réalité contre la virtualité, de l'élévation contre l'abaissement, de la vérité plurielle contre le mensonge comme la propagande unique, de la Démocratie contre la dictature nazie communiste économique, le nazi communisme entendu comme synthèse du national-socialisme et du communisme, deux idéologies qui ont contribué à détruire l'intelligence Humaine afin de la réduire en esclavage, épiphénomènes créés de toutes pièces afin de ruiner les Nations et les faire disparaître dans le creuset de ce mondialisme, qui pour asservir l'Être Humain et soumettre les Nations à son destin vient de créer de même de toutes pièces cette crise économique sans précédent qui n'est qu'une stratégie pour imposer son "nouvel ordre mondial".

Stratégie d'acculturation, de réduction de l'Être Humain à l'état de larve consentante, par le conditionnement pavlovien de la déification de la non-nature, statuée en "nature", par l'addiction frénétique à la dérision ostentatoire et compulsive, par le mysticisme de la martyrologie et de la culpabilisation, par la manipulation organique et biologique par des techniques électromagnétiques, par l'appauvrissement chimique de la nourriture, par la diffusion massive de chimie lourde dans la stratosphère, par la surveillance par des milices et armées privées de tous les faits et gestes de nos concitoyens, toutes opérations initiées permettant par une lobotomie sociale organisée et inductive de coordonner la mise en place d'une dictature sans égale depuis que l'Histoire Humaine existe.

Cette dictature nous touche frontalement et voudrait être imposée à l'ensemble de la Planète, ce qui ne se fera pas, la majorité des citoyennes et des citoyens des Peuples en conjonction de leurs racines naturelles ne pouvant accepter, malgré la lobotomisation sociale, cette incurie. À preuve, cette multipolarité qui s'éveille.

Le bestiaire

Le bestiaire a livré la résultante de ses démarches, panaches du déshonneur, de la dysharmonie, de la déficience mentale accouplée à l'idyllique auto satisfaction du nombrilisme primaire, celui de la peur d'Être pour ne laisser apparaître que cette spongieuse vocifération dénaturée où l'on a vu se prosterner la débilité profonde du déracinement et de ses fausses valeurs, ce degré de l'ignominie qui s'accorde droit alors qu'il n'est que règne du nanisme, règne de la théurgie de la destruction, règne de la domestication et du sophisme, s'enchantant de la pédophilie, de l'avortement, de l'euthanasie, de l'ignorance, par duplicité composée et matricielle qui se veulent le bien penser de notre époque.

Le Parlement que l'on nomme "européen", qui se galvaude dans le non droit, dans le fourvoiement de l'histoire réécrite, dans la dénaturation profonde des cultures, dans l'anéantissement de ce que fut l'Europe, une Europe, forte, Chrétienne, majuscule dressant le savoir, irisant l'épopée Humaine, conquérante et flamboyante, une Europe des Nations transcendant l'Univers par-delà les aberrations des cultes primitifs, la prêtrise de la soumission, les débauches de la morbidité, une Europe de la Vie, ce jour donc, révèle la pitoyable léthargie qui l'annihile.

Une pensée de vers pour les vers, une pensée glauque et stérile qui voudrait voir la France se réjouir de la pauvreté et de la misère d'un Peuple sur son sol, alors que ce Peuple doit retrouver et vivre sur son territoire accompli, sans être obligé de mendier, sans être obligée de vivre dans la vermine et la glorification de la vermine, sous les yeux émerveillés de tout ce qui conchie l'Occident.

Ces verts qui se glorifient de l'insanité et enchantent les mensonges les plus perfides, ces socialistes en retard de vingt siècles qui ont besoin de voir Zola triompher pour que tout un chacun vienne manger dans leur gamelle vide, vide de l'Occident, vide de l'Europe, vide de la France, cette France qu'ils haïssent aux sons des paroles des papas dont les filles se targuent d'être le devenir, aux sons des mijaurées mâles qui compissent tout ce qui est Français et aspirent à la mise à disposition de leur anus à un gouvernement mondialiste dans lequel ils jouiront à satiété, aux trémolos des pin-up qui viendront se vendre pour prospérer les braguettes de leurs maîtres ou maîtresses, tout un monde de pitres incohérent et sublime qui avec sa petite pancarte dit non au Droit, ce Droit inaliénable de la France !

On ne peut que vomir cette bestialité qui veut s'imposer, lamentable obstination de médiocres qui s'enfantent et s'enchantent de récompenses qu'ils n'auront jamais quel que soit l'Ordre Mondial qui s'imposera, petits tenanciers de bistroquets dans lesquels on parjure l'Histoire, on dénature l'honneur, on se réjouit dans sa servilité en voulant l'imposer au monde entier.

S'il fallait témoigner de l'inféodation de cette "europe" à la répugnance mondialiste, - non le monde de l'Ordre mais l'ordre du chaos - sa caricature est là, magnifique latrine de tout ce qui se fait de mieux dans le cadre de la destruction de l'Humanité, cette Humanité qu'elle ignore au profit de la non-humanité, du non-être, voie inversée fidèle à ses incarnations, putridité répugnante et affligeante qui ne trompe plus personne, encore moins celles et ceux qu'ils caressent dans le sens du poil pour obtenir leur dévotion en déposant un bulletin de vote dans les urnes !

Belle "europe" en vérité qui conchie le Droit ! Et en plus elle en redemande, pour nourrir ses parasites, voulant un impôt "européen", le délire est ici à son comble dans cette écurie qui s'invente un prestige qu'elle n'aura jamais, car incarné par les tribales arborescences de la vivisection des Cultures et des Peuples, le cœur essentiel de toute détermination, ce cœur qui ne lui appartiendra jamais !

Il est temps que les Nations soient respectées dans ce boudoir de la perversité morale, mais comment cela pourrait-il être lorsqu'on voit l'ONU affligeante soumise au new âge, à la théorisation de la Lucy Trust et autres avatars de gnoses factices et désœuvrées ressortant de la sottise ordinaire à l'humaine désespérance, qui en théories se précipite vers tout ce qui est charlatanisme, religions de pacotilles, lits de toutes les religions de la soumission, et qui du haut de ses tribunes fait parler un de ses représentants pour honnir le Droit de la France, sans balayer devant sa porte, notamment à la New Orléans où plus de neuf cents personnes ont été abattues sans que le droit soit appliqué, mais comment pourrait-il en être autrement lorsqu'on voit l'Église, et là je ne parle pas du Christianisme, inféodé par la théorisation de ce mondialisme pervers et dénaturé, s'immiscer dans ce qui ne regarde pas le pouvoir intemporel, bafouant le Droit temporel pour se voir relaxe de l'attaque fomentée en son lieu, mais comment pourrait-il en être autrement lorsqu'on voit à quel point la culture est devenue une sous-culture, profit des sans racines et de leurs bellâtres assoiffés de pouvoirs, le pouvoir des vers sur les vers, et non le pouvoir de l'Aigle sur le firmament, qu'ils n'atteindront jamais, que l'on se rassure.

Ce monde marche sur la tête avec ces carcans qui ruissellent de la prétention de thanatos, prêtres de l'absurde fécondant l'absurde, prêtres de la débilité profonde accentuant la débilité profonde en se servant prioritairement du mensonge et bien entendu d'une propagande délirante qui ne font plus recette. Face à ce délire né de la cupidité, de l'envie, de la jalousie, et de ses féaux, et ce depuis cette révolution sanguinaire dont la terreur a créé le plus vaste génocide qui se puisse commettre d'un Peuple envers son Peuple, il convient de mettre en garde les Peuples contre cette démesure qui veut sanctifier ses aberrations mentales, ses prosternations, ses rejets de l'Identité, ses rejets des Nations, ses rejets de l'Humanité, et bien entendu éviter de voter pour de tels individus soudoyés et compromis dans le machiavélisme primaire de cet opium mondialiste qui voudrait gréer notre Monde.

Nettoyer les écuries d'Augias passe par un vote de salubrité publique envers cette déambulation de la reptation, ce bubon dévoyé dont les pustules veulent engloutir tout droit de penser, jusqu'à réduire les ruines sous des monceaux de béton comme cela se passe actuellement à Fréjus pour que la Nation oublie son Histoire, jusqu'à présenter des auteurs délirants dans le Parc de Versailles, acculturation forcenée mandatée par la pornographie statuaire de l'eugénisme dont les représentants sont tapis dans les ministères comme autant de sangsues qui s'abreuvent de la destruction.

Le gouvernement de 2012 qui ne devrait pas être celui de la "pseudo-gauche" vendue aux banquiers de tout bord et surtout à l'œuvre de destruction des Nations, et encore moins celui de pseudos partis qui ne sont là que pour réaliser leurs fantasmes, se devra d'inventorier et d'éclairer par une cartographie globale les appartenances de celles et de ceux qui profitent du système de ce que l'on appelle le fonctionnariat et faire se déterminer ceux qui veulent servir l'État de celles et de ceux, qui tels des parasites, ne sont là que pour détruire l'État.

La réforme de l'État bien engagée ne sera jamais terminée si cette action n'est pas entreprise. Le déficit budgétaire sera comblé très rapidement après cette action qui assainira les courroies de transmission nécessaires au bon fonctionnement de la Nation, donc de l'État, qui ne l'oublions jamais représente le Peuple. Nous n'en sommes pas là, en attendant il convient de faire respecter le Droit de la France, et de son Peuple à vivre dans son Pays, et non à se commettre dans cette absurdité qui le veut image de la misère, ce qui réjouit les cœurs sensibles du tapis vert aux pseudos gauches qui trouvent là motifs à leur inaction programmée, toute action allant à l'encontre de leur inféodation, le capital, qu'il soit vert ou non.

Entre une poire pourrie, et une poire gâtée, il est préférable de donner des soins salutaires à la poire gâtée qui refleurira plutôt que de sombrer avec la pourriture de la poire pourrie et d'en crever. Entre un mondialisme perverti à souhait par l'acculturation et le mensonge et un néo conservatisme qui peut être rénové en profondeur, en restituant la densité de la Voie en son sein, le choix n'est pas difficile à commettre sauf si on reste aveugle, sourd et muet. En considération de la guerre qui s'avance et lors de laquelle le choix de notre survie est inexpugnable, en politique il serait temps que les Peuples se déterminent face à la mendicité chronique de l'errance et de sa perversion. L'Histoire avec un H majuscule nous le dira.

La falsification

La falsification de l'Histoire par tous les mythomanes en tout genre devient un sport National, ce qui apparaît particulièrement normal à l'heure où la Nation doit être détruite pour laisser place à cette vase nauséeuse que l'on nomme encore le mondialisme, où chacun à gauche comme à droite puise pour s'accroire d'importance, alors que chacun n'est qu'un féal d'une dictature qui ne cache plus son nom, qui désormais à visage découvert se montre et parade, tirant de sa teinture idéologique les prémisses de ce qui fera long feu : le nazi communisme.

Ici le lieu, ici le temps de ce que les souches éprises croient pouvoir durer mille ans et plus comme certains régimes qui ont succombé à leurs errements, errements renouvelés ce jour par le nombrilisme atavique qui se veut morale alors que l'immoralité la plus pernicieuse vagit en ses racines, dénaturant son principe même avant que de l'enliser dans les décennies qui viendront, qui ne seront règnes des nains mais bien règnes des Empires qui se créent sans se préoccuper du déclin de l'intelligence agencée par le bastion inféodé de ce qui aurait pu devenir un étendard lumineux et qui aujourd'hui n'est plus que l'étendard d'une nuit sans fin, cette organisation des Nations Unies qui se révèle l'organisation de la destruction des Nations au profit d'un déracinement qui n'appartient à aucune Nation.

Le temps vient de cet horizon qui rendra à César ce qui appartient à César et à Dieu ce qui appartient à Dieu, aux Nations ce qui appartient aux Nations, aux Identités ce qui appartient aux Identités, aux Racines ce qui appartient aux Racines, et dans la concaténation de ce temps en sortiront grandies ces Nations que les avatars de larves conchient sans prendre le temps de respirer, ces miasmes grotesques qui s'évertuent à paraître car ils ne sont pas des Êtres mais des phasmes d'Êtres, des ectoplasmes qui bâtissent leur propre ruine en voulant ruiner le cœur de l'Humain, son appartenance indéracinable à la Vie, à sa terre, à ses Lois et coutumes, à son sang dont les millénaires ont nourri son sol inaliénable.

L'Europe avec un E majuscule est vectrice de ces propriétés, une Europe que l'on voit dénaturée par la barbarie insolente de cette peste rouge brune qui veut la dominer sans même être élue par ses Peuples, une Europe outragée par le venin qui englue toute latitude de la pensée au même sempiternel écho, celui de la culpabilisation. Fort heureusement l'Histoire avec un H majuscule n'appartient pas à la dénature et ses crimes intellectuels, à tels fins que lentement mais sûrement les Peuples Européens se réveillent, malgré la censure ignoble imposée depuis des décades, rabâchée journellement, remâchée globalement par les élites de la destruction qui veulent imposer leur couronnement par la violence physique et morale, allant jusqu'à l'outrage, au déni des Lois, et s'apprêtant, pourquoi pas à l'assassinat physique, sinon moral, d'une frange majoritaire des Populations qui leur dénie toute autorité réelle.

Et quelle autorité ont-ils ? Aucune puisque aucun suffrage ne les a élus. Le Rubicon a été franchi par ces hordes qui privilégient tout ce qui n'est pas Européen, qui sanctifient tout ce qui n'est pas Tradition, qui détruisent la Culture des Peuples Européens au profit d'une bassesse louangeuse et tapageuse, la culture de l'anéantissement, qui permettent l'invasion, avec la permission de l'ONU, des Nations Européennes par une masse exogène implantant ses dialectes, ses religions, ses cultures, sans le moindre désir d'intégration, bien au contraire, et avec la bénédiction de tout ce que compte le Mondialisme dans ses basses chausses.

Et lorsqu'un Peuple se dresse, la houle arrive, cette houle de hyène à qui l'on prend son os, une houle accompagnée de tout ce qui est outrancier, de tout ce qui est fétide, de tout ce qui peut rabaisser les Peuples au dénominateur commun de la culpabilisation. Cette culpabilité, ce matraquage, ces homélies de la stupeur, 2010 n'en a rien à faire, totalement rien à faire, 2010 aujourd'hui en ses Peuples se voit litière d'une agonie bien plus pertinente, celle de sa réalité face à la virtualité fécondée par les abstractions neuronales de destructeurs qui se disent bien-pensants, cohortes de ces hyènes qui s'attendent à un fromage alors qu'ils n'obtiendront pour toute consolation que le silence qui leur sera seulement autorisé sous peine d'éradication, car ils pensent encore être des maîtres, alors que ce ne sont que des esclaves.

Ainsi les Peuples se réveillent, et ce qu'ils appellent avec mépris le Nationalisme se réveille, ce Nationalisme qui permettra à tous les Peuples Européens de se sortir de cette ornière répugnante dans laquelle ils stagnent, faite de toutes les pourritures comme de toutes les lèpres qui s'imaginent civilisatrices alors qu'elles ne sont que les viviers de toutes les barbaries qu'elles encouragent.

Les Empires balaieront leurs scories, car des Nationalismes naîtra l'Europe, une Europe réelle, forte et fière de son Histoire avec un H majuscule, qui ne sera pas le vivier de tous les terrorismes accouplés, physiques, intellectuels, spirituels. Ce n'est qu'à ce prix, ce prix de l'Honneur que l'on rendra à l'Europe sa destinée, une Europe qui ne sera pas soumise aux marchands, à l'esclavage, à de pseudos royautés délitées depuis des millénaires, à des parlements consubstantiels du nazi communisme désintégrant, et cette Europe des Nations, pourra enfin rejoindre d'égale à égale les Empires en construction, les États-Unis d'Amérique, le Canada, les États Fédérés de Russie, formant ainsi cet Empire de souche qui pourra lui-même traiter d'égal à égal avec l'Empire Asiatique, l'Empire Sud-Américain, et l'Empire Africain.

Destinée de ce monde qui ne peut continuer à se lover dans la bassesse d'idéaux tronqués et noyés dans le bêtisier de l'atavisme le plus délétère. L'Universalité passe par cette étape intermédiaire qui ne doit être fourvoyée par la gangrène systémique de l'adulation prosternée à la culpabilité béate née des falsifications elles-mêmes nées des aberrations subliminales de dithyrambes diachronies auto destructrices.

Rien n'est perdu, il suffit de nettoyer la lèpre qui couvre de son voile, qui n'est pas irrémédiable, la nature profonde de ces Pierres du Temple Humain que sont les Nations, conjonctions d'harmonies lorsque ouvertes à la destinée de ce petit monde que l'on nomme la Terre, conjonctions de dysharmonies lorsque fermées par les remparts préparés par les marchands afin de gréer à leur profit des guerres et des paix sans efficiences. Au travail donc.

Pouvoir de renaissance

Si les Peuples dans leur ensemble veulent survivre, ils doivent être parfaitement conscients de leur réalité historique, de leur densité culturelle, de leur pouvoir économique. Les Peuples sont pris dans la tenaille de deux fléaux conjoints : le mondialisme et le paupérisme accéléré par le mondialisme. Cette tenaille trouve sa finalité dans l'anéantissement des Peuples dans leur biodiversité. À l'heure où certains illuminés sont à genoux devant la planète, qui n'est qu'un support de la destinée de l'Humanité, qui en appelle à toute empathie, tout altruisme envers les espèces, on ne peut être que consternés de voir l'errance immobiliser les consciences dans une torpeur culpabilisatrice, qui au-delà de l'image cherche à faire naître le sentiment d'autodestruction des espèces Humaines.

Il est temps de se réveiller de cette léthargie qui se conjugue avec des mots-clés qui sont les leitmotivs des prétendants de l'errance : racisme, multiculturalisme, métissage. Le racisme est l'œuvre de celles et de ceux qui ont pour seule prétention la destruction de la biodiversité Humaine afin de créer l'esclave parfait, le multiculturalisme est l'œuvre de celles et de ceux qui ont pour seule prétention la destruction de toutes cultures Humaines afin d'instaurer la culture du néant, le métissage (en dehors des affinités amoureuses), est l'œuvre de celles et de ceux qui ont pour seule prétention la destruction de toutes les racines Humaines, afin de créer une humanité d'esclaves consentants.

Respecter ses Racines, son Peuple, son Histoire, son devenir deviennent les sujets de toutes hérésies pour ceux qui pratiquent les leitmotivs précités et qui dans leur ignorance prêtent à ceux qui sont des Êtres Humains respectueux de leurs Nations cette terminologie qui leur revient de droit. Une pseudo-psychologie accompagne cette infatuation grégaire, marquée par ces mots sans queue ni tête qui foisonnent dans les médias aux ordres, la peur, la peur de l'autre, la peur de ceci, la peur de cela, ce qui n'est qu'un masque pour auto protéger le déracinement et sa virtualité factice. La France a montré dans son Histoire sa capacité d'intégration sans peur en ses traditions de multiples facettes de la biodiversité Humaine, cette hystérie du déracinement n'a donc aucune valeur dans son espace et prête à rire lorsqu'on observe les tenants de ce mensonge se contorsionner pour appliquer à notre Pays et à son Peuple millénaire les égarements triviaux de leur pensée.

Le racisme de l'errance à l'encontre de la biodiversité, le multiculturalisme bêtifiant, le métissage des pensées, doivent donc être dissous du langage de chaque Peuple qui se respecte et respecte les autres Peuples, l'Humanité dans sa totalité et sa biodiversité. Il faut que les Peuples cessent de ramper devant l'errance et sa contrition, ce mondialisme virtuel créé de toutes pièces pour les réduire en esclavage. Esclavage physique par viol de leurs racines, esclavage intellectuel par imposition d'un multiculturalisme marqué par l'abêtissement, esclavage spirituel par imposition obligatoire par acceptation de croyances surajoutées nées d'invasions programmées par le mondialisme de l'errance.

Le mondialisme naît le paupérisme et accélère le paupérisme en toute Nation, afin d'imposer sa loi de la destruction, en se servant des instruments financiers qui font voir aujourd'hui les Nations jugées à l'aune d'une notation qui n'est applicable qu'aux entreprises. Ce phénomène est lié uniquement à l'abandon du pouvoir de créer leur propre monnaie par les États. En s'endettant auprès des banques privées, les États perdent leur pouvoir et donc par conséquent les Peuples deviennent des esclaves patentés du parasitisme bancaire par versement d'intérêts indus qui se multiplient aujourd'hui au regard de la redistribution du pouvoir économique de la Nation entre les factions du parasitisme né de l'invasion galopante d'exogènes, dûment organisée par l'errance, et la dîme versée à l'errance.

Ces deux phénomènes conjoints doivent être remisés aux poubelles de l'Histoire, par reprise en main des Peuples sur leur pouvoir de créer la monnaie, et par redistribution uniquement à celles et ceux qui participent à la vie collective de la société en versant leur contribution aux organismes sociaux. La stabilisation et l'évolution des sociétés comme de l'Humanité sont à ce prix, mais pour cela faut-il que le Politique avec un P majuscule soit et qu'il cesse par reptation d'être l'esclave d'une partie du système bancaire et financier.

La reprise en main du pouvoir économique par le Politique se déclinera obligatoirement par une renaissance globale de toute Nation à travers ce monde rendu opaque par la perversité de l'errance, si peureuse d'être qu'elle se cache afin de ne pas être visible par les Peuples qu'elle conditionne par l'intermédiaire de ses féaux politiques qui initiés de droite comme de gauche flouent la vérité pour faire accepter aux dits Peuples un esclavagisme consentant, tel qu'on vient de le voir avec cette dernière Loi sur la retraite dans notre propre Pays.

Le choix du Politique ne doit plus se faire comme on le fait d'une marque de lessive, mais bien sûr des personnes identifiées en leurs désirs de servir leur Peuple, qui soit totalement indépendant du marécage devenu aujourd'hui des sociétés discrètes et de leur coup d'État permanent au nom d'un illuminisme qui n'a d'autre critère que celui d'instaurer une dictature universelle.

La force Politique instituée, il conviendra de déléguer dans les Institutions internationales la typologie Humaine précitée, et non en leur sein ces avatars du mensonge et de l'hypocrisie qui font aujourd'hui de ces institutions des Institutions dévouées aux mains de l'errance et de sa systémique, basée sur le mensonge et l'hypocrisie. Cette action multipliée en chaque Etat, permettra de nettoyer les écuries institutionnelles qu'elles soient nationales ou internationales, de tous les parasites qui les immobilisent, conjointement permettra aux Peuples en paupérisme de s'émanciper en reprenant leur droit inaliénable à vivre et non à subir des génocides organisés par les prébendiers de toutes sortes qui font le jeu de l'errance, conjointement permettra aux invasions sauvages de cesser et de même de réintégrer dans leurs Nations de naissance les exogènes vivants d'indigence dans leur Pays d'accueil, le renouveau de leur Nation, débarrassé de ses scories leurs permettant de bâtir et construire un devenir.

À l'équilibre ce monde pourra enfin se forger dans sa réalité qui est celle de la biodiversité, et non pas dans celle de la dilution menant vers l'esclavage et sa dictature prônés par l'illuminisme de ce jour qui nargue les Peuples du haut de ses citadelles sablières telles celles représentées par des institutions internationales dévoyées de leur mission, ONU, FMI, OMC, OMS, des créations virtuelles telle cette "europe" sans fondement politique, uniquement basée sur l'asservissement économique et sa panoplie dédiée à l'errance barbare du mondialisme dictatorial.

Les jeunes générations et les générations futures devront achever cette œuvre de restitution du réel sur le virtuel, se déterminant dans l'Universalité qui est réalité et respect inconditionnel de la biodiversité Humaine en ses multiples racines, et non dans ce mondialisme atrophié qui est arcane de l'esclavagisme le plus dictatorial qui soit, celui de la mort sur la vie.

Face à ce jeu truqué et tronqué, si les Peuples savent remettre à leur place les pièces qui les composent, et ils le sauront, l'avenir s'ouvrira à l'Humanité. Ce n'est qu'une question de volonté, qui ne doit être assourdie par les leitmotivs précités, la propagande inversée, telle celle que l'on entend à propos des mouvements nationaux qui seraient fascistes, nationaux socialistes, le fascisme, le national-socialisme, le communisme, le trotskisme, le maoïsme, ayant trouvé dans le mondialisme leur pain béni pour assouvir leur passion de dictature, en s'alliant réciproquement.

Les termes aujourd'hui ont un sens et observez bien le contenu qu'ils déclinent et vous verrez alors la mystification que subissent les Peuples dans leur ensemble, cette mystification qu'il convient de réduire à sa plus simple expression, celle du néant, car on ne fonde pas sur le néant mais sur la réalité, la réalité Historique, la réalité Culturelle, la réalité Spirituelle, n'en déplaise à l'errance et ses théurgies instrumentalisées qui n'ont de vocation que la destruction. Le droit au respect est inaliénable pour tous les Êtres Humains en leur réalité, leurs racines, leurs Ethnies, leurs Peuples, leurs Races, leur Humanité, indivisibles de leurs Existants, dont la Nation est accomplissement et pierre d'œuvre, Voie vers l'Universalité qui est respect et défense de l'intégralité de la biodiversité Humaine, et non anéantissement de cette biodiversité au nom d'une dictature de l'assouvissement de l'errance et de ses féaux.

Honneur et Histoire

Histoire et Honneur sont indissociables. L'Histoire des Peuples et de leurs Nations sont indissociables de leur Honneur. Avoir la prétention de faire disparaître l'Histoire, qui ne disparaîtra jamais au demeurant, c'est vouloir faire disparaître l'Honneur des Peuples qui se sont constitués à partir de leurs racines et de leurs rémanences culturelles intrinsèques. L'attaque que subit l'Histoire aujourd'hui, nonobstant sa falsification uniquement destinée à cacher sa réalité et la réalité des acteurs qui œuvrent à sa déstabilisation et ce depuis la Révolution Française, est pertinence d'une dénature particulièrement outrancière vis-à-vis de l'Humanité dans son ensemble.

Cette dénature axée sur la voie inversée tendant à créer une pensée unique basée sur la culture de la mort, passant par la déstructuration de l'Humain enveloppé dans les liens sordides de la névrose ayant donné naissance à des idéologies cadavériques : darwinisme, freudisme, einsteinisme, marxisme, toutes vouées à la désintégration des espèces Humaines en leur représentativité, aujourd'hui semble vouloir briller de ses milles ténèbres afin de faire disparaître le sens de l'honneur chez les Êtres Humains, les Peuples, l'Humanité en leurs représentations dont le socle est la Nation.

Cette attaque qui se voudrait invisible est bien trop visible pour ne pas comprendre par quelles factions elle est menée. En effet, il ne peut exister de Nation sans honneur. Un Peuple qui a perdu toute volonté de vivre disparaît dans le déshonneur. Notre Nation, à la limite ce jour du déshonneur, doit-elle s'anéantir au profit du parasitisme noyant le "mondialisme" ? Les racines profondes de notre Peuple, de notre culture multimillénaire, doivent-elles être balayées par ce parasitisme dont les actions conjuguées se délibèrent dans les versants du féodalisme le plus outrancier, celui de l'acceptation du viol de sa personnalité au nom de lois iniques, et du viol de son existence au nom de déférences inverses ?

Comment conserver notre Honneur par-delà les théurgies de la pensée unique dévouée à Thanatos ? Que faire face à cette destruction programmée par les tenants et aboutissants de ce qui ne représente que désintégration, génocide, culture de la mort, horreur perpétuelle, lorsque le silence hurle les centaines de millions d'êtres assassinés et asservis à cette perversion qui ne représente en aucun cas et ne représentera jamais l'Humain, dans sa densité et son éternité ?

Combattre pour la résurgence de l'Histoire avec un H majuscule afin de dévoiler les factions qui se cachent derrière son rideau, derrière le mensonge, ces tenants et ces aboutissants unis depuis la Révolution française par la prédation pour enfermer la Terre dans ce qui n'est son inspiration mais son expiration.

Leur mensonge est partout, mais l'Histoire est là, inaliénable pour démontrer leur œuvre au noir en sa putridité, cette Histoire inviolable malgré leurs dénis qui s'offusquent lorsqu'elle montre leurs instruments œuvrant à la désintégration de l'Humanité, une Histoire avec un H majuscule qui ne s'intéresse pas le moins du monde à de pseudos génuflexions à leur barbarie, infusées dans leurs discours les plus creux, leurs lois les plus ignobles, leurs coercitions les plus démentes.

Leur mensonge permanent devant l'expression de l'Histoire qui constate les actes et leurs motivations, qui notifient les noms et origines des acteurs de ces actions, ne tient pas plus que le sable devant le vent, c'est bien pourquoi aujourd'hui s'agitent ces dénis afin de masquer la face la plus obscure des factions qui s'entraident frénétiquement pour taire les résultats de leurs actions les plus irresponsables, actions névrotiques d'hystériques affamés de la destruction qui s'éblouissent de leur propre incapacité à vivre et veulent que tout un chacun soit esclave de cette dénature qui les perpétue dans la virtualité et en aucun cas dans la réalité, pitoyables hères de la nuit que la lumière ne peut que désintégrer.

En fonction de sa mission, l'Histoire se révèle le pivot maître de la renaissance de l'Honneur des Peuples et du nôtre accompli. Pour que l'Histoire puisse enfin surgir des méandres qui la replient dans l'abstraction de l'invention de l'accroire et de ses outrances, de la propagande délirante, il convient donc de destituer toutes les lois tendant à annihiler son pouvoir, ces lois qui dans l'abstraction veulent façonner des idéaux qui ne sont pas ceux de l'Histoire Humaine mais d'une virtualité fécondée, par le mensonge et ses hérésies déniant la réalité Humaine, ses pitoyables congratulations parasitaires qui au contraire de ce qu'elles tendent à faire croire deviennent sources bien au contraire d'une recherche appropriée pour les Esprits libres qui ne sont enferrées par des dogmatismes que leur pensée unique hisse comme phares alors qu'ils ne sont que poussières, et pire que poussières témoignages impitoyables de leur culte génocidaire pour tout ce qui n'est pas axé dans sa devise inverse.

Sans contrevenir à ces lois, et sans les contourner, on peut d'ores et déjà analyser l'Histoire du communisme qui est particulièrement éloquente de la manière dont elle est traitée par l'histoire avec un h minuscule, la documentation ne manque pas, et elle met en exergue tout ce que nous connaissons actuellement dans le cadre de ce " mondialisme" dont il fut un des précurseurs, charnière des plus vastes charniers de l'Histoire dont les acteurs sont parfaitement identifiés tant par leurs noms que par leurs origines, en tous pays contraints et ce depuis cette "révolution" de 1917, menée par la tenaille habituelle à laquelle nous sommes confrontés encore ce jour dans les débordements de ce "mondialisme" inversé.

Je rappellerais que cette tenaille se nomme "banque «-» révolution", deux mains d'un même corps qui portent sur la conscience plus de cent millions de victimes, soit par assassinat pur et simple, soit par assassinat programmé par des famines artificielles, soit par annihilation par déportation dans le cadre de camps de travail ou goulags, (les nationaux socialistes qui ne sont qu'un avatar de cette famille idéologique, n'ont rien inventé).

Une autre Histoire peut être analysée globalement, celle du Catholicisme et plus précisément du Christianisme qui subit aujourd'hui la plus lourde offensive qui soit par tous les prétendants arbitraires à sa destruction. Pourquoi l'Église Catholique doit-elle être détruite ? Posez-vous la question et voyez qui sont les offenseurs par l'Histoire avec un H majuscule, remontez à Luther et ses pourvoyeurs, à Calvin et ses féaux, vous comprendrez mieux la nature profonde de cette tentative de destruction, l'annihilation de ce socle éternel qui est celui sur lequel repose l'Être Humain entendu comme devenir et non comme esclave, analysez sans état d'âme les exactions qu'ont pu subir les Chrétiens à travers les âges, et notamment pendant ces "pseudo" révolutions programmées qui ont vu le martyr de millions de Chrétiens à travers le monde, leur anéantissement sauvage, 400 000 assassinats de Chrétiens pendant onze mois, jusqu'à l'exhumation (notamment des Nonnes) pour empalement tel que cela s'est produit pendant la "révolution contre le Franquisme" Espagnol, 25 000 Chrétiens assassinés en Hongrie sous le régime de la terreur communiste avant-guerre, 1 900 000 personnes de confession Chrétienne notamment Orthodoxe, assassinés pendant la première période du Bolchévisme, 30 000 000 de personnes assassinées, dont beaucoup de confession Chrétienne, par famine organisée lors toujours de cette première période, 10 000 000 de Chinois dont beaucoup de confession Chrétienne, exterminés dans la première période communiste en Chine.

La haine du Chrétien à travers les âges n'est pas un leurre, - sous Néron, massacre de centaines de milliers de Chrétiens ; à Cyrène et à Chypre, massacre respectivement de 220 000 et 240 000 personnes dont beaucoup de confession Chrétienne, par sciage du corps en deux ; mise à mort de tous les Chrétiens sous Dioclétien, mise à mort de tous les Chrétiens sous le Pape

Clément, etc etc...Jusqu'à ce Darfour où les bonnes consciences de la pensée unique se taisent...

Car le Chrétien représente l'Ordre, la Sécurité, la Probité, trois conditions qui stabilisent les Nations dans leur propriété et leur permettent une évolution et non une désintégration. Ces exemples ne sont que des gouttes d'eau dans le vase de l'Histoire Universelle qui est actuellement cachée sous les auspices trompeurs d'une pensée unique virtuelle et composite pour surtout laisser en ignorance l'Humanité dépouillée de sa réalité. Des lois révisionnistes prétendent effacer de l'avenir ces exactions absolument sordides, mais que peuvent les lois devant l'Histoire, l'Histoire dont les Êtres Humains sont moteurs et que rien ne peut arrêter ? Rien.

La compréhension de l'Histoire, qui n'est pas jugement, permet à l'esprit Humain de se diriger et non plus se commettre à être dirigé et manipulé par une propagande éhontée. Les sources de l'Histoire peuvent être effacées, les témoignages des vivants sont là pour formaliser sa réalité, les livres peuvent être brûlés, (fort heureusement ce n'est pas le cas et il serait bon à tout esprit libre de s'intéresser à la littérature allant du 18eme siècle à 1970 pour se faire une idée précise des tenants et aboutissants qui veulent réguler l'Histoire en la réécrivant à leur profit en omettant leur singularité prédatrice, cette mise en coupe réglée de la planète portant ses deux visages, celui de la révolution en ses mouvements et celui de la contre-révolution en ses mouvements unis, comme les doigts de la main pour instaurer l'anarchie triomphante sur laquelle dominera leur dictature dévoyée qu'on nomme mondialisme aujourd'hui), le verbe toujours se communique.

Une chape de plomb peut tenter d'étouffer sa réalité, comme c'est le cas depuis des générations dans notre Pays, que cette chape inexorablement se lézarde devant la réalité du Vivant, en ses racines. L'Histoire est donc le pilier de l'Honneur, non seulement l'Histoire Nationale mais l'Histoire Universelle, Honneur des Peuples, et honneur de l'Humanité. Tout Peuple en conscience de son Histoire et de l'Histoire Universelle est un Peuple debout qui jamais ne se laissera inféoder par les factions quelles qu'elles soient, d'où qu'elles viennent, et en aucun cas ne se laissera pervertir par l'illuminisme et sa dérision, la caricature mondialisme telle qu'elle se présente aujourd'hui, ne marchant que sur le pied de l'économique trivial et superfétatoire, dont se nourrissent tous les esclaves du matérialisme le plus douteux en croyance que la Terre est le devenir de l'Humanité, - alors qu'il existe plus de quarante-trois milliards de planètes à la ressemblance de la nôtre dans notre Galaxie qui n'est qu'une poussière dans un amas, et que dire des super amas - ?

De quelle Humanité parlons-nous, de l'Humanité en général, où de leur "humanité" ployée sous le joug d'un anthropomorphisme viscéral qui ne reflète qu'un simple rayon dans le cercle et aucun cas le cercle lui-même. Il serait temps que ces tenants et aboutissants le comprennent, ils ne sont qu'un seul rayon dans le cercle et rien d'autre, ce qui détermine qu'ils n'ont aucun droit à une quelconque légitimité, sinon dans le cadre de l'usurpation, usurpation dont notre Histoire contemporaine a été sujette, dont notre Histoire est plus que jamais aujourd'hui sujet, si contrainte dans le mensonge, la propagande, père et mère de l'ignorance.

Il serait temps que se réveille cette léthargie qui n'est qu'une poussière dans l'espace des Idées, au même titre que la Terre n'est qu'une poussière par l'immensité galactique, avant que l'Humanité en ses Peuples se réveille de la léthargie en laquelle elle sommeille. Que l'on se rassure, lorsque la tenaille se refermera totalement, elle implosera car l'Histoire sera présente pour démontrer son inanité, ce vide incommensurable qu'elle apporte, né d'un délire de supériorité qui n'est que représentation d'une atrophie humaine dont l'Humanité en ses Peuples n'a plus à supporter le fléau, et les Peuples alors se réveilleront et se conjugueront pour démonter sa virtualité voulant inféoder la réalité, permettant ainsi de rendre à la Voie sa densité qui n'est pas celle de la voie inverse.

En attendant il convient d'ores et déjà de faire disparaître de nos textes de lois, les lois révisionnistes sur l'Histoire, par une action démocratique et souveraine, afin que l'ignorance née du mensonge et de la propagande puisse laisser place à la connaissance, à l'esprit critique, au jugement. On ne peut continuer indéfiniment à subir des carcans qui cachent la réalité au profit de l'inexistence, de cette virtualité qui parade, dont le mensonge est protégé par ce carcan qui loin d'être une protection initie une interrogation.

L'Histoire n'appartient à personne, à aucune caste, à aucun clan. L'honneur d'un Peuple est son Histoire, intégrée dans l'Histoire Universelle, et cet Honneur sera recouvré lorsque les bastions de l'ignorance seront obérés des lois Nationales et Internationales qui n'ont pas à être inféodées à celles et ceux qui veulent masquer leurs actions génocidaires de destruction universelle pour accroître leur petit profit, leur mégalomanie, leur délire paranoïaque.

Dans l'abîme

Et dans l'abîme se tenait le feu des antiques serments, de ceux qui ne s'oublient, face à face de l'évolution et de l'involution, et, alors que le tsunami emportait les dernières créations humaines, ce feu étincelait, insistant et glorieux, œuvre d'un enchantement aux lyres adventices des écumes blondes, ces sources de cristal qui sont catalyses de l'éternité.

Il y avait là, sans refuge le ciel d'un émoi, d'un frisson, et en son centre, comme une gerbe corallienne les fruits des serments d'hier passés par le tamis des tempêtes austères, des diluviennes clartés, des embrasements empiriques, calmes aux latitudes précieuses alors qu'en dehors de leur sérail les vents hurlaient, déployant une malédiction ordonnée sur cette temporalité baignée de miasmes et de scories, tournoyant dans les astres un désastre conditionné.

Voyant des âmes humiliées, des corps fatigués, des esprits annihilés, se révolter, hâlant de guerre en guerre des naufrages éprouvants, que la lune sombre guettait aux ourlets de nuages denses, violets et noirs d'un dantesque apprentissage, celui de la nuit qui, malgré l'immensité éclairante d'un soleil majestueux, transparaissait l'horizon d'un dessein monstrueux, celui de voir l'humain s'accoupler à la bête.

Bête multiforme, ignoble en ses parures, répugnante en ses ajours, en toutes faces de la terre suintant l'ignominie et la perversité, d'une apparence perfide, reluisant de cette affliction commune aux plus vastes reptiles assoiffés du sang humain, l'affliction de la flagellation, cherchant l'empathie, l'affliction du gémissement, cherchant la courtoisie, l'affliction de l'hypocrisie.

Cherchant la compassion, perfides demeures de ces strates enchevêtrées dans la lie du monde insinuant toutes racines pour les détruire, inondant de ses bestiaux essors l'aporie de ce monde, désormais en faille organique où se tenait ce feu témoigné, un feu de renouveau s'épuisant à dire le verbe devant ces quelques représentants d'une humanité perdue au milieu de la sauvagerie de ce monde.

Un feu vivant qu'il nous faut désormais attiser surenchérissait le mage, un feu divin qui nous sera sacre déclarait le guerrier, et dans leur union, déjà se levait le Peuple compagnon, hissant la flamme de ce feu par-delà le naufrage, une flamme légère d'abord, une flamme presque inexistante aux yeux du monde d'alors, vautré dans l'immondice, la fange et l'ordure.

Une flamme unique, lentement fertilisant les demeures du siècle, épousant les contours, les aspérités, les affluents, les méandres pernicieux, allant à la recherche des essaims en voie du pollen, ce pollen du renouveau que la Voie toujours désigne, aux fleuves et affluents qui viennent des neiges éternelles, de la pureté primitive qui ne s'entache des grèves pourrissantes, des moires aisances et de leurs lieux, tourments qui devant les forces d'écumes reculent.

Tant leur beauté est principe de justice, tant leur Harmonie est rempart impérissable, là, préau d'une immensité qui se ramifie et lentement se coordonne, dans cet assaut du chant qui retenant son souffle, au levant pérenne dresse ses ailes pour d'un parcours sans égarement lever ses oriflammes, inscrites de verbes aux demeures, aux villes fécondes et aux labours sereins.

Vagues nuptiales recouvrant la terre d'une joie nouvelle à voir, comprendre et essaimer, dans une symphonie de couleurs, dans une formidable et impérieuse densité que nulle scorie ne peut destituer sinon que pour se destituer elle-même, le chemin du monde développant ses rives constellées, orientant ses nefs ouvragées dans la reconquête, la reconquête de la Vie sur la mort et ses embruns.

Dans une salve de bonheur, dans une ode olympienne ne se targuant de victoire sur celui-ci ou celui-là, mais bien au contraire intégrant chacun pour en révéler le chant, ce chant multiforme rayonnant de plus de mille feux irisant la sphère de l'aquilon qui ne se perd, car constructeur de règnes et de rêves, gardien de toutes faces de l'Humanité en leurs complémentarités, de l'orbe extatique la fertile renommée, gréant puisatières mille et mille écumes pour redonner aux fresques humaines leur densité.

Cette densité précieuse que d'aucuns croyaient perdue dans la servilité à l'atrophie, que d'aucuns pensaient ne plus revoir devant l'audace de la folie et de ses demeures couronnées, alors qu'en vérité, il eut suffi d'une seconde à ce chacun pour percevoir au-delà de l'ignominie la fragilité de cette orientation, bâtie sur le sable, retournant au sable.

Mirage d'électives correspondances sans envergure, sans propos, tout d'abîme ce jour retournant à l'abîme, ainsi alors que sur l'horizon s'élève le chant de ce monde, multiplié à l'infini par la correspondance de ses écrins, ses races, ses peuples, ses ethnies, cette humanité bruissant du langage de la Vie, sous le regard des guerriers, dans la volonté de la sagesse, dans la grandeur officiante mage.

Ainsi alors qu'en chaque demeure, chaque région, chaque Nation, chaque Internation composée, au cœur de ce monde officie l'harmonie loin de la dénature, de la complaisance, de l'aberration mentale, de la forfaiture et du crime, ainsi et pour les siècles et les siècles...

La Liberté de s'exprimer

La liberté de s'exprimer devient de plus en plus tendue en France. Lorsqu'un footballeur décline un moyen pour remettre à leur place les parasites de ce monde, il se fait tancer par un représentant de l'État aux ordres de la nomenklatura apatride ? Qui se veut maîtresse de ce petit monde. De quel droit cette remarque ? Par quelle autorité ? Il convient de bien prendre la mesure de cette déclaration particulièrement anti démocratique, et bien entendu irrespectueuse de la liberté de penser, qui ne fait l'objet d'aucune plainte pour discrimination d'opinion par les thuriféraires de la bigoterie exogène, pensez-vous le penseur est un Français !

Mais il est vrai que dans notre Pays on ne défend que ce qui ne lui appartient pas en propre. Demander au tancé de s'occuper de football et en aucun cas d'économie est la forme du vocabulaire la plus méprisante qui soit dite à un citoyen par ce représentant de l'État, des banques ? Représentant qui a oublié une seule chose, que chaque citoyen peut se mêler de l'impéritie dictatoriale économique afin d'en évacuer les scories, que par ailleurs il n'est strictement rien sans le Peuple, un grain de poussière parmi d'autres qui tente de conserver à ce système répugnant de l'usure une continuité alors qu'il devrait être régulé et conjointement remis à sa place quant à l'émission de monnaie qui appartient aux États, donc aux citoyens.

Ce que ce "représentant" se garde bien de déclarer. Les Citoyennes et les Citoyens ne sont pas les esclaves des banques et de leurs féaux. Je crois qu'ici ces insinuants dans le pouvoir du Peuple ont dépassé les limites de l'acceptable. Le Rubicon est franchi, et n'en déplaise à toutes les panoplies politiques féales de ce système économique à l'agonie, les Citoyennes et les Citoyens de notre Pays sont en droit de penser et initier des actions tendant au rétablissement de l'Économie avec E majuscule dans notre Nation, en créant les conditions qui permettront de se libérer de l'esclavage qu'ils défendent.

L'argent de chacun n'appartient en aucun cas aux banquiers qui se régalent en se versant des milliards de bonus sur le dos de celles et ceux qui déposent chez eux, cet argent appartient aux Citoyennes et Citoyens, et c'est bien à raison devant l'outrance de ces personnages que le footballeur demande que tout un chacun retire son argent de ces banques qui ne sont là que pour profiter par l'usure, parasites qu'il convient de destituer. Que fera-t-on de l'argent ?

Et bien tout simplement, il sera déposé dans une banque Nationale dont les propriétaires seront chaque déposant, contre-pouvoir naturel à la gabegie internationale, qui pourra financer chaque porteur, mais aussi financer des travaux d'importance nationale. Eh oui, il serait temps que ces mystiques du veau d'or comprennent qu'ils peuvent disparaître du jour au lendemain, que cela en aucun cas ne gênera la marche de l'État, je rappellerai ici que l'État est au service du Peuple et non du parasitisme, il y a des dizaines de millions de citoyens qui sont prêts à remplacer les tonalités et les nuances de cette hérésie qui se voudrait dictature, dans tous les domaines d'activité, afin de hisser le Peuple et non l'ensevelir dans le marais fétide de l'accroire, de l'illusion, de la fantasmagorie.

Que d'aucuns se croient des lumières, et s'imaginent que le Peuple soit ignare, il y a là bien l'étalage d'une stupidité qui ne surprend plus, tant elle est une constante de la médiocrité. D'ailleurs à l'image de la réplique, on pourrait demander aux avocats de se mêler de péroraisons d'avocats et en aucun cas d'économie, mais ce serait là donner de l'importance à ce qui n'en a strictement aucune, et l'Être Humain a bien autre chose à faire que de se perdre dans la lie domestique qui veut régir ce qui reste de la Nation, afin très justement d'en nettoyer les écuries en portant des initiatives populaires, et non populistes (injures gratuites de l'atavisme de la prétention dictatoriale qui sévit actuellement), permettant d'éradiquer le venin qui pollue ce monde, et dont les Porte-drapeaux sont en toutes strates nationales comme internationales, banque "européenne", FMI, jusqu'au sein des gouvernements divers dont certains représentants dans le domaine de l'économie sont la plupart vendus à la castration de la volonté, ces sociétés de pensées défendant la Voie inversée, elles-mêmes jeux de dupes de certains financiers qui n'ont d'autres prétentions que de réduire l'Humain à l'esclavage le plus pernicieux.

Un mot de trop donc de cette médiocrité régnante dont il conviendra d'obtenir des excuses en respect de la Démocratie, car de quel droit un citoyen peut-il être traité de la sorte dans un Pays qui doit respecter la Liberté de penser ? Faut-il que l'agresseur se sente protégé par la ribambelle qui s'agite pour détruire les Nations, tigres de papiers qui manient l'intimidation, le vol, le casse, le braquage, le meurtre à la ressemblance du crime organisé.

Personne n'est dupe des cambriolages à répétition dans les journaux libres, chez les hommes politiques, personne n'est dupe sur les "accidents d'avions", personne n'est dupe sur l'utilisation de tueurs patentés, telle celui qui a assassiné un des scientifiques remettant en cause le 9/11, personne n'est dupe sur la "mort" de soixante-dix scientifiques à travers le monde travaillant sur des sujets sensibles depuis 2004, ainsi que sur l'assassinat de 349 scientifiques Irakiens, personne n'est dupe, sans compter les mystères des disparitions précoces de certains hommes politiques, et la liquidation de certains journalistes sur Internet dont la mort est déguisée en suicide.

Le Public sait à qui il a affaire, et c'est bien pour cela qu'il y a des mots de trop qui ne font que le confirmer dans cette opinion que personne ne contrôlera, au même titre que l'action de wikileaks actuellement, car pour contrôler l'opinion il faudrait euthanasier tout le monde, ce qui n'est guère possible à une minorité, car ne l'oublions jamais ce n'est qu'une minuscule minorité, qui bientôt retournera à ses chères études devant le règne de la quantité qui s'apprête au juste combat de sa survie, et par là même de la Vie, face à l'aberration qui voit ce jour un représentant de l'État, dans l'irrespect total de la Liberté de penser, tancer un citoyen Français pour ses opinions.

Nous ne sommes ni sous le règne de la Tcheka, ni sous le règne de la Gestapo, et les Citoyennes et Citoyens de notre Pays n'ont à recevoir de personne la moindre remarque sur leurs innovations économiques, et encore moins de la part de celles ou de ceux qui insinuants les gouvernements sont totalement inféodés par sociétés de pensées interposées aux tueurs nés de nos civilisations, de nos Nations, de nos Identités, de notre force Économique.

L'Histoire

L'Histoire est témoignage de l'Humain, création formelle de ses interactions avec son milieu, ses racines, et l'intégralité de son champ d'action. Plus l'Histoire conte le particularisme, plus elle peut être dissociée de l'intégralité, ainsi l'Histoire doit-elle être regardée dans sa globalité et non, uniquement sa division. La systémique composite des interactions humaines qu'elle met en exergue permet ainsi de mettre en relief les zones d'influences nées de l'interaction entre les actions individuées où action générée, elle-même multipliée dans le cadre de la globalité.

L'observation de ces définitions nous fait voir l'Histoire dans sa réalité et non obscurcie par telle ou telle propagande qui ne s'autojustifie que dans le cadre de la virtualité. L'Histoire n'appartient à personne, elle est comme précitée le miroir de l'ensemble des actions Humaines. Si nous visitons ce domaine d'expérience absolument extraordinaire, semblable en cela au regard que l'on porte en astrophysique, biologie, nous pouvons constater des pôles invariants, qui naissent, meurent où font progresser des civilisations, confluents d'une nécessité inéluctable, celle de la transcendance.

Toute création humaine en sa structure, son organisation, sa cristallisation, se détermine en fonction de ces invariants qui débouchent sur une systémique dont le déploiement se dessine dans une tripartition d'appariement classique dont les vecteurs peuvent être dénommés ainsi : primitif, matérialiste, spiritualiste, enfin universaliste. À la matrice de ces invariants on trouve la résultante de l'action générée des Êtres Humains, eux-mêmes génétiquement programmés par une rémanence formelle issue de leur personnalité.

L'assise de ces invariants détermine au sein de l'Histoire quatre grands mouvements civilisateurs, dont les fonctions comme les dysfonctions déploient le temps en des degrés d'actions qui interagissent en permanence. Cette permanence est le moteur exact de l'Histoire. Il n'y a ici pour saisir son embrasement aucune méthodologie, sinon celle de la systémique globale.

La matière semble considérable mais parachevée par la logique matricielle fait ressortir les mouvements qui s'entrecroisent, s'allient, se divisent, qui fondent l'expression des invariants précités, et dans la genèse de leurs appariements où de leur désunion, nés de la qualité symbiotique de l'Être Humain, la manifestation des inversions synergétiques comme des ascensions synergétiques fondant les civilisations, leur ascension comme leur affaissement, sinon leur pure disparition.

Ceci est une loi universelle qui ne peut être contrariée au regard du devoir d'épanouissement de la Vie, qui en fonction des degrés d'adéquation entre immanence et transcendance coordonne l'évolution, et participe l'involution afin d'annihiler ce qui en substance met frein à son avancée. Que l'on ne se trompe, ici le libre arbitre est total, et non soumission à une quelconque coordonnée, sinon celle qui se situe dans la rémanence formelle initiée propre à toute nature vivante qui féconde sa survie et son déploiement.

La mesure de ce déploiement n'est pas unique, mais bien, en fonction des individus, de leur degré de contrôle et de maîtrise, de leur pouvoir d'interaction avec leur environnement ou extra-personnalité, mesure de faisceaux ramifiés qui fournissent la mesure exacte du rayonnement viable de la Vie. Il n'y a là que juste répercussion dans tout ce qui de l'informe naît la multiplicité des formes qui ne peuvent en aucun cas se réduire à une unicité qui n'existe que dans les rêves oublieux de la réalité, qui n'est pas un concept, mais le lien vivant par excellence.

L'Histoire est donc aventure Humaine, gréée des multiples aventures de l'Humain que l'on peut caractériser comme des points dans une sphère et en aucun cas comme la sphère elle-même. Chaque point est action, chaque liaison est interaction, chaque interaction est résurgence d'une rémanence qui induite devient capitalisation d'ensembles identifiés dont les communautés différentes par cohésion s'enchevêtrent dans ces pierres matricielles que l'on nomme les Nations, achèvement du principe individué en cohésion du principe généré par adéquation symbiotique.

Il n'y a là pas le moindre mystère que l'équilibre ne se dessine que lorsque l'assise issue des invariants culmine. Le degré parfait de la cohésion est achèvement, et prépare au-delà de l'atomicité de l'esprit de groupe à une transversalité induite qui de facto naît ce que l'on appelle les Civilisations. Cette maïeutique naturelle revient toujours à l'équilibre car elle est pierre d'œuvre d'un devenir que l'on peut qualifier d'évolutif.

Même si cette pierre d'œuvre est en rupture, caractérisant des processus involutifs à l'œuvre, tels la prononciation d'une dictature, le fléau d'un parasitisme, la densité d'un viol culturel ou spirituel, sinon physique. Car dans et par l'action se détermine la réversibilité des facteurs parasites qui modélisent l'involution. Ce principe est une loi irréversible, l'Histoire n'étant pas fixe et figée car moteur de l'aventure Humaine aux exigences des actions individuées comme des actions générées.

Action implique que l'Être Humain soit acteur et non spectateur, le statisme favorisant l'expansion de toute dérive compte tenu des déploiements axés par les trois configurations initiées que l'on a nommées primitive, matérialiste, spiritualiste. L'Histoire est action donc, et cette action doit être non seulement le fait du groupe mais prioritairement de l'individu qui se doit de dépasser le carcan de faiblesses induites, nées de culpabilisations propagandistes qui dans ce monde, aujourd'hui livré à la barbarie, sont réverbérations d'involution.

Une involution voulant esclaves de mythes des populations entières rendues aphones par une action inverse appuyant son pouvoir sur le mensonge et l'ignorance. L'enjeu de notre temps ici se décline dans le pouvoir, le pouvoir lui-même lié à l'espace vital, cet espace vital concrétisé par le monde, un monde qui peut être unifié sous la modélisation de trois formes dictatoriales, primitive, matérielle, spirituelle, mais dans une forme objective constructive et évolutive, l'universalité, et non l'universalisme qui n'est qu'un reflet des précédents équipages.

Les forces en présence s'entrecroisent, se réduisent, s'annihilent, mais jamais ne se coordonnent dans ce qui est le simple reflet des nécessités qui ne peuvent sous leur joug être en adéquation. La barbarie parachève leurs motifs et oriente leurs chutes. Car chacune en leurs modalités, tronquées par essence, ne peut équilibrer les forces en mouvement qu'elles mettent en œuvre, et chacune en leurs propres rapports est dissolution les unes des autres.

L'Histoire en action est coordonnée de ces particularismes qui s'autosatisfont. L'ascension des pouvoirs vers cet espace que l'on nomme le monde n'est pas née aujourd'hui, elle a fait l'objet de multiples tentatives qui ont démontré leur échec, la Grèce s'est heurtée à l'inévitable déshérence, la Rome Antique à la fragmentation initiée par des luttes de pouvoirs intestines, l'empire de Charlemagne s'est auto détruit par primogéniture, le combat des Hohenstaufen a été stoppé par la barbarie spirituelle, l'empire Napoléonien a été brisé par la dépendance économique au parasitisme de l'usure, l'empire national socialiste a été stoppé par le sentiment de la liberté, enfin l'empire soviétique s'est auto détruit par pesanteur, plus proche de nous l'"europe" s'enlise dans le bourbier sans nom de son addiction financière.

Comme on le voit, l'auto destruction est une constante lorsque les invariants séparés sont plébiscite de leur nature profonde les vouant à l'atrophie, préambule à toute barbarie. Nonobstant ce pâle reflet historique il convient d'en extraire les moteurs qui les uns les autres se réduisent au gain, à cet espace privilégié de la déstructuration mentale qui aujourd'hui se veut assise d'une morale ridicule.

Cette atrophie mentale est le moteur principal de toutes les exactions que ce monde a connu, connaît et connaîtra. Issue d'une violence de groupe, elle a été inséminée par force dans toutes les couches sociales et vitales des nations, au cœur même des pouvoirs invariants qui tributaires de sa démesure en sont arrivés à inscrire leur priorité dans ce tombereau sans finalité afin d'y fructifier, régaliens, les miettes d'une tempête qui ce jour, principe de la Voie inversée, tente d'asseoir sa capacité atrophiée de nuisance aux invariants eux-mêmes afin de les circonscrire dans son fléau aveugle.

Née aux arcanes de l'empire Anglais, totalement asservi à sa duplicité, elle s'est répandue comme un poison sur toutes les couches vivantes afin d'en inféoder le potentiel d'action, hissant son drapeau de mort dans toutes les sociétés de pensées, dont les loges maçonniques, fers de lance, ont été et continuent à être les soldatesques dévouées, broyées qu'elles sont pour la plupart par l'illuminisme destructeur de tout ce qui est et a été, en cela soumises sans le savoir.

Cette construction de l'esprit, sous-marin dans les États, au service de la mise à mort des sociétés, pour le profit de l'or, est devenue le fourrier de la destruction des valeurs humaines. Inféodée à l'empire du commerce Britannique dont la couronne est esclave, les servants de cette ombre sociale ont commencé leur navigation dévastatrice, usant, abusant de ses factices révélations pour naître de factieux environnements enchaînés à leurs mythes.

Couronnement de l'hypocrisie, du mensonge et de l'ignorance, son parasitisme a pu commencer à œuvrer cet hymne à la destruction. En son temps par la scission du catholicisme par Luther et Calvin fourvoiements du judaïsme, par la cristallisation d'une révolution étrangère au cœur de la France, manipulée par ses desseins voulant arracher au trône la personnalisation du règne christique sur terre, pour le remplacer par l'autel de l'or et de l'usure.

Premier pas réussi dans le sang des enfants de la France martyrisés par cette atrophie mentale se voulant gouvernance, dont l'immonde perversion, déjà gérait la destinée des pays de cette "europe" enchaînée à sa ruine intellectuelle. Initiant la Trahison partout, l'assassinat, le meurtre, le meurtre rituel, folies de son pouvoir caché œuvrant à la manipulation financière la plus lâche pour détruire tour à tour l'empire napoléonien, les velléités russes, les vouloirs autrichiens, affermissant ainsi la citadelle de son dévoiement, la city qui par la compagnie des Indes gouverne le monde.

Un monde répugnant où on voit les enfants travailler dans les mines, l'esclavagisme régner, l'esclavagisme des peuples Européens, les uns les autres condamnés à servir l'apatride, le déraciné, l'usure triomphante. Pauvre Europe dominée par l'Angleterre, esclave de ses fantômes. Que nous sommes éloignés de la civilisation Médiévale, apogée de l'Europe avant qu'elle ne sombre entre les mains de l'atrophie.

Ici il n'y plus rien, et ce mouvement va s'accélérer, car gênent les États Unis d'Amérique, qu'il convient de pervertir, vengeance bien orientale que celle-ci, voyant la city initier son jumeau dans cet ouest vainqueur de sa morgue prosélyte. Walt Streets rayonne et le fumier de même, ce fumier qui tel le chiendent végétal se répand afin d'infecter toutes les couches de la société. Une société mercantile à souhait dont les fresques retentissent du nom du progrès technique mais surtout de la régression sociale, une société vivipare qui se nourrit de ses propres enfants et qui afin d'assurer sa gloire, ourdie des guerres sans nombres afin de détruire les souches vives des Nations, laminant ainsi celles qui pourraient dénoncer l'imposture, cette mise en esclavage des Pays par l'atrophie mille et mille fois coupable.

Agitant d'une main droite le conservatisme, d'une main gauche la création la plus répugnante qu'il soit, le socialisme, issu de son laboratoire d'illuminé mental, et dans des mouvements continus attisant le choc des dites mains, chocs monstrueux dont les deux dernières guerres mondiales sont les conséquences, génocides préparés et œuvrés à l'encontre des Peuples Européens, seuls capables de décimer cette atrophie monstrueuse, ce cancer de l'Humanité.

Nous ne parlerons ici de leurs "révolutions" sanguinaires, dignes de cette atrophie matérialiste, des centaines de millions de victimes occasionnées par sa perversité, génocides contempteurs que charrient ses prétendants au pouvoir mondial dans une frénésie glauque où règne le temple de la barbarie, temple qui doit être éradiqué de la conscience Humaine afin de lui rendre sa liberté, sa liberté de penser, sa liberté de critiquer, sa liberté d'Être Humain enchaîné au poison de ses miasmes sidaïques.

L'Histoire aujourd'hui est nombrilisme de cette déviance et amorce en son sein la chute irrémédiable de ses scories, qui, aux abois, tentent dans un dernier round, d'imposer par la force brutale, leur diktat. Cette force brutale opère dans tous les domaines de l'activité Humaine, intellectuelle, culturelle, économique, spirituelle, jusqu'aux artefacts psychologiques, sociologiques, biologiques, afin de parfaire dans l'errance sa propre errance.

Ainsi dans ce brassage de la destruction s'amorce sa propre destruction, ce dont nous ne pouvons que nous féliciter, car à l'image du corps Humain le corps social créé ses propres anticorps afin de lutter contre une hégémonie non humaine, un virus pandémique né de l'atrophie qui retournera inévitablement à l'atrophie, car né de la virtualité et non de la réalité. Car la Voie inverse n'est pas viable, elle est extermination de la réalité Humaine, dans sa multiplicité.

Les goulags économiques en train de se concrétiser sous les yeux endormis par les matrices délirantes des médias diffusant les soporifiques nécessaires à l'acceptation de cette tragédie, sont les premiers ferments des anticorps qui viennent. De même la censure de l'inquisition qui se forge actuellement, est un autre témoignage de la faiblesse de cette détermination qui vogue vers le vide.

Ces symptômes annonçant sa chute progressent à une vitesse vertigineuse.

Quoi de plus normal, Principe naturel de l'involution, la voie inversée trouve ici sa démultiplication qui l'amène à sa propre destruction. Cette désintégration n'est qu'une question de temps. En attendant il convient de préserver l'Humanité en sa multiplicité par la poursuite du combat contre l'ignorance induite par le mensonge. Ce combat menacé du bâillon sinon de la destruction physique de ses impétrants par le terrorisme intellectuel dans quelques Nations fourvoyées dans l'atrophie, se poursuivra en tous lieux, en tous Pays, en toutes Nations, par toutes Identités, car il est génétiquement programmé en chaque Être Humain,

La Vie, toujours a su régénérer son avenir quelle que soit l'épreuve qu'elle a traversée. Et ce ne seront pas les exactions du fourvoiement qui pourront faire grand-chose contre cette réalité matricielle qui expose sans fards le devenir, le devenir qui ne s'approprie pas, le devenir qui est celui de l'Espèce Humaine dans sa multiplicité qui n'a en aucun cas pour objet de réduire son champ d'action dans l'esclavage, la soumission, l'ignorance pour le profit d'une minorité infime qui ne caractérise en aucun cas la Voie, mais bien au contraire son inversion la plus dévastatrice.

L'Histoire, non réécrite, en est donc là. Naturellement elle inscrira à nouveau l'équilibre nécessaire à la survie de l'Humanité, n'en déplaise aux contempteurs et adorateurs de Thanatos.

Réflexion

Face à la subversion de l'ignorance, du mensonge et de la manipulation, face à l'interdiction de penser décrétée par le "mondialisme" parasite, la guerre des idées s'installe sur Internet, une guerre totale envers la destruction des idées, envers le pavlovisme et ses aficionados. Nous ne pouvons ici qu'encourager cette guerre totale contre le terrorisme intellectuel, contre le mensonge autorisé, contre l'ignorance et ses fléaux, qui vont de l'Histoire réécrite aux sciences de la reptation, en passant par l'anéantissement de l'intelligence.

La corruption n'a que suffi des satrapes de la perversion, de ces terroristes hissés par des pouvoirs régaliens au sommet de l'hystérie. Lorsqu'on invente des accusations, qu'on menace de mort, les défenseurs et créateurs de sites qui n'ont pour but que de dire la vérité sans fard, - faut-il que ce système pandémique de l'abrutissement soit bien fragile -, on ne peut que lui rendre la monnaie de sa pièce. Internet n'est pas le pré carré du mondialisme, il est le berceau des idées, celles que refusent de diffuser toutes les panoplies de sa servilité morbide, Internet est ce quatrième pouvoir, qui bientôt deviendra le premier, agissant dans ce petit monde qui se trouve aujourd'hui confronté à la tentative dictatoriale de prise du pouvoir par les féaux du cannibalisme d'une partie de cette finance sans pavillon, qui s'autorise en insinuant tous les partis, toutes les nations, mafia qu'il convient de dénoncer sans relâche afin que les Peuples s'en séparent rapidement, afin que la Liberté puisse continuer à vivre.

L'offensive menée contre wikileaks n'est pas la seule qui est menée actuellement par ce parasitisme, elle concerne tous les sites qui s'inscrivent dans une démarche de réflexion, tous les sites qui développent des idées novatrices, tous les sites d'investigations. La censure est l'arme favorite de ce parasitisme, quand ce n'est pas la mise à mort ou l'emprisonnement, les exemples sont pléthores sur Internet de l'action de ces destructeurs de la pensée. Ils peuvent tuer, emprisonner, censurer, jamais ils n'empêcheront chacun de se joindre aux chemins de la Liberté tracés sur la toile, jamais ils n'empêcheront à la Liberté de s'exprimer, car l'intelligence est et restera, malgré leurs chars d'assaut de la bêtise, de l'acculturation, de la reptation, qui ne peuvent rien contre le désir inné de l'Être Humain de s'exprimer, apprendre, critiquer, se construire par-delà leurs fléaux.

La guerre qu'ils ont déclarée aux idées va donc prendre des proportions dont ils ne se rendent pas compte, une guerre sans victimes, sinon la virtualité dans tout ce qu'elle a de pernicieuse, de répugnante, de bestiale. Du jour au lendemain, cette guerre électronique peut ravager tous les sites institutionnels de la pensée virtuelle, dans tous les domaines, et être remplacés par le néant qu'elle cherche à concrétiser par une inféodation particulièrement délirante. Soyons conscients que la manœuvre à laquelle se prête ce mondialisme, relayé par tous les suppôts de la trahison, de la forfaiture, de la duplicité, met en évidence une faiblesse dont il faut tenir compte.

Cette faiblesse reflète très bien les supports sabliers sur lequel il se construit, inculte, arrogant, barbare, communes mesures de l'incapacité créative. Cette faiblesse témoigne déjà de sa défaite face au réel, auquel confronté, il ne peut plus agir que par la violence, une violence répulsive, incapable de se réfléchir dans le réel, mais dans ce monde de l'atrophie qu'il résume, un monde d'errants sans lendemain qui se heurtent aux murs d'une prison dont le virtuel est essence, un monde qui ne peut supporter le regard du réel qui le foudroie objectivement.

Ainsi, s'il y avait ici lieu de le démontrer, nonobstant les difficultés nées de la barbarie dominante, on voit qu'Internet est et sera le pouvoir incontournable qui demain renverra à ses chères études les tenants de ce pouvoir archaïque et anachronique, sans lendemain, qui cherchent à tuer le réel pour le profit de leurs satrapes.

L'illusion forgée par l'illuminisme n'a qu'un temps, et ce temps est terminé dans l'Esprit des Peuples qui voit à quelle dramaturgie ils sont voués par cette barbarie coupable : l'esclavagisme.

Esclavagisme en Grèce, en Angleterre, en Irlande, demain au Portugal, en Espagne, en France, en Allemagne, esclavagisme forgé par la bêtise, l'aveuglement, la couardise, la forfaiture. Est-ce un hasard si wikileaks est dans la ligne de mire ? Si l'on sait que ce site s'apprêtait à dénoncer les us et coutumes d'une partie du système Financier et notamment d'une partie du système bancaire ? Vous l'aurez compris, alors que la première banque mondiale de couverture de dépôts présente un déficit de 238 000 milliards de dollars, il eut été négligent pour la barbarie que les oreilles des Peuples puissent entendre à quel point on se moque d'eux !

La guerre électronique est donc là ! Je vous rassure, qu'internet disparaisse n'a aucune importance, internet 2 est déjà en place et si ce dernier disparaît le troisième du nom se créera, et ainsi de suite, car la Liberté de penser, de témoigner, de critiquer et de construire n'appartient à personne, mais à toutes et à tous dans ce petit monde, n'en déplaise aux prêtres ostentatoires de la disparition de l'intelligence, de l'Histoire, de la réalité. À telle fin qu'ils peuvent faire disparaître wikileaks, que déjà se crée openleaks qui sera en ligne dès lundi. La terreur de la subversion que nous vivons dans chacun de nos pays, portée à l'hystérie par les représentants de cette débauche de la désintégration qui s'imaginent déjà diriger le destin de ce monde, trouve ici ses limites - quel destin !

Pitoyable, rabaissant l'Être Humain en dessous du singe, animal digne s'il en fut, pour servir un veau d'or infini porté par la déliquescence et la divination de la déliquescence, portant en encensoirs toutes les corruptions, les exactions, et les rackets tel celui que l'on vient de lire dans cette réunion de chantres de Thanatos au Mexique, demandant cent milliards de dollars pour se prélasser dans leurs conférences inutiles et mensongères, racket des Peuples absolument intolérable de pseudos scientifiques délirants travaillant pour un capitalisme vert permettant la surexploitation de notre petite terre.

Cette terreur subversive qui dénie à la vérité de s'établir sur ses actions, faits et gestes, ses représentants honorifiques, vient de perdre un combat magistral. Il est déjà trop tard pour elle, une analyse in fine des articles diffusés par Internet par n'importe quel citoyen peut déjà mettre des noms, des actes, pour mettre en évidence son idéologie, la barbarie dans son éclat, ses représentants, ses statutaires indéfinitions, ses ennoblissements.

Le temps s'est accéléré et les citoyens et citoyennes peuvent déjà prendre mesure du diktat qui veut s'imposer sur leur légitimité. En déclarant la guerre à la Liberté de penser, ce diktat vient de se révéler globalement, et c'est très bien ainsi, cela permet déjà de taire son indéfinition, et par là même découvrir à quel degré est parvenue son hydre mondialiste dont on nous rebat les oreilles qu'il n'existe pas, fantasmagorie d'idées liées à une conspiration ridicule. Face à cette subversion révélée, le contre-pouvoir existe, un contre-pouvoir qui n'est pas virtuel, le contre-pouvoir de l'intelligence Humaine qui désormais sait pertinemment qu'elle doit par la voie démocratique se séparer des représentants et représentantes de cette subversion globale, lors des élections représentatives en chaque Pays, en chaque représentation internationale.

Accroire qu'il est indispensable de voter pour ces éléments séditieux à l'esprit des Nations, qu'ils soient de gauche comme de droite, écologistes, ou autres, - on s'amuse fort à propos de voir l'égérie de la gauche en France vouloir s'appuyer sur le croque-mort des Nations du FMI pour gouverner, gouverner quoi ? La France ? Totalement inexistante sous leur joug –
Les Élections de 2012 vont être particulièrement importantes ainsi que toutes les élections dans nos Pays Européens.

La Liberté en est le sujet pertinent, car ce sera l'enjeu, l'enjeu de voir les Peuples se libérer du fléau du mondialisme et de ses représentants, ou bien sombrer dans l'esclavagisme le plus barbare que la terre ait porté. On comprendra mieux les tentatives de bâillonner les sites de pensées à travers ce petit monde, par le gotha des prédateurs féaux du mondialisme. L'accroire que la mondialisation est indispensable, l'accroire que l'"europe" est indispensable, l'accroire que nous serions pauvres si nous rejetions l'"euro", alors qu'il suffit que chaque Pays reprenne son droit inaliénable de battre monnaie, sont des leurres exprimés pour terroriser les Peuples, lisez et relisez toutes les pages économiques diffusées par Internet, et vous reviendrez à de sages comportements qui ne seront plus dictés par les mensonges médiocres diffusés par les médias aux ordres de télévisions ou de radios à la botte.

Internet n'est pas à la botte, bien que certaines lois semblent vouloir le mettre les doigts sur la couture, mais comme je le disais précédemment, c'est trop tard, qu'internet disparaisse, internet 2 est déjà là, et l'intelligence Humaine créera des versions démultipliées si cela devient nécessaire où chaque Être Humain deviendra récepteur et serveur afin de se maintenir dans la réalité et ne plus se noyer dans le "politiquement correct" que l'on peut définir comme le mensonge initiant l'ignorance.

Alors guerre électronique ou non ? Les tenants du mondialisme auront plus à perdre à continuer ce combat qu'ils perdront obligatoirement, les générations du futur n'étant pas ces générations de la médiocrité qui telles des brebis se laissent conduire à l'abattoir.

On ne rappellera jamais assez que l'avenir est à la jeunesse et cette jeunesse prouve en chaque Nation qu'elle n'est pas dans l'abattoir de la bêtise et de la drogue associée, mais bien au contraire à la crête de ce combat qu'elle sait qu'elle doit mener pour retrouver la Liberté. Et les tenants et aboutissants de ce mondialisme éthéré qui s'imaginent voir demain cette jeunesse voter pour l'esclavagisme, se trompent lourdement, ce sera et c'est déjà le socle de leur désintégration.

Le monde de l'atrophie

Le monde de l'atrophie mentale avancée, à l'image du système subversif qui le régente, s'offre à nos regards dans toute sa dimension onirique. On pense rêver, mais ce n'est pas le cas. Il y a là quelque chose d'extraordinaire que de voir s'agiter les nains devenus, que l'on appelait autrefois des Êtres Humains, en tous sens pour satisfaire à l'outre perpétuellement vide de la créance, une créance sur la vie comme sur la mort se délectant de l'impuissance pour se couronner maîtresse de ce monde en proie à un sida générique qui se voudrait génétique.

Ici le mensonge est roi, payé par l'infamie, la forfaiture, la traîtrise, dédale convenant de l'ignorance qui se targue d'être le culte de cette aberration chromosomique qui irradie l'intégralité de notre petite terre, aberration ne voulant plus reconnaître la diversité Humaine, pour complaire à sa propre dérision, ce sur moi du déclin qui ne veut plus que le déclin, miroir sans fards qui renvoie l'image perverse de ce qui ne ressemble en aucun cas à l'Être Humain, à tout le moins à l'Homo Sapiens, mais à une branche révolue, par défaut, de la genèse des Êtres Humains, au plus au néandertalien primitif, une branche immature atrophiée et barbare dont la vie s'est séparée car inapte à la grandeur de l'épopée Humaine, et qui, tel le ver dans le fruit, ce jour ressurgit pour imposer sa volonté animale.

Tout cela dans la cacophonie glauque et sordide des tenants et aboutissants du désastre Humain que nous connaissons aujourd'hui ? Pas si sûr, en confrontation des racines de chacun que bien entendu le néandertalien se doit de taire, et taire pour tout le monde afin que surtout l'Homo Sapiens ne voit pas à quel point il est grugé par ce qui n'est pas de ses racines. Prenons mesure du phasme et de son importance dans la destruction de tout ce qui forge l'avenir de l'Humain, la science fourvoyée dans les nébuleuses de contes pour enfants, pillée et détournée au profit du mensonge, "écologie", "anthropologie", "physique", etc., les arts pervertis par l'inconsistance, la débilité profonde de l'ahurissement et ses satrapes, réduits aux arts "premiers", la philosophie réduite à l'expression de l'analité, la politique condamnée à la servilité de l'innommable, la religion bafouée par une pseudo-raison larvaire du truisme matérialiste le plus outrancier.

Quelle belle planète que celle-ci où la raison a disparu dans les venelles de cette atrophie, une atrophie arrogante, pompeuse, délétère et simiesque qui porte les fruits venimeux de son aperception, de cette concaténation rimant avec la stupidité, débauche d'un horizon inverse où se meut sa densité destructive. Regardons attentivement le parcours diachronique de cette éléphantesque infortune que nous jouent les représentants de cette infatuation bubonique de ce sur moi qui s'autorise.

En premier lieu, et comment en serait-il autrement, l'adoration perverse de la matière, de cet or chimérique qui conflue dans la monstruosité minérale ses pavots, ingrédients subliminaux d'une volonté de possession que rien ne peut arrêter, macrophage de la densité vivante assaillant tout à la fois pour récupérer une solidité inexistante, cette solidité de l'Être debout qui ne sied à la larve qui s'endeuille, prolifère comme le poison et en plus voudrait devenir maître d'œuvre.

On comprend mieux lorsqu'on découvre la pulsion primitive de ce qui se trame dans l'esprit de la larve qui se voudrait plus grosse que le bœuf, jalouse de cette filiation naturelle de la Vie qu'elle voudrait s'approprier mais qui en vérité lui échappera toujours et pour toujours. Ce réflexe aujourd'hui trouve toute sa mesure dans le déploiement de ses sous capacités, pauvres filaments tendus dans le néant qui voudraient domestiquer ce qui est non domesticable, la capacité à Être.

Nonobstant l'outrage constant, cette forme se reproduit par annihilation, dans ce mirage chtonien où beaucoup de nos contemporains se vautrent en croyant trouver un sens à la corruption qui les entraîne de plus en plus loin vers le déni de la Vie, une formidable usine à culpabilité qui les force à s'immoler à cette fenaison pourrissante qui ne peut se rêver qu'au milieu du prurit de l'indécence, de la compromission, de toutes ces transes inventées par la lâcheté et ses arguties triviales. Ne cherchez de l'honneur dans ce marais, il n'y en a pas !

La putridité y est telle qu'aucun existant vivant ne peut y faire son nid, sinon qu'en s'arrangeant avec sa conscience de l'infection pandémique qui y règne, et de laquelle il subit tous les outrages avant que d'y succomber invariablement. Alors face à cette éponge de l'inconsistance, de l'illusion, que peut faire l'Humain me direz-vous ? Tout simplement Être, debout au milieu des ruines de ce qui ne lui appartient pas, désintégration d'une non-création qui n'a pas lieu de se faire valoir, face à la réalité souveraine, unir le vivant dans tout ce qu'il comporte de diversités, afin de dévoiler sa densité, ses racines, ses cultures, ses forces endormies, biologiques, psychiques, intellectuelles, spirituelles, pour petit à petit, lentement mais sûrement phagocyter ce système en dérive, implanter les maillons qui permettront de créer ce sur système naturel qui emportera dans la poussière l'usurpation, le coup d'État permanent, le mensonge associé à l'ignorance, par toutes voies Humaines.

Ici convient-il de comprendre que ce juste combat se mène en tous opérandes, qu'ils soient discrets, secrets, apparents. L'exemple de l'apparent est ici majeur, tout un chacun doit investir tout mouvement politique quel qu'il soit afin de le nettoyer des pentes idéologiques issues de l'atrophie, ces musaraignes que l'on appelle le communisme, le socialisme, le libéralisme, tous ces "isme" nés de cerveaux délités de la réalité, qui ne voient dans l'Être Humain qu'une unité économique, larve à genoux devant les larves, ces tueurs nés de la réalité Humaine qui dépasse tout ce qu'ils pourraient imaginer dans un seul de leur rêve s'ils savaient rêver.

Image donc à multiplier dans toutes les strates associatives, de pensées, jusqu'à la dernière cohésion pouvant exister afin de nettoyer l'esprit subversif qui y règne, cette subversion à l'encontre de l'Être Humain voyant l'atrophie se déclarer maîtresse de ce petit monde, décimer les cultures, violer les identités, désintégrer les Nations, par une sous-culture née du pourrissement intellectuel, ce sida tentant à son image de vouloir réaliser dans l'abstraction, le métissage, l'annihilation de toute forme créative, sida allant encore bien plus loin, préparant le génocide de l'homo sapiens, en toute légalité par l'intermédiaire du mensonge institutionnalisé, dont les directives sont fomentées par les institutions internationales totalement phagocytées par la lèpre : ONU, OMS, OMC, FMI, etc.

Le virus H1N1 fabriqué de toutes pièces par un certain laboratoire de multiples fois dénoncé, n'est qu'un pâle exemple de ce que prépare cette théurgie de la destruction si nous n'y prenons garde. À cet effet, refusez systématiquement toute vaccination, pour vos proches comme pour vous-mêmes, les vaccins bourrés de scalènes et de mercure n'étant pas là pour prévenir de prétendues pandémies mais bien pour vous détruire, à tout le moins vous dérégler nerveusement, où vous rendre stérile, ne vous nourrissez d'aucun plat que vous n'auriez préparé, l'aspartate, produit cancérigène y étant dilué sans retenue, ne buvez que de l'eau bouillie, nettoyée du fluor qui est source d'intoxication dramatique. Conjointement essayez autant que faire se peut de vous soigner par les plantes, ou bien par des médecines parallèles, et lorsqu'on vous donne une ordonnance lisez bien les effets secondaires des médicaments qu'elle comporte qui vous permettront peut-être de demander des produits moins nocifs.

Les tueurs sont à l'ouvrage pour assassiner nos Peuples, l'Humanité, par l'empoisonnement de la nourriture, de l'eau, des vaccinations inutiles entraînant mort, stérilité, troubles neuroniques, voilà où en est l'atrophie qui se voudrait gouvernance. Son rêve eugéniste est de voir stagner une population hybride à cinq cents millions d'esclaves et détruire les six milliards et demi d'Êtres

Humains restant qui lui fait peur, car elle ne peut imposer son autorité sur la quantité, cette quantité qui est la force Humaine, nécessaire dans le sens de la Voie à l'exploration spatiale, la conquête de notre système solaire puis de notre galaxie, voie dont elle ne veut pas car elle-même défendant la désintégration de cette voie afin de régner sur la virtualité, cette virtualité qui assaille chaque espace comme chaque temps de tout un chacun afin d'égarer l'Humain de son devenir.

Nous en sommes là de cette aberration qui tue sans limite, les peuples en voie de développement en leur imposant une "écologie" stérile, les peuples développés en arasant leur intelligence en insinuant le mélodrame d'une culpabilité inexistante, nous en sommes là de cette atrophie qui s'autocouronne désormais sans que personne ne bouge. Et si personne ne bouge, actuellement, c'est tout simplement que tout un chacun ne connaît pas la force de ce qu'il représente dans la quantité, une quantité de milliards d'Êtres Humains qui, rescapés de la perte d'intelligence, est en capacité de soulever des montagnes, abstraire ces quelques milliers qui cherchent à les réduire à la poussière qui se veulent dominants dans la seconde.

Le vrai contre-pouvoir à ce coup d'État auquel nous assistons est là, et nulle part ailleurs. Que six milliards d'Êtres Humains se lèvent comme un seul homme et il ne restera rien, strictement rien de ce système virtuel qui cherche à les réduire en esclavage. Ce n'est qu'une question de volonté et de désir d'avenir, un avenir qui portera l'Humain au-delà de cette petite planète, dans ces étoiles qui l'attendent.

Face à la terreur insinuée il faut répondre par une unité globale du réel et forger le contre système qui se séparera de l'anéantissement qui se prépare, du génocide de l'Humanité par l'atrophie. Certains Pays se sont déjà émancipés de cette torpeur, d'autres suivront, et bientôt tous les Peuples de tous les Pays qui n'ont pas à être réduits à l'esclavage par cette atrophie mutilante.

Car la force de la Vie c'est sa multiplicité, sa diversité, et cette force vaincra obligatoirement l'euthanasie matricielle que nous vivons actuellement. Ce n'est qu'une question de temps, de volonté, et d'union avec la réalité par tout un chacun à travers ce petit monde.

La pensée embastillée

Ainsi donc l'Art doit-il être emprisonné au nom de communautarismes sans fins, d'idéologies sans renoms et de religions de soumissions, ainsi donc les mots en leur sculpture, doivent-ils disparaître du langage commun pour n'offrir que les leurres, les paraîtres, les vanités d'une médiocrité sans âge qui se porte devant la scène pour offrir l'illusion, la pacotille, et derrière ces décors les aisances de l'esclavage le plus répugnant qui soit, l'esclavage de l'Esprit ! Voyez, Femmes et Hommes de notre Peuple, voyez Femmes et Hommes de notre Humanité, ici, en ce lieu l'Esprit n'a plus droit d'être, il ne peut que paraître !

Dans la vanité superbe de la déréliction, de l'insanité, de la réverbération de l'incapacité à créer, se dressent les commissaires politiques de la pensée pour que d'aucuns jamais ne cherchent au-delà des apparences les flux et les reflux de la domesticité, les dangers les plus tenaces qui menacent la Liberté à Être, la Liberté de vos Êtres qui doivent désormais penser suivant les déliquescences de ce temps de disette pour l'Âme, l'Esprit , le Corps, pour le seul plaisir conjugué d'une haine insatiable envers ce qui ne ressort pas de ce qui peut être nommé, et que l'on nommera l'innommable, l'innommable dictature qui enlise le Verbe qui ne connaît ni communauté, ni idéologie, ni religion, et qui n'en déplaise, libre comme l'Aigle toujours tant que l'Humanité perdurera s'élèvera dans les cieux pour fondre sur les proies quelles qu'elles soient qui attisent le mensonge comme l'ignorance, afin de vaincre la forfaiture, la duplicité, le déshonneur, la dépravation, la dénature, le viol de l'Esprit, la torture des Corps, la dissolution des Âmes, la désunion de l'Unité.

Ainsi et pour toujours alors que bruit de par cette terre un vent de Carthage qui illumine tous les maux qui ruinent les espérances des Êtres Humains, le pillage organisé, la pauvreté fécondée, et que se partagent des millions de dollars comme d'euros entre les mains de la gangrène qui mine les flux financiers de notre planète soumise au pourrissement le plus délirant qui puisse exister, un vent Humain qui lentement s'organise, se solidifie, malgré les balles, malgré les chars, malgré la mort qui parade, malgré les polices politiques, malgré les polices de l'Esprit, les polices des Corps et les polices des Âmes, malgré ce terrorisme manipulé et perfide qui ronge comme le ver la moelle de l'existence, dont le profil mensonger est une insulte à l'intelligence Humaine, si tellement vivipare de ces ressources naturelles qui sont appâts de puissances qui ne disent pas leur nom, mais agitent en sous-main toute la bassesse, le meurtre, la composition de génocides, pour finaliser l'accaparement de tous les fruits de la Terre à leur seul profit.

Crime contre l'intelligence à l'image de ce crime qui se déploie dans la police politique de la pensée ne reconnaissant que la pensée unique comme témoignage ! Et quel témoignage ! De ce siècle dont on ne retiendra que l'agonie de l'Esprit, que la bêtise sanctifiée, que le mensonge béatifié, que l'ignorance institutionnalisée, que la vanité portée non au tombeau mais à la gloire, la gloire de l'infertilité, la gloire misérable de l'incapacité, la gloire de la débilité profonde et avancée ! Et il y en a pour parler des droits de l'Homme ? Mais son premier droit à l'Homme n'est-il pas celui de penser par lui-même pour permettre l'évolution et son évolution dans ce petit univers qui est notre bien commun et que d'aucuns croient à eux comme des enfants qui se battent pour un jouet !

La Terre n'est pas un jouet, l'Être Humain encore moins, c'est ce qui fait sa force, sa force de volonté et de réaction face aux milices armées qui cherchent à détruire sa pensée, car l'Être Humain est pensant, et toutes cultures peuvent être détruites que la culture refleurira instantanément, car génétique, ces gènes qui gênent tant de monde, ces gènes que l'on voudrait pouvoir manipuler avec aisance afin de créer les larves parfaites et domestiquées qui seront au service d'une dénature de l'Esprit. Cet Esprit qui gêne ! Dans ce petit monde proie de toutes les abstractions qui s'imaginent qu'on les écoute, qu'on se repaît en admiration de leurs mensonges et de leurs ignorances, qu'on s'agenouille devant leur servile démesure !

L'Esprit n'est pas à vendre, passez votre chemin, l'Esprit ne peut se détruire, passez votre chemin, l'Esprit ne peut s'emprisonner, passez votre chemin, l'Esprit ne peut même pas être tué, passez votre chemin, car il est le fort car là où se situe la clarté, cette clarté menant aux chemins de la Liberté, cette Liberté qui aujourd'hui est tronquée, défigurée, labellisée, encartonnée, bestialisée, cette Liberté qui toujours fécondera le devenir de l'Humanité, alors que ne restera de cette minuscule épopée de l'errance même pas un grain de poussière dans l'Univers, dans les millénaires qui viennent qui seront le règne de l'Esprit et non le règne de son abstraction la plus inconséquente, celle de sa matérialisation.

L'Esprit n'est pas matière, tout comme l'Âme, et vouloir le domestiquer c'est comme vouloir domestiquer les éléments naturels, le feu Solaire, l'embrasement des éléments. Rien, ni personne, aucune idéologie, aucun communautarisme, aucun parti fut-il religieux ou politique, ne le domestiquera jamais, et la pensée issue de sa force, toujours ira réguler l'évolution de ce monde, car fondation de l'Humanité dans sa réalité et non dans d'impropres conditionnements prospectifs ne relevant que de l'atrophie et de ses ersatz, commettants sublimes de toutes les aberrations qui dévastent le monde et le conduisent à son involution.

Partant de cette considération éternelle, que l'Esprit ne peut être et ne sera jamais emprisonné, sinon conditionné dans l'atrophie, le matérialisme le plus outrancier ce jour, qu'ont donc à cacher toutes celles et ceux qui veulent le détruire ? Question pertinente à laquelle les réponses sont données non par celles et ceux qui veulent matérialiser l'Esprit, mais par l'Histoire, l'Histoire avec un H majuscule, cette Histoire que l'on tronque dans l'Esprit, mais qui se redécouvre, car inaltérable, insécable, et qui montre la réalité dans toutes ses facettes, voyant les actes en action, voyant tout ce que l'Esprit Humain peut peser, peut comprendre, peut critiquer, afin d'évoluer, une évolution qui lui est refusée au nom du mensonge, par l'ignorance accouplée, voyant par exemple notre monde commencer après-guerre, dans notre Pays la Royauté refoulée, l'Empire destitué, la Religion mystifiée, l'intelligence assassinée, voyant ce jour nos enfants ne sachant ni lire ni écrire entrer en sixième en ne sachant qui était l'ennemi de la France pendant la guerre, dixit, pendant que parade la pure luxure du dévoiement de l'Esprit, que sont tues les Auteurs millénaires de notre Nation, que sont dénigrés les Peintres et les Sculpteurs qui ne sont pas chantres des étrons et des bidets, ignorés les économistes de talents, Prix Nobel, les scientifiques de renoms afin d'institutionnaliser le crétinisme à tous les étages.

Opérande magnifique de la désintégration, applaudie parce que l'on ose appeler dans notre Pays un ministère de la Culture, un Ministère de la soumission et de la génuflexion, un ministère où règne la stupidité accouplée à la veulerie, en prébende de sa luxure illégale et monstrueuse. Qu'importe, il n'en restera rien, car l'intelligence existe et lorsqu'on voit avec quelle envie les jeunes esprits se précipitent sur tous les flots d'internet, dans les bibliothèques, dans ces creusets de la Nation que sont les renaissances culturelles régionales, locales, on ne peut qu'être rassuré sur le devenir de l'accomplissement de leur savoir, et de leur capacité à la critique mais aussi à la construction de ce qui sera demain ce monde, qui ne sera jamais celui de l'esclavagisme.

L'exemple à ce titre de la Tunisie est éloquent et bientôt se partagera, soyons en sûr, jusqu'en nos Pays d'Europe soumis à la dictature de la pensée unique qui lentement mais sûrement recule devant la connaissance qui n'est pas celle de l'intransigeance, mais de la compréhension, cette compréhension des événements qui font voir les commis de la duplicité qui nous entourent, ces ferments de la dénature qui nous mettent en camisole de force, pour mieux gréer leurs dysfonctions, leurs atrophies qui n'ont pour lieu commun que le bien personnel et non le bien d'autrui.

Mais de quoi ont-ils donc peur ces généreux commissaires politiques de la pensée qui veulent régir la pensée unique ? Que veulent-ils cacher pour que leur propension s'agite dès que la pensée s'interroge sur les actes des uns et des autres ? Ils ont tellement de chose à cacher pour que des lois iniques viennent supplanter le droit de penser, le droit de critiquer, le droit de construire ? Le temps de l'inquisition est révolu, et ce temps viendra de lui-même à son échéance, que l'on ne s'inquiète, demain appartient à l'Esprit et non à sa matérialisation, et ce temps est proche, très, très proche.

Lorsque exploseront les chaînes qui voudraient maintenir l'Esprit dans cette prison de la virtualité qui ne leurre plus personne, les commissaires politiques de la pensée unique feront comme les chiens de guerre de la garde personnelle du potentat de Tunis, et demanderont enfin pardon pour avoir ainsi osé vouloir, au nom de l'abstraction, emprisonner l'Esprit, alors ce monde tournera beaucoup mieux, libéré des entraves du mensonge comme de l'ignorance, et se rééquilibreront les forces naturelles afin d'œuvrer ensemble à la construction du monde et non à sa désintégration.

En attendant si je n'avais qu'un conseil à donner, ignorez totalement ces dignitaires de la pensée unique étudiez, regardez, observez, critiquez, construisez, laisser aller votre Esprit là où il veut aller, et si on vous cache quoi que ce soit, bien au contraire allez donc voir ce qui se passe derrière ce qu'on vous cache, dans tous les domaines de l'Art, de la Science, de la Philosophie, de la Religion, vous serez stupéfaits de voir alors comme le mensonge est litière de l'ignorance et plus rien ne vous étonnera, ni l'existence de cette inquisition du matérialisme le plus sanglant, ni l'existence des courants de pensées esclavagistes qui fanfaronnent dans tous les pouvoirs, ni l'existence de la médiocrité portée aux nues par la médiocrité, et comment en serait-il autrement?

Passez au-delà du miroir des apparences, grattez le vernis, appuyez là où la porte résiste, et laissez votre Esprit faire son chemin, voyez les actes individuels et de groupes, que cela concerne les Peuples, les communautés, les Religions, dans leur réalité historique mais aussi dans cette réalité qui nous est commune, regardez qui est qui des Êtres qui se pressent pour vous faire morale, pour vous faire politique, pour vous faire science, pour vous faire art, que fait-il, où va t'-il, quels sont ces correspondances associatives, religieuses, politiques, ses appartenances sectaires, ses degrés de liberté, que défend-il, que propose-t-il, est-ce sa pensée personnelle ou une pensée de groupe qu'il émet, et si oui de quel groupe, et de quelle société de pensée, de quelle communauté, quels sont les lobbies auxquels il appartient, est-il pour l'évolution ou bien la désintégration, est-il pour la dilution de la Nation où la mondialisation, poursuit-il un but personnel où un but d'épanouissement collectif, avec quelles armes ? Ne vous fiez à aucune apparence, anticipez, grattez le vernis, forcez les portes de l'illusion, des tentatives de domestication de l'Esprit, au-delà de toutes les polices politiques, au-delà de toutes les lois iniques, au-delà des mensonges institutionnalisés, afin d'œuvrer le devenir dans sa réalité et non dans ses abstractions, et évitez ainsi de tomber dans les basses-fosses de l'ignorance qui s'autocouronne afin de vous circonscrire dans la duplicité de la servilité !

Le pillage des Idées

Le pillage des matières premières n'est qu'une des facettes du pillage généralisé auquel on assiste depuis des décennies au profit de quelques individus qui s'imaginent l'éloquence de ce petit monde. Lorsqu'on s'intéresse un tant soit peu à l'histoire des idées, à l'épistémologie, on ne peut être que stupéfait du pillage desdites idées par le concert tonitruant de l'incapacité à créer d'une multitude qui s'autocouronne en signifiant l'accroire de leur créativité, résultat d'une observation et en aucun cas d'une créativité formelle. Le leurre est d'autant plus grotesque que la vérité émerge toujours un jour où l'autre, fut-elle engluée dans la servilité et l'idolâtrie qui la masquent. Le plus grand écran de fumée que l'on peut désigner est celui touchant au niveau politique ce que l'on appelle le socialisme qui n'est qu'une compilation d'idées communes à de multiples créateurs, au niveau scientifique la relativité qui est création d'Henri Poincaré, au niveau biologique la théorie du hasard qui a été compilé par Jacques Monod, et l'on pourrait ainsi poursuivre indéfiniment.

Dans quel but ce pillage des idées, nonobstant le fait que l'on puisse considérer quelques émergences naturelles, sinon que de faire accroire à une intelligence univoque, qui n'existe que dans le creuset d'un incomparable désir d'asseoir sur un délire d'infériorité une apparence de supériorité ? Que l'on ne se méprenne, supériorité et infériorité n'existent que dans l'imaginaire de l'atrophie, tout un chacun étant le complémentaire d'autrui. Partant de ce pillage, on observera ce jour avec un certain dédain, car il ne peut en être autrement, que se sont consacrées des castes qui au reflet du politiquement correct s'autocongratulent et s'émerveillent de leur recel, le recel des idées d'autrui, le recel de leur créativité, qui trouvent ici le seuil de non-retour, ce seuil qui voit l'inanité de la recherche, le gaspillage au nom de recherches arbitraires dues aux défaillances de ce système organisé qui s'autodéfend sur des fondements aux algorithmes pernicieux.

Ici se découvre l'irresponsabilité qui règne, notamment dans notre Nation, au niveau des centres de recherche, qui engraissent la perfidie au lieu de révéler les talents qui porteraient la science à l'horizon et non dans les basses-fosses d'une spéculation qui n'est qu'une ornière puisque bâtie sur le vide créatif qui l'instaure et le décuple au nom d'une autorité totalement usurpée. Usurpation, voici le terme de cette phagocytation initiée depuis quelques centaines d'années et qui ne trompent personne aujourd'hui, l'analyse fine de chaque naissance d'idée permettant de témoigner de la réalité et non de cette virtualité qui gémit en pagaille pour conserver un vernis imaginaire. La Science, la Philosophie, l'Art n'ont que faire des contrefaçons, de ces amendements qui leur sont freins.

Le meilleur exemple de ces freins réside dans l'Art, cette prouesse à la réduction à la laideur encensée depuis le siècle dernier par l'incapacité créative dans toute sa splendeur, qui se retrouve dans la sculpture, la peinture, la musique, la littérature, un assemblage hétéroclite de passementeries étroniques qui tournent en rond sur le trépied d'une invariance phénoménologique trouvant ses fondements dans l'abstraction du vide, le néant, et l'insulte à l'intelligence. Ce vide intersidéral monnayé et aidé par l'incapacité qui devient totalitaire embrase tous les sillons de la connaissance pour les réduire à ce point de désintégration qui ne manque pas d'apparaître enfin, après tant d'adverbes élogieux et dithyrambes à son égard, point de non-retour vers le néant, le primal, l'allusif, l'interprété toujours au sens d'une pensée unique, abondant cette inintelligence, ce sommet de l'immoralité coiffée par le degré zéro de l'expression s'exprimant dans un vocabulaire limité à cent mots, réduisant l'Humain au minéral.

Balbutiement chronique, répétitif, induit, qui n'est là que pour radier le destin de l'Humain, qui, inintelligible, grotesquement perméable, l'esprit critique étant éradiqué de son champ de vision, telle une larve se pâme devant l'abjection, se tortille de frissons devant l'innommable, s'admet béatification devant le conditionnement assuré par l'incapacité déléguant ses "experts", automates conceptuels du néant qui arborent les fanions du néant à grand renfort d'idées mijotées dans la marmite métissée des allégories compissées par le néant. Il n'y a plus là que l'aberration du vide, que fort heureusement l'intelligence évite, cette intelligence qui revêt toutes les caractéristiques de l'évolution, du bon sens à l'érudition en passant par le questionnement. Devant la résultante boueuse qui se pavane, que peut donc faire l'intelligence ?

Restituer au réel sa dimension, restituer aux idées leurs créateurs, évacuer du monde des idées les faux prophètes, les illusionnistes, les pilleurs de tombe, tant dans le domaine des sciences, de la philosophie que de l'Art. Quel travail me direz-vous ! Non ce travail est enfantin au regard de la culture induite par les rémanences naturelles, et le cloisonnage au regard de ces rémanences tombe de lui-même, mettant l'accent sur la forfaiture, le vol et le pillage. À titre d'exemple on peut mettre en évidence l'anthropologie et l'archéologie. Il y a là de quoi s'amuser sérieusement ! En référence avec la tectonique des plaques, et induite, la dérive des continents, on ne peut que s'extasier devant l'aplomb de nos anthropologues et archéologues, rendez-vous compte toute l'humanité ne comporte qu'un rameau et ce rameau provient de l'Afrique ! De qui se moque-t-on ? Lorsqu'on pense que la terre a déjà quatre milliards cinq cents millions d'années, on peut imaginer sans problème la multiplicité de mosaïque qu'ont pu prendre les terres émergées, et bien entendu la multiplicité de rameaux Humains ayant pu coexister au sein de ces multiples mosaïques.

Plus consternant est l'âge de l'Humanité par rapport aux faits précités ! Les fossiles de grands singes que l'on montre au public prêteraient à rire, s'ils n'étaient pour la plupart falsifiés pour correspondre à une pensée unique reprise du darwinisme le plus éculé ! Un peu de logique, un peu de savoir contourne l'obstacle de cette pensée régressive, lorsqu'on s'intéresse un tant soit peu au monde védique, au sanskrit, la plus vieille langue

Humaine, on aura compris la mystification la plus éhontée sur laquelle s'engraisse un parasitisme défiant toute concurrence, obscurcissant la vision de l'esprit dans un "pseudo" anthropomorphisme bestial sans le moindre support.

Cela n'est qu'un exemple du positionnement de l'incapacité créative qui se veut aujourd'hui maîtresse, qui, si on la transpose dans tous les phénomènes, y compris politique, démontrent leur fausseté, et ce d'autant plus qu'elle s'appuie sur la destruction de la culture pour imposer son miroir déformé. Lorsqu'on parle de révolution, il conviendrait avant tout de parler de révolution culturelle, révolution manifestement nécessaire aujourd'hui et dans les décennies à venir afin que se manifeste de nouveau l'Esprit évolutif, naturel et réaliste, face à ce qui n'est pas autre chose que de la propagande mensongère qui élit, et élit seulement le pillage dans son culte forcené qui n'est en aucun cas le culte de l'Humanité en ses différentes branches et diversités.

L'apothéose du "nouvel" ordre mondial qui chute lamentablement ce jour car naturellement nouveau "désordre" mondial met en exergue cette immaturité de l'esprit, un nouvel ordre ne pouvant exister dans l'ordre naturel qui est l'ordre lui-même. L'exemple ici se situe dans ce pseudo-réchauffement planétaire qui est une escroquerie par excellence au même titre que le bug informatique de l'an 2000. Pillage et saturation du pillage des idées en leurs déformations deviennent ici le lieu à combattre par toutes les natures du Verbe, afin de rendre à la réalité sa postérité.

Voici le travail à entreprendre par les générations qui viennent, restituer aux cultures leur langage, aux créateurs naturels leurs idées, et conjointement mettre en évidence l'inanité des sciences "pseudos" anthropomorphiques face aux sciences du réel, ce qui permettra enfin de libérer l'horizon de la création, obscurci actuellement par la duperie, la fourberie, le vol manifeste, le parasitisme, de castes infertiles dont l'atonie créative grotesque déploie sur le monde des idées un catafalque d'une pesanteur qui doit disparaître, afin que s'éclaire de nouveau l'avenir de l'Humanité.

Les rives de ce temps

Les rives de notre temps amorcent des flux et reflux qui démontrent l'incapacité actuelle des Peuples à se réveiller de la torpeur dans laquelle ils sont englués. L'esprit de la Liberté est un esprit concret et non un phasme qui se dresse sur l'écharpe des drapeaux qui ce jour sont tous agenouillés devant la nouvelle religion, la religion du néant que l'on nomme la religion de l'économie, du matérialisme le plus houleux qui ait pu exister sur cette petite terre qui lentement s'abîme dans l'anarchie la plus outrancière comme la plus belliqueuse. Anarchie des marchés, religions bellicistes, César n'est plus César mais l'ombre de ce qu'il fut devant la montée en puissance de tous les barbares qui n'ont d'autres désirs que de voir l'Humanité réduite à l'esclavage le plus ignoble qui se puisse connaître, celui de l'acceptation de la servilité, constellée par l'illusionnisme conquérant qui parade.

Des voix s'élèvent, d'autres se taisent, d'autres dans le dédale fauve de cette écurie d'Augias où se mêlent tous les faux-semblants, les décrépitudes, les ourlets de la castration, les bonimenteurs de ruisseaux, les vierges effarouchées de Gaïa, les mélopées visqueuses des cohortes qui s'unissent dans la féodalité d'un pseudo-partage de miettes, d'autres donc invectivent, prophétisent, et dans ces creusets on voit se dresser de monumentales erreurs, agissants en sous-main au profit de cette barbarie qui se veut maîtresse des lieux.

Ne nous trompons pas, il n'y a pas de mystère dans la vacuité humaine qui se plie devant l'ouragan de la bêtise, de la renonciation, de cette folie ordinaire voyant s'initier la fétidité et ses remparts comme autant de mollusques sur un rocher friable. Les dires et l'agir sont deux modalités qui se plient aux contraintes de la réalité, cette réalité qui n'est pas méprise, cette réalité qui met l'avenir en face des impétrants, et qui ne relaxe aucune voix dans la voie qui irradie.

Lorsqu'on observe attentivement les mobilités des actions qui s'engagent, manipulées bien souvent, on perçoit la dissonance induite qui par frange ramène vers le centre de l'aporie la Voie et ses essaims. Cette dissonance est là, frappant à la porte de toutes les âmes de bonne volonté, constellant d'un halo la détermination, toujours dans le sens d'une acceptation née de l'abyssale corruption médiatique qui s'empresse, catalysant les uns et les autres pour les réduire au néant de ce propre du néant qui convoite toute perception afin de l'enliser dans la rupture.

Cette rupture au vivant qui fonde par crétinisme interposé l'officiante culture de la bêtise dans laquelle surnagent encore quelques espèces qui doivent partir du principe des plus simple, celui de la fondation, et non de la refondation, fondation du devenir sans le moindre égarement face à cette propagande misérable qui se veut l'habit de tout un chacun, conditionnement factice révélant l'être abstrait qui ne se régit plus, est régie et, servant l'abstraction, devient à son tour ce néant affectionné, récompensé par la tintinnabulante rêverie de la médiocrité.

L'ignorance en regard de cette analyse est puisatière de cette dérive consternante. Ignorance démultipliée par les aberrations d'une acculturation programmée qui se goberge de sa propre avanie, truisme de la désinence de caciques qui s'imaginent au nom de leurs idéologies morbides être les révélateurs de cette société du néant dans laquelle tout un chacun se doit de se courber afin de se légitimer.

Éducation sans éducation, mouroir de nos sociétés qui voient des adolescents ne savoir ni lire, ni écrire, tâcherons de l'illumination qu'ils serviront avec frivolité, dans l'incapacité qu'ils sont de naître le moindre esprit critique, à l'image des exogènes aspirés dans les Nations par la petite errance qui, monarque, dans ses fiefs, la préfère aux endogènes afin de la sous payer, minable errance qui se retrouve dans son cercle familier d'où elle augure le siècle de demain en faisant et défaisant les carrières de leurs serviteurs consommés, ces politiciens sans envergure qui se prosternent devant le veau d'or et ses associations cupides.

L'aveuglement des Peuples, lui permet encore de subsister. Cet aveuglement consternant voyant des Peuples épris de Liberté se réfugier dans les bras de la tyrannie, celle même qu'ils veulent quitter, celle même vers laquelle ils plient les genoux afin de partager les miettes d'un festin auxquels ils ne sont invités. Dans un aveuglement né de la stérilité de l'Esprit, inscrit dans ces basses-fosses que l'on ose appeler Culture où se pourlèchent, tels dans la Rome décadente et consanguine des premiers siècles, tout ce que peut compter de pervers, et plus encore de pédophiles attitrés et titrés, au mépris le plus singulier qui soit, celui de la Jeunesse, de cet avenir de notre avenir qui ne doit être souillé et humilié par la fange, qui, à l'image du sida de notre temps de décadence, achète le silence, alors que ce silence hurle sa bassesse et que tout un chacun ne peut se tromper malgré sa servilité, sur sa bestialité proclamée.

Cet aveuglement donc, malgré l'enseignement de ces derniers mois voyant se réfugier dans les jupes de la barbarie les bonnes volontés, ne peut persister car au fond de l'Être Humain et non de l'être abstrait, ce butut vide de conscience, se tient le lieu de sa reconsidération et de sa régénération. Et ce lieu est là, ce jour dans la vision qu'il a de l'exaction qui mène à l'abattoir de la pensée les Êtres de son temps, une exaction à laquelle participent sans distinction tous les nihilistes de la réalité Humaine, illuminés de la première comme de la dernière heure se vautrant dans le délire de leur atrophie initiée, celle de l'accroire d'une quelconque capacité dans et par cette atrophie.

Dont l'observateur peut prendre mesure au regard de leur débauche instrumentalisant le couronnement de la bêtise associée à la perversité et plus encore à la culpabilisation, orientée par l'ignorance et le panache de l'ignorance que l'on appelle dans notre siècle la culture, pour voir leur conditionnement se révéler, témoignage du viol psychique des Peuples, garant de l'être abstrait, du non-être par excellence, du viol physique des Peuples par addiction physique exogène démultipliée, garante de la désintégration de la vitalité naturelle des Peuples organisés, du viol culturel des Peuples, par flétrissement, abêtissement collectif, garant de la perte de conscience de la qualité intellectuelle des Peuples, du viol spirituel des Peuples, par soumission aux religions de la soumission, garantes de la pérennité de l'esclavagisme absolu, du viol global, par désintégration de la réalité Humaine en ses fondements naturels, intellectuels et spirituels, garant de ce néant qui s'avance vers le néant qui se proclame autorité.

On pourrait ne pas le croire, mais on est très rapidement confondu dans ce défaut de croyance, en voyant les Peuples se soumettre à l'hérésie du mercantilisme, levier des nihilistes, implémentant des équations dramatiques dans leur économie larvaire pour la détruire par endettement souverain canalisant la portée de leur avenir dans le fin fond de l'abîme, qu'aucune voix saine et capable n'enraye, bien au contraire, qu'aucune règle ne fustige, bien au contraire, laissant ainsi toute liberté de manœuvre au dévoiement, voyant ainsi au nom de notations abstraites, les Peuples s'autocouronner dans l'abjection de l'immolation au veau d'or, leurs pays d'Europe, je ne parle pas de l'"europe" de l'usurpation, que certains osent proclamer Empire - il conviendrait qu'il revoit leur notion Historique, avant que de proclamer Empire ce qui n'est que décrépitude de la Barbarie, règne de l'atrophie - mais bien de l'Europe des Nations totalement soumises à la décadence de cette aberration conditionnée que l'on nomme la dette.

Comment ce petit monde peut-il tourner en traînant derrière lui ce monument d'hypocrisie qui ne sert que des intérêts parasites et non les intérêts généraux de l'Humanité ? Je ne vois guère de voix poser cette question, sinon que pour se dissoudre dans le néant autorisé, la flatulence permanente de cette obésité congénitale qui naturellement explosera un jour où l'autre, malgré toutes les abstractions dont elle se soigne, y compris la mise en coupe réglée des Nations, donc des Peuples qui doivent verser leur dîme à cette monstruosité, telle la Grèce, le

Portugal, l'Espagne, l'Angleterre, l'Irlande, l'Islande et demain l'Italie, la France...

Cette prosternation en leurs lieux est aujourd'hui tellement évidente, que chaque Être conscient se doit d'agir démocratiquement pour en destituer le parasitisme afin de dresser les anticorps qui terrasseront son ignominie. Une horreur participant en chaque Nation Européenne à une voie régressive menant vers l'abîme, guidée par tous les ferments de la toxicité qui puisse s'imaginer, alliant ce qui n'existe pas, droite gauche et écologie, dans ce mouvement perpétuel accélérant la gangrène qui la ronge, qui se doit d'être contrariée si les Peuples veulent survivre à sa désintégration qui les guette, une désintégration vivipare voyant leurs biens dilapidés pour nourrir et engraisser la tenaille mise en place afin de l'assécher de sa réalité, une tenaille qui doit se réguler rapidement sous peine d'étouffement de toute réalité au profit de l'abstraction totalitaire qui, désormais, dévoilée ne peut que faire réfléchir tout un chacun sur ses motivations et sa portée usurpées révélant de facto son incapacité.

Les élections permettront de voir plus clair si et si seulement les tenants de l'abstraction sont évincés d'un quelconque pouvoir. À suivre donc, sans modération pour celles et ceux qui résistent à l'appel du néant et de ses viaducs ornementés de goulags et de camps de concentration, d'euthanasie, d'avortement, tout ce panel de la mort enchanté par les insinuants de ce nouveau désordre mondial qui ne vivent plus que dans ce néant alimentant la plus vaste décadence que l'Humanité ait connue depuis sa naissance sur cette petite terre dont, et ils l'ont oublié, nous ne sommes que des passants, et qui disparaîtra lorsque le soleil deviendra une géante rouge - il serait peut-être temps de se réveiller et de voir l'avenir au-delà de notre si belle petite planète ? Mais pour cela faut-il encore être un Être Humain et revenir aux fondamentaux de l'existence qui ne se résument au matérialisme le plus délirant qui soit.

Nation Empire

Nation, Empire, ne sont pas, contrairement à toutes attentes, incompatibles, bien au contraire. En regard des expressions classiques, microcosme, macrocosme, nous voyons immédiatement ce que représentent les notions de Nation et d'Empire. La Nation est microcosme, l'Empire est macrocosme. Il n'existe ici aucune dualité, aucune dichotomie, mais bien au contraire une complémentarité associative qui ne laisse aucun doute sur ces pôles intégrés et intégrants que représentent Nation et Empire. Maintenant pour que cela soit, faut-il encore définir judicieusement la structure comme l'organisation qui reflète cette complémentarité qui ne relève pas de la singularité mais bien de la Nécessité. Quelle modalité politique pour quel équilibre et quelle évolution ? La politique, on ne saurait trop le rappeler, est l'Art de diriger la cité, dans et par le sens d'autrui, de parvenir à élever le niveau des valeurs humaines, économiques, culturelles, spirituelles, au sein d'un espace géographique donné. En considération de cette base inaliénable et propre au déterminisme Humain, qui est celui de l'empathie comme de l'altérité, et conjointement de la protection naturelle du groupe auquel il appartient, nous voyons qu'il convient ici de développer un régime de la capacité, valeur souveraine qui est à la base de toute orientation constructive.

La capacité de diriger ne naît pas de la volonté de se faire élire mais de la capacité à créer qui ne peut être prouvée que par la réalité de faits marquants permettant de révéler cette potentialité. Il n'y a rien d'autre ici que le discernement qui puisse mettre en évidence ce potentiel. Ce discernement n'est pas le lieu de coteries, de groupements, de sociétés vénales, de groupe de pressions, mais de l'existence visible, et non comme précités issue de virtualités invisibles. La mise en évidence de ce discernement ne peut donc être le fait que de celles et de ceux qui manifestent à son égard une alacrité naturelle, donc le fait du Peuple, du Peuple dans son ensemble qui ne peut porter au pouvoir que la capacité lorsque ce Peuple vit dans la réalité et non dans l'illusion.

Nous conviendrons donc que la seule modalité opérative pour initier la réalité ne peut être mise en lumière que par le principe de l'auto détermination du Peuple, symbole même de l'application de la Démocratie directe. Une Démocratie formelle déracinant les utopiques "pouvoirs" d'oligarchies de "castes", de "cultures", de "spiritualités" conduisant au néant le devenir Humain afin de préserver des "héritages" barbares n'ayant pour vocation que des intérêts particuliers au détriment de l'intérêt général.

Démocratie et Capacité sont les vecteurs essentiels, donc, de toute légitimité constitutionnelle tant de la Nation que de l'Empire. Toute dérive en leur portée ne reflète qu'une aporie dont nous vivons bien souvent les dangers dans nos Nations, lorsque les Peuples sont aveuglés. Piliers de l'Empire, se retrouvent donc les Nations souveraines. Base inaliénable, le creuset de cette évolution naturelle se retrouve donc issu de leur cœur, donc de leur réalité, et non issu de virtualités enfantées par les utopies dérivées d'un illuminisme quelconque.

L'Empire représente donc la finalité exhaustive de l'appariement naturel des Nations qui s'inscrivent en sa réalité physique, bio-géo-historique, par complémentarité économique, harmonie intellectuelle, communauté spirituelle, s'inscrit donc comme force, rayonnement et harmonie d'une collectivité naturelle. L'électivité en son sein ne peut donc qu'être représentation de la capacité, issue des capacités inhérentes aux Nations en son sein, sous conseil permanent de leurs représentations, contrepouvoir naturel guidant l'harmonie contre la contrainte.

Si nous considérons la désuétude de la représentation "européenne", nous voyons là que nous sommes aux antipodes de cette définition, ce qui peut effectivement faire penser à la dichotomie existant entre Nation et Empire. Le problème de cette illumination que l'on voit se gratifier du "pouvoir" en Europe, c'est qu'il n'est que représentation d'une oligarchie consanguine qui, à l'image de la Rome Antique dans le cadre de sa décadence, faisant fi des Peuples et de leur légitimité, usurpe le Pouvoir pour nourrir le parasitisme invariant représenté par les couches du triptyque classique : usure, caste, apparat.

Ces trois essaims qui trouvent en eux la détermination univoque d'accroire sont les vestiges trompeurs et trompés de ce qui représente l'autorité naturelle axée sur les trois piliers fondamentaux d'une société qui se respecte, dans la société traditionnelle : le sage, le guerrier, le mage. Ici nous voyons se graver l'inverse de cette équation, le sage étant remplacé par le matérialisme triomphant en présence de ce que l'on nomme l'usure, le guerrier étant remplacé parce que l'on nomme les castes, laquais obéissants des premiers qui sont recrutés dans les basses-fosses de sociétés discrètes, le mage étant remplacé par l'illusionnisme, la médiacratie, la médiocrité banale des achalandeurs et des prestidigitateurs, faux philosophes, romanciers de poubelles, amuseurs décérébrés, qui tous en chœur répètent, tels des perroquets, la désinformation diluée par les premiers.

L'Empire ne peut en aucun cas éclore de cette barbarie d'alcôve et de compromission, cette dénature profonde, invariante, entretenue et tenue, qui par le vol, le comportement, le parjure. Que nul ne se trompe ici, nous sommes actuellement aux antipodes de cette réalité que nous nommons Empire, tout ce qui doit être en règne du réel en ses significations formelles, qui se révèlent ce jour couronné par les phasmes de la virtualité, de l'indéfinitude, du renoncement, de ces opiacées qui nous sont demeures et que nous devons subir.

Face à l'hégémonie dithyrambe de cette brume qui recouvre nos Nations, en leur fondement et appariement l'Empire Occidental, qui fut avec Charlemagne, ouverture, Frédéric II de Hohenstaufen mise en lumière, Bonaparte mise en pratique, se trouve ce jour inscrit dans l'étau que l'on nomme l'"europe", descente aux enfers de la médiocrité (car purement et uniquement matérialiste) piédestal oligarchique instituant à son image une idéologie barbare matérialiste.

Devant cette Voie inversée, tout un chacun aura compris la nécessité de la résurgence des Nations si tout un chacun veut voir naître l'Empire et non cette représentation factice auto couronnée dont l'illuminisme cache l'idéologie esclavagiste qui meuble depuis des millénaires nos terres occidentales, sous le joug des privilèges que la Révolution Française n'a jamais destitué mais bien au contraire encouragée, par leurres interposés, phasmes divers et variés s'agitant en chœur sous la main manipulatrice de leurs règnes persistants.

L'invariance de la compromission esclavagiste desdits règnes, portant cette calamité Strasbourgeoise, en dit long sur la défense de ses privilèges, le reniement des Peuples et de leur Identité. Chaque Peuple considéré doit donc interposer sa propre volonté face non pas à la dérive, mais à l'existence acharnée de ces lobbies multimillénaire représentés par leurs règnes tentaculaires, par une reprise en main totale du pouvoir politique qui ne peut être subverti et perverti par sa pieuvre arbitraire, manipulant les pseudos partis que l'on nomme droite, gauche et maintenant écologie dans et par le même gant de fer.

À partir de cette reprise du Pouvoir, tant intérieur qu'extérieur, la pérennité des Nations comme de l'Empire sera assurée.

À partir de cette synthèse, si et si seulement, on assiste à la même reprise en main par les différents existants bio-géo-historique de cette petite planète, alors et alors seulement pourra naître l'Ordre mondial naturel et moral qui permettra de faire vivre en harmonie la multiplicité des Empires comme des Nations en son sein.

Dans le cas contraire qui est celui dans lequel nous vivons, nous vivrons le nouveau désordre mondial qui parachèvera son œuvre par sa propre autodestruction. Quoi qu'il en soit, ce désordre ne pourra durer face au règne de la quantité qu'oublient volontiers les prétendants à ce nouveau désordre mondial, qui petit à petit disparaîtra pour faire place au règne naturel, que rien, ni personne, pour paraphraser certains, ne pourra obérer, que ce soit par menace spirituelle, intellectuelle, politique, les voies de la métapolitique étant très largement au-delà des méprises matérialistes quelles qu'elles soient.

TABLE

L'ordre ou le chaos

L'ORDRE
OU
LE CHAOS

Royan
2019
Vincent Thierry

L'ordre ou le chaos

Œuvres de Vincent Thierry
Catalogue

L'ordre ou le chaos

GÉNÉSIAQUE
Le journal d'un Aventurier

PRAIRIAL
Le Chant du Poète
De Jeunesse
Les Continents oubliés
Vents du présent

ÉCRITS DU VENT
Écrins
De Marche Humaine
L'Indivisible
Military Story and new world

HÉROÏQUES
Mutation Terrestre
Lettres à l'Amour
Les Cantiques
D'Olympe le Chant d'Or

NATURAE
Fresques d'Amour
Le Verger d'Amour
L'Interdit
Mélodie d'Amour

FENAISONS
Améthystes
Océaniques
À la recherche de l'Absolu
Voyages

HORIZONS
Ivoire
D'Histoires nouvelles
D'Orbes
Stances

SOLSTICE
Idées
Âme Française
Expressions
Solstice

D'UNIVERS
D'Iris
Démiurgique
D'Azur
Flamboyant

REGARDS
D'un Ode Vif
D'une Gerbe de Soleil
Du Songe
Du Savoir sans Oubli
Que l'Onde en son Respire
Que l'Or Solaire
Qu'azur le Cristal
Du Souffle Vivant
De l'Harmonie

ISTAÏL
Cygne Étincelant
Âme de plus pure Joie
D'un Âge d'Or Renouveau
Par le Ciel Symbolique
De l'Être Universel
Règne d'Or Liquide
De toute Luminosité

TEMPOREL
Les Sortilèges de l'Enfance

ALPHA
De l'Azur Souverain
Ivoire de l'Éden
L'Orbe Cristallin
De l'Aigle Impérial

OMÉGA
Dans la Demeure des Dieux
Le Chant du Cygne
D'Oriflamme Souverain
Le Chœur Magnifié

FRESQUES
D'or et de Pourpre
Dans la Luminosité du Verbe
L'Azur du Cristal
Qu'Enamoure l'Éternité

COSMOS
Cosmographies
Delta du Cygne
La Légende de l'Espace
Infinitude

ÉTOILES
Thélème ou l'ambre de Vie
Véga 3000
Architectura
Naturae

ARRIOR
Sous le Vent de poussière
Des Catacombes
Debout au milieu des ruines
L'Aigle Impérial regarde

RESCRITS
Aux Protocoles
À Thanatos
Aux Droits
À l'Histoire

ABSOLU
Théorie Générale de l'Universalité

NIDS
Nid de faucons
Nid de vautours
Nid de scorpions
Nid d'Aigles

COMBATS
Ordre Mondial contre nouvel ordre mondial
La Voie Templière
Contraction Temporelle
Ondine

Lanzarote Élégies
De Corse les Chants
Nouvelles de l'horizon
Nefs sur l'Océan
L'Ordre ou le Chaos
Harmonie contre Barbarie
Jeunesse lève-toi !
Métamorphose
Roseraie de lumière
Constellations
Semeur d'étoiles
Pléiades
Aux confins des Univers

UNIVERSUM
Universum I
Universum II
Universum III
Universum IV
Universum V
Universum VI
Universum VII
Universum VIII
Universum IX
Universum X
Universum XI
Universum XII
Universum XIII

DOCUMENTS
Subversion I
Subversion II
Subversion III
Subversion IV

EXPOSITION
Prélude
Exposition I
Exposition II
Exposition III
Exposition IV
Exposition V

MULTIMÉDIA

UNIVERS
(Shows artistiques informatiques – CD/DVD)

1992-2018 : Univers I à XXXIII
2007 : Univers Film
IDDN.FR.010.0109063.000.R.P.2007.035.40100

ÎLES
(Films CD-DVD)
Est Ouest
Atlantis
Fragments
Rêve Corse

MUSIQUE
(CD-DVD)
Émotion
Mystica

COMPILATION

ŒUVRES 2008
(CD)
Œuvres Poétiques
Œuvres Romanesques, Nouvelles
Œuvres Élégiaque, Chants
Œuvres Théâtrale
Œuvres de Science-fiction
Œuvres Philosophiques, pamphlets
Œuvres Métapolitique
Œuvres Complètes

PROFESSIONNEL
(Base de données DVD)
Assurance Dommages

L'ordre ou le chaos

SITE INTERNET

http://harmonia-universum.com

Éditeur Patinet Thierri
http://harmonia-universum.com

Harmonia Universum
Harmonia Universum
La Création en Action ®

Impression
http://www.lulu.com

www.ingramcontent.com/pod-product-compliance
Lightning Source LLC
Chambersburg PA
CBHW060135280326
41932CB00012B/1526